Christian Winkler
Christina Winkler

MIT DEM WOHNMOBIL NACH VENETIEN UND INS FRIAUL

Die Anleitung für ein… …ub

DER WOHNMOBIL-VERLAG
D-98634 Mittelsdorf/Rhön

Bibliografische Information der Deutschen Bibliothek

Die Deutsche Bibliothek verzeichnet diese Publikation in der Deutschen Nationalbibliografie.
Detaillierte bibliografische Daten sind im Internet über <http://dnb.ddb.de> abrufbar.

Titelbild: Einer der vielen Kanäle in Venedig

1. Auflage 2013

Druck:
www.schreckhase.de

Vertrieb:
GeoCenter, 70565 Stuttgart

Herausgeber:
WOMO-Verlag, 98634 Mittelsdorf/Rhön
GPS: N 50° 36' 38.2" E 10° 07' 55.6"

Fon: 0049 (0) 36946-20691
Fax: 0049 (0) 36946-20692
eMail: verlag@womo.de
Internet: www.womo.de

Autoren-eMail: Winkler@womo.de

ISBN 978-3-86903-761-5

EINLADUNG

Man muss sie schon suchen, die Regionen der Erde, die ein so breites Spektrum an Natur und Freizeitmöglichkeiten auf kleinem Raum abdecken, wie Venezien und Friaul. Sonne, Strand und Meer, alte Kulturstätten und mediterranes Lebensgefühl im Süden und, nur wenige Kilometer entfernt, im Norden Berge bis 3000er Format, naturbelassene Flüsse und Seen, Wanderwege und kaum zugängliche Flecken stiller Schönheit.

Städte wie Verona und Venedig kennt zu Recht jedes Kind. Die Strände der Adria von Jesolo bis Lignano besuchen jedes Jahr Millionen von Urlaubern. Aber auch neben diesen vermeintlich ausgetretenen Pfaden bergen Italiens nordöstliche Regionen ein schier unerschöpfliches Potential für einen maßgeschneiderten Traumurlaub.

Das Beste daran: als Wohnmobilist können Sie alles haben oder sich die Rosinen herauspicken, die Sie am liebsten kosten wollen – die Entfernungen sind stets überschaubar, die Straßen fast immer ohne Tadel und viele der 16 Touren im Buch problemlos miteinander kombinierbar.

Partystrand oder einsamer Küstenstreifen? Weinprobe oder Speiseeisverkostung? Höhle oder Berggipfel? Natur pur oder Kultur vom Feinsten? Wandern bei 15 Grad oder Faulenzen bei 30 Grad? Sie können sich entscheiden... Sie müssen aber nicht!

Zusätzlich gibt es über 200 freie Stell-, Camping- und Parkplätze samt Ver-/Entsorgungsmöglichkeiten und genauer Beschreibung dazu – damit Sie sich wirklich auf das Wesentliche konzentrieren können:

Einfach Urlaub zu machen!

Jetzt aber los... und viel Spaß beim Reisen wünscht Ihnen

Ihr

Christian Winkler

Sehr geehrter Leser, lieber WOMO-Freund!

Reiseführer sind für einen gelungenen Urlaub unverzichtbar – das beweisen Sie mit dem Kauf dieses Buches. Aber aktuelle Informationen altern schnell, und ein veralteter Reiseführer macht wenig Freude.
Sie können helfen, Aktualität und Qualität dieses Buches zu verbessern, indem Sie uns nach Ihrer Reise mitteilen, welchen unserer Empfehlungen Sie gefolgt sind (freie Stellplätze, Campingplätze, Wanderungen, Gaststätten usw.) und uns darüber berichten (auch wenn sich gegenüber unseren Beschreibungen nichts geändert hat).
Bitte füllen Sie dafür schon während Ihrer Reise das Info-Blatt am Buchende aus und senden Sie es uns sofort nach Ihrer Rückkehr zu (per Brief, Fax oder formlos als eMail).
Dafür gewähren wir Ihnen bei der nächsten Buchbestellung direkt beim Verlag ein Info-Honorar von 10%.
Aktuelle Korrekturen finden Sie unter: www.forum.womoverlag.de

Um die freien Übernachtungs- und Campingplätze auf einen Blick erfassen zu können, haben wir diese im Text in einem Kasten nochmals farbig hervorgehoben und, wie auf den Karten, fortlaufend durchnummeriert. Wir nennen dabei wichtige Ausstattungsmerkmale und geben Ihnen eine kurze Zufahrtsbeschreibung. "Max. WOMOs" soll dabei andeuten, wie viele WOMOs dieser Platz maximal verträgt und nicht, wie viele auf ihn passen würden (schließlich gibt es auch Einwohner und andere Urlauber)!
Übernachtungsplätze mit **B**ademöglichkeit sind mit hellblauer Farbe unterlegt. **W**anderparkplätze sind grün gekennzeichnet. **P**icknickplätze erkennen Sie an der violetten Farbe. Auf Schlafplätzchen, denen die gerade genannten Merkmale fehlen – also auf einfache **S**tellplätze – weist die Farbe Gelb hin. Empfehlenswerte **C**ampingplätze haben olivgrüne Kästchen. Wanderungen, die wir Ihnen besonders ans Herz legen möchten, haben wir hellgrün unterlegt.

Und hier kommt das Kleingedruckte:
Jede Tour und jeder Stellplatz sind von uns meist mehrfach überprüft worden, wir können jedoch inhaltliche Fehler nie ganz ausschließen. Bitte achten Sie selbst auf Hochwasser, Brandgefahr, Steinschlag und Erdrutsch!
Verlag und Autoren übernehmen keine Verantwortung für die Legalität der veröffentlichten Stellplätze und aller anderen Angaben. Unsere Haftung ist, soweit ein Schaden nicht an Leben, Körper oder Gesundheit eingetreten ist, ausgeschlossen, es sei denn unsere Verantwortung beruht auf Vorsatz oder grober Fahrlässigkeit.

Inhaltsverzeichnis

Anreisewege

16 Touren durch Venetien und ins Friaul

Zeichenerklärungen für die Tourenkarten

Touren / abseits der Touren

Autobahn (Maut)
4-spurige Straße
Hauptstraße
Nebenstraße
Schotterstraße
Wanderweg, Seilbahn
S 11 Stellplatz, geeignet für freie Übernachtung
124 Badeplatz, geeignet für freie Übernachtung
W 12 Wanderplatz, geeignet für freie Übernachtung
P 13 Picknickplatz, geeignet für freie Übernachtung

Alle übernachtungsgeeigneten Plätze sind im Text und auf den Tourenkarten fortlaufend durchnummeriert.

Problemstrecke, Pass
Kirche, Kloster
Burg/Schloss, Ruine
1493 m Berggipfel, Höhle
Turm, altes Bauwerk
Ausgrabung, Therme
Sehenswürdigkeit
Aussicht, Rundsicht
Trinkwasser, Dusche
V/E E Ver-/Entsorgung,
WC Strom/WC
15 empf./sonst. Campingplatz
N 50° 36' 38.2" E 10° 07' 12.5" GPS

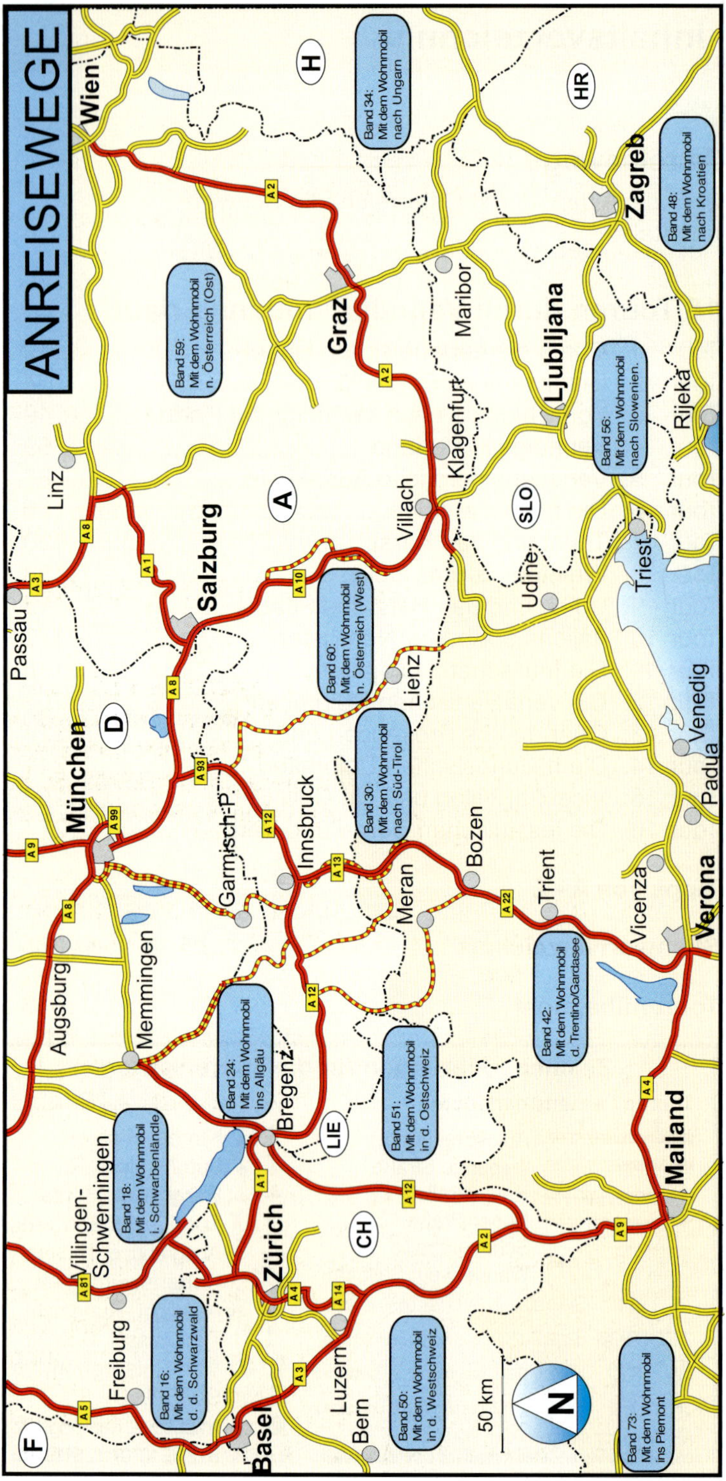
ANREISEWEGE
Wien
H
Band 34: Mit dem Wohnmobil nach Ungarn
HR
Zagreb
Band 48: Mit dem Wohnmobil nach Kroatien
Band 59: Mit dem Wohnmobil n. Österreich (Ost)
Graz
Maribor
Ljubljana
Band 56: Mit dem Wohnmobil nach Slowenien.
Rijeka
Linz
A
Klagenfurt
Villach
SLO
Salzburg
Passau
Band 60: Mit dem Wohnmobil n. Österreich (West)
Udine
Triest
Lienz
München
D
Band 30: Mit dem Wohnmobil nach Süd-Tirol
Venedig
Padua
Garmisch-P.
Innsbruck
Bozen
Trient
Meran
Vicenza
Verona
Augsburg
Memmingen
Band 24: Mit dem Wohnmobil ins Allgäu
Band 42: Mit dem Wohnmobil d. Trentino/Gardasee
Bregenz
LIE
Band 51: Mit dem Wohnmobil in d. Ostschweiz
Villingen-Schwenningen
Band 18: Mit dem Wohnmobil i. Schwarbenländle
Mailand
Zürich
CH
Freiburg
Band 16: Mit dem Wohnmobil d. d. Schwarzwald
Luzern
Bern
Band 50: Mit dem Wohnmobil in d. Westschweiz
Basel
F
50 km
N
Band 73: Mit dem Wohnmobil ins Piemont
A 1
A 2
A 3
A 4
A 5
A 8
A 9
A 10
A 12
A 13
A 14
A 22
A 81
A 93
A 99

Anreisewege

Ein Riesenvorteil der Adria-Nordküste ist ihre Lage. Man muss nur vergleichsweise wenige Kilometer abspulen, bis man das Ziel erreicht. Urlauber aus dem (süd)östlichen Deutschland und Österreich können gar nicht schneller ans Meer gelangen als – je nach Reiseweg – in den Raum Venedig/Jesolo oder Lignano/Grado. Und auch aus dem Westen Deutschlands und sogar aus der Schweiz sind die Kilometer überschaubar. Die Gesamtfahrzeit ab Süddeutschland liegt, je nach Strecke und Geschwindigkeit, bei komfortablen 3 bis maximal 6 Stunden. Eine Übernachtung unterwegs ist da kaum nötig.

Über die Brennerautobahn

Ideal für: Urlauber aus Deutschland, Tirol und Vorarlberg, östliche Schweiz

Kosten: In Österreich werden für die Vignette, je nach Laufzeit, mindestens 8 EUR fällig (über 3,5 t muss eine Go-Box für 5 EUR angeschafft werden, die Gebühren pro Kilometer belaufen sich auf ca. 22 ct), die Brennerautobahn kostet auch 8 EUR und von der Grenze bis zum Beginn unserer Tour 1 fallen in Italien ca. 17 EUR an.

Variante 1 (ca. 430km): ab München, A8/A93 bis Kufstein, A12 bis Innsbruck, Brennerautobahn A13 bis Brenner, A22 über Trento bis Kreuz Verona

Variante 2 (ca. 520km): ab Memmingen A96 bis Lindau, A16 über Bregenz bis Bludenz, S16 bis Landeck, A12 bis Innsbruck, Brennerautobahn A13 bis Brenner, A22 über Trento bis Kreuz Verona

Wenn Sie mit einer unserer Touren in der Region Venetien starten wollen, ist das sicher Ihre beste Route. Kein Weg bringt Sie schneller nach Verona/Venedig oder zum Beginn unserer Tour 1 als dieser Weg. Nachteile: Gerade in der Ferienzeit ist dieser Weg manchmal heillos überlastet. Die schlimmsten Staufallen sind, bei Variante 1, die Verengung von drei auf zwei Spuren am Übergang von der A8 auf die A93 kurz vor Rosenheim, bei Variante 2, der Pfändertunnel bei Bregenz. Man kann mit dem Wohnmobil zwar rechts ranfahren und abwarten, bis das Schlimmste vorüber ist – doch ein idealer Start in den Urlaub sieht sicher anders aus. An Kosten erwarten Sie, neben dem Sprit, die Vignette für die österreichische Autobahnnutzung, die Brennermaut sowie die Autobahnmaut in Italien.

Alternativen

Garmischer Autobahn (-20km):
Ab München, A95 bis Eschenlohe, B2 über Garmisch, und Mittenwald bis zur Grenze, B177 über Scharnitz bis Zirl, A12 bis Innsbruck.
Ersetzt das Teilstück München, Kufstein, Inntalautobahn. Wenn auf der Salzburger Autobahn A8 oder der A93 bis Kufstein bzw. A12 bis Innsbruck schon Stau ist, sollten Sie die Garmischer Autobahn A95 in Erwägung ziehen. Zwischen Eschenlohe (Achtung: hier am Autobahnende kann es auch schnell mal zäh werden) und Innsbruck müssen Sie zwar die Landstraße nehmen und dabei den Minipass am Zirler Berg überqueren, doch kommt man so ab und an besser durch.

Fernpass Reutte (-80km):
Ab Memmingen, A7 über Kempten bis Füssen/Grenze, B179 über Reutte bis Wiesenmühle, B189 bis Mötz, A12 bis Innsbruck.
Ersetzt das Teilstück Memmingen – Bregenz - Innsbruck.
Auch wenn man hier ein gutes Stück über die Landstraße fahren muss – in der Mehrzahl der Fälle lohnt sich der Fernpass Reutte, denn die 80km Wegersparnis machen sich bemerkbar. Und an Tagen wo hier nichts mehr geht, sind auch die anderen Routen in der Regel „dicht".

Alte Brennerstraße (+/-0km):
Innsbruck über B182 bis A12 Anschluss Brennero oder auf der SS12 weiter bis A12 Anschluss Brixen.
Ersetzt das Teilstück A13 Brennerautobahn.
Wenn erstmal so richtig viel los ist auf der Brennerautobahn, hilft die parallel verlaufende alte Brennerstraße zwar auch nicht mehr viel, da im Zweifelsfall schon hunderte andere die gleiche Idee hatten. Aber wenn der Verkehr zäh und anstrengend dahin fließt, kann sie durchaus eine Alternative sein. Das „alte" im Namen ist auch etwas irreführend: sie ist gut ausgebaut und eine landschaftlich schöne Strecke, die Sie bei ausreichend Zeit auch einfach nur zum Spaß wählen können. Der größte Vorteil dieser Variante: Sie sparen sich die Brennermaut, denn die gilt nur für die Autobahn. Wenn

Sie noch Muße haben für die Weiterfahrt bis Brixen oder auf dem parallelen Autobahnteilstück einen Stau wähnen, haben Sie auch noch ein paar Euro Maut gespart.

Reschenpass (-30km):
Ab A12 Anschluss Landecker Tunnel, B180 über Nauders bis zur Grenze, SS40/SS38 über Silandro und Meran bis A22 Anschluss Bozen.
Ersetzt das Teilstück Landeck, Innsbruck, Brenner, Bozen.
Auch bei dieser Variante sparen Sie sich die Brennermaut und ein kleines Stück mautpflichtige italienische Autobahn. Allerdings sollten Sie die zusätzliche Zeit einkalkulieren, die Sie kurvige Bergstraßen kosten. Wenn Sie diese Route mit der Garmisch- oder Reutte-Variante kombinieren, sparen Sie sich die österreichische Vignette ganz.

Timmelsjoch (+/-0km):
Ab A12 Anschluss Ötztal, B186 über Sölden bis zur Grenze, SS44 über San Leonardo bis A22 Anschluss Sterzing.
Ersetzt das Teilstück A12 ab Anschluss Ötztal, Innsbruck, Brenner, Sterzing/Brixen.
Täuschen Sie sich nicht: Das ist eine reine Genussvariante. Die Fahrt über die kostenpflichtige Timmelsjochstraße ist fantastisch, schlägt aber mit mindestens 14 EUR (einfach, über 3,5 t teurer) zu Buche. Eine Zeitersparnis werden Sie auch kaum herausfahren.

Plöckenpass (280km):
Ab München, A8/A93 bis Kufstein, B173/178 bis St. Johann, B 161 über Kitzbühel bis Mittersill, B108 bis Lienz, B100 bis Oberdrauburg, B110 bis zur Grenze/Plöckenpass.
Von allen Varianten ist dies die günstigste und, ab München, auch die kürzeste aller Anreiserouten.
Weder österreichische Vignette noch italienische Maut werden fällig, nur der Felbertauerntunnel kostet 10 EUR Gebühren und bei der Ankunft beginnen Sie dann auf unserer Tour 11. Selbst in den Ferienzeiten halten sich Staus hier meist in Grenzen, dafür müssen Sie zum Beispiel bei der Ortsdurchfahrt von Lienz oder Kitzbühel mit etwas mehr Verkehr rechnen, werden also eher Zeit verlieren. Der größte Nachteil: Sie müssen gleich über drei Pässe: Pass Thurn, Felbertauern und Plöckenpass können, bei Schwerverkehr vor einem, genauso an den Nerven zehren wie ein Stau auf der Autobahn. Vor allem Letzterer ist auf dem Wegstück nach Oberdrauburg in erbärmlichem Zustand, aber zur Erneuerung vorgesehen.

Über die Tauernautobahn

Ideal für: Urlauber aus Bayern und nördlich davon, Österreicher (außer Tirol und Vorarlberg).

Kosten: In Österreich werden für die Vignette, je nach Laufzeit, mindestens 8 EUR fällig (über 3,5 t muss eine Go-Box für 5 EUR angeschafft werden, die Gebühren pro Kilometer belaufen sich auf ca. 22 ct), die Tunnel der Tauernautobahn kosten dann nochmals 10 EUR extra.

Variante 1 (ca. 350km): ab München, A8 bis Salzburg, A10 bis Villach, A2 bis zur Grenze, A23 bis Tarvisio.

Variante 2 (ca. 340km): ab Passau, A3 bis zur Grenze, A6 bis Wels, A1 bis Salzburg, A10 bis Villach, A2 bis zur Grenze, A23 bis Tarvisio.

Variante 3 (ca. 390km): ab Wien A2, über Graz, Klagenfurt und Villach bis zur Grenze, A23 bis Tarvisio.

Bei dieser Route starten Sie in Tarvisio auf unserer Tour 10 in der Region Friaul. Egal ob Sie von München oder Wien kommen: dies ist für das oben genannte Gebiet die kürzeste reine Autobahnvariante, um Italien zu erreichen. Die Straßen sind gut ausgebaut und oft leerer als am Brenner.

Nachteil: In der Haupturlaubszeit werden Katschberg-, und Tauerntunnel zu Nadelöhren und Blockabfertigung mit manchmal stundenlangen Wartezeiten droht. Preislich ist bis Italien auch nichts gewonnen. Die Tunnel schlagen, genau wie der Brenner, mit einer extra Maut zu Buche, die italienische Autobahnmaut sparen Sie aber, denn Tarvisio liegt gleich hinter der Grenze.

Alternativen

B99 (+20km):
Ab A10 Anschluss Altenmarkt, B99 über Radstadt, Obertauern, und Katschberg bis A10 Anschluss Spittal an der Drau.
Sagen wir es mal so: diese Variante ist möglich. Ob sie auch ratsam ist, sei dahingestellt, denn Sie müssen ihr Womo auf 5km mit einer durchschnittlichen Steigung von über 12% hinaufquälen und natürlich auch wieder hinunter kommen. Dazu machen einige enge Serpentinen das Leben nicht gerade leichter. Wenn sie aber „sportliche Ambitionen" haben und partout lieber fahren als zu stehen – warum nicht?

Über die Schweiz

Ideal für: Urlauber aus Baden Württemberg und nördlich, Vorarlberg und der Schweiz.

Kosten: Die Straßenvignette in der Schweiz schlägt mit ca. 33 EUR, je nach Umrechnungskurs, zu Buche und ist auf allen Straßen der Kategorien 1 und 2 (also Autobahnen und Schnell-/ Fernverkehrsstraßen) zu bezahlen. Für Wohnmobile über 3,5 t ist hier eine pauschale Schwerverkehrsabgabe (PSVA) zu lösen. Diese beläuft sich auf 3,25 Schweizer Franken pro Tag, mindestens aber 25 Schweizer Franken und ist für das Befahren des gesamten öffentlichen Straßennetzes während des Aufenthalts im Land zu bezahlen. Für die Autobahnen in Italien sind dann nochmals 11,70 EUR Maut fällig.

Variante 1 (ca. 560km): ab Freiburg, A5 bis Basel, A2 über Luzern, Gotthardtunnel und Bellinzona bis zur Grenze, A9/A8 bis Mailand, A4 bis Kreuz Verona.

Variante 2 (ca. 560km): ab Villingen-Schwenningen A81 über Singen bis zur Grenze, A4 über Schaffhausen, Zürich, Cham und Schwyz bis Altdorf, A2 über Gotthardtunnel und Bellinzona bis zur Grenze, A9/A8 bis Mailand, A4 bis Kreuz Verona.

Variante 3 (ca. 529km): ab Memmingen A96 bis Lindau, A16/ Pfändertunnel bis Bregenz, zur Schweizer Grenze, A13 über San-Bernardino-Pass, A2 über Bellinzona bis zur Grenze, A9/ A8 bis Mailand, A4 bis Kreuz Verona.

Aus dem Westen Deutschlands und für alle Schweizer sind diese Wegvarianten die wahrscheinlich bessere Variante zum Brenner. Die Schweizer Straßenvignette schlägt zwar genauso wie die italienische Autobahnmaut zu Buche, doch kommt man auf den Schweizer Straßen meist bestens voran. Nur im Raum Mailand kann es, gerade im Berufsverkehr mal eng werden. Eine sinnvolle und zeitsparende Alternative existiert hier aber nicht.

Bei Variante 3 kommen noch 2 EUR Korridorgebühren für den Pfändertunnel in Österreich dazu. Ein längeres Teilstück über den San-Bernardino-Pass ist nicht als Autobahn ausgebaut und kostet somit zusätzliche Zeit, was Sie bei Ihrer Reiseplanung nicht außer Acht lassen sollten.

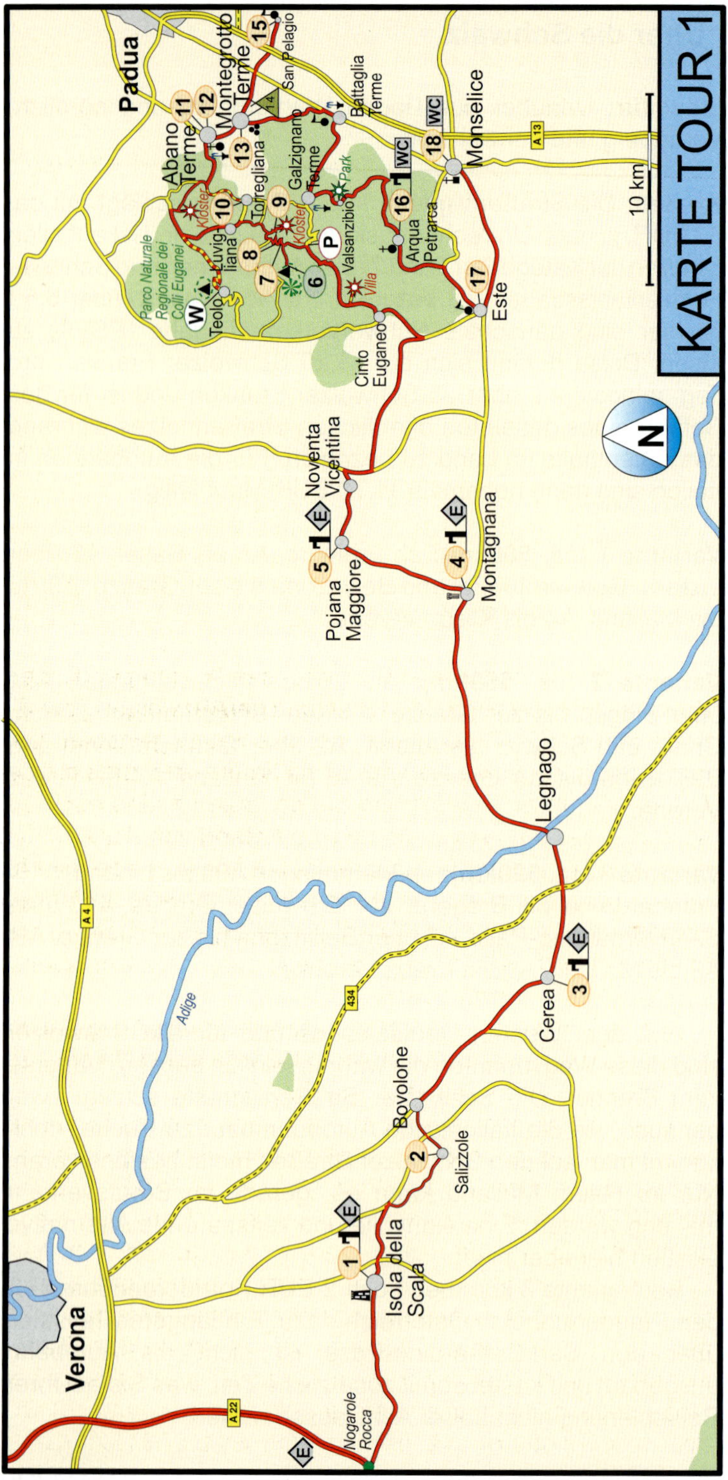
KARTE TOUR 1
Padua
Abano Terme
Montegrotto Terme
San Pelagio
Battaglia Terme
Monselice
Torregliana
Galzignano Terme
Valsanzibio
Park
Kloster
Kloster
Villa
Arquà Petrarca
Este
Teolo
Luvigliana
Parco Naturale Regionale dei Colli Euganei
Cinto Euganeo
Noventa Vicentina
Pojana Maggiore
Montagnana
Legnago
Cerea
Bovolone
Salizzole
Isola della Scala
Verona
Nogarole Rocca
Adige
A 4
A 22
A 13
434
10 km
WC
N

Tour 1: (210 km / 3-5 Tage)

Isola della Scala – Montagnana – Monte Venda
Eremia di Rua – Luvigliano
Abbazia di Praglia – Abano Terme – Montegrotto Terme
Valsanzibio – Arqua Petrarca – Este – Monselice

Stellplätze (gratis):	Isola della Scala, Salizzole, Cerea, Montagnana, Pojana Maggiore, am Monte Venda, Torregliana, Abano Terme, Montegrotto Terme, Pellagio
Stellplätze (Gebühr):	Arqua Petrarca, Este, Monselice
Campingplätze:	Montegrotto Terme
Besichtigen:	Torre Scaligera, Montagnana, Museo Cava Bomba, Villa Beatrice d'Este, Eremia di Rua, Villa di-Vescovi, Abbazia di Praglia, Abano Terme, Butterfly Arc, Castello Pellagio, Castello Catajo, Park Barbarigo, Arqua Petrarca, Este, Monselice
Wandern:	Rundweg am Monte Venda, Rundweg am Monte Grande.

Gerade erst hatten wir den Gardasee bei morgendlichem Sonnenschein passiert. VERONA und die Abzweigung auf die A4 Richtung VENEDIG haben wir links liegen gelassen. Und nun: urplötzlich dicker Nebel um uns herum, der auch auf der Autostrada unser Reisetempo auf ca. 80km/h einbremst. Also aufgepasst, damit wir die richtige Abfahrt von der A22 und einen guten Einstand in unsere Tour 1 finden. Nebel ist hier tatsächlich gar nicht mal so selten. Um zu den **euganeischen Hügeln** südwestlich von PADUA zu gelangen, haben wir uns für die Fahrt durch „la Bassa Veronese", die Tiefebene südlich von VERONA, entschieden.

Und in eben dieser Tiefebene sammelt sich häufig Feuchtigkeit, die, vom nördlich gelegenen Gardasee und vom südlich gelegenen Po kommend, hier kondensiert.

Doch die Sonne ist stärker und schon kurz hinter „unserer" Ausfahrt **Nogarole Rocca** [Womo-Ver/Entsorgung an der letzten Raststation vorher „Povegliano Est" N 45° 17'51" E 10°53'47"], lichtet sich der Nebel und macht das Navigieren zu unserem ersten Ziel, dem Städtchen ISOLA DELLA SCALA, zum Kinderspiel – einfach immer der Beschilderung nach. Schon wenig später dehnen sich neben der Straße große Felder aus, die über weite Teile des Jahres mit weißen Planen abgedeckt sind. Das warme Klima und die Feuchtigkeit haben diese Gegend zur größten Reisplantage Italiens gemacht. Der berühmte Risottoreis wächst hier. Und ISOLA DELLA SCALA

Torre Scaligera

ist so etwas wie das Zentrum des Reisanbaus. Nicht viel mehr erwarten wir von dem eher kleinen Ort, dem die meisten Reiseführer bestenfalls eine Randnotiz widmen. Und tatsächlich, die großen Sehenswürdigkeiten und landschaftlichen Sensationen lassen noch etwas länger auf sich warten.

Immerhin: Gleich am Ortsanfang zieht unübersehbar ein rötlich schimmernder Turm, der **Torre Scaligera** [N 45°16'32" E 10°59'35"], unseren Blick an. Direkt dahinter lässt sich gut halten. Auch wenn das Bauwerk nicht übermässig spektakulär wirkt, ist es doch geschichtlich recht interessant. Bereits im 14. Jahrhundert von der Veroneser Scaligeri-Familie erbaut, war es Teil eines großen und weitläufigen Befestigungsrings, der VERONA gegen die verfeindete Stadt MANTUA abschirmen sollte. Da die Gegend früher von Sümpfen und Wasserläufen durchzogen war, reichte dieser Turm, um die einzige Straße zu schützen. Erst Jahrhunderte später „fiel" er, als die Franzosen gegen die Venezianer eben hier ihren Weg in Richtung BRESCIA frei kämpften und in Folge diesen Teil Italiens einnehmen konnten. Abgesehen davon hat ISOLA DELLA SCALA noch einen zentralen Stellplatz zu bieten, im nordöstlichen Teil des Zentrums, auf der Via Cefalonia, entlang des Bahndamms, einen Markt (immer Freitag vormittags) und natürlich: Reis.

(001) WOMO-Stellplatz: Isola della Scala

GPS: N 45°16'12" E 11°00'19", Via Remembranza **max. WOMOs**:>10

Ausstattung/Lage: Ver- und Entsorgung, Mülleimer, Spielplatz, beleuchtet, Geschäfte und Waschsalon in unmittelbarer Nähe.

Zufahrt: Vom Turm kommend ortseinwärts, am Ende der Allee rechts in die Piazza Nazario Sauro und nach dem Platz gleich wieder rechts in die Via Monte Pegni (später Via Remembranza). Nach dem Schulgebäude (rechts) links abbiegen.

Parkgebühr: kostenlos

Die hiesige Sorte heisst „Vialone Nano" und ist, neben vielen weiteren aus der Umgebung, in ziemlich allen Lebensmittelgeschäften zur Selbstzubereitung oder den örtlichen Trattorien und Osterien zur unmittelbaren Verkostung erhältlich. Wer Risotto mag, wird seine Freude daran haben und wer es bislang nicht mochte, sollte dem typisch italienischen Reisgericht hier eine zweite Chance geben: es hat sie verdient.

Wir verlassen ISOLA DELLA SCALA in östlicher Richtung und folgen der Beschilderung, erst in Richtung BOVOLONE, nach SALIZZOLE (Stellplatz) und weiter über SANGUINETTO und VENERA nach CEREA.

(002) WOMO-Stellplatz: Salizzole

GPS: N 45°14'36" E 11°05'05", Via Mastino della Scala. **max. WOMOs**: 3
Ausstattung/Lage: Mülleimer, teils Schatten, nahe am „Zentrum" des kleinen Ortes neben dem Gemeindehaus, ruhig gelegen
Zufahrt: Von der Hauptstraße (Piazza Castello) links abbiegen in die Via degli Scaligeri, dann gleich wieder links in die Zielstraße.
Parkgebühr: kostenlos

Entlang der Straße tauchen immer wieder Türme und Befestigungsreste aus der Zeit der Skaliger auf und in CEREA gibt es einen beschilderten, aber eher unschönen „Not"-Stellplatz im Industriegebiet mit Entsorgungsmöglichkeit [**3:** N 45°10'41" E 11°11'18"], 2012 jedoch vorübergehend geschlossen, in der Viccolo Don Sturzo]. Die Gegend ist die Hochburg der italienischen Möbelmanufakturen. Ein Großteil der umliegenden Fabriken ist in diesem Wirtschaftszweig zu Hause. Da dies jedoch von eher geringem Interesse für uns ist (außer Sie wollen ihr Wohnmobil noch mit ein paar Stilmöbeln verschönern und haben entsprechenden Platz und Bedarf), verlieren wir keine Zeit und folgen der SR10 in östlicher Richtung. Ca. 20km später erreichen wir unser erstes „Hauptziel": das Städtchen MONTAGNANA. Die Einfallstraße hält direkt auf die Stadt-

Die trutzige Stadtmauer von Montagnana

Duomo Santa Maria

mauer zu, die den Ort zu einem ersten Highlight macht.

Die Stadt fiel 1242, als der aus dem zwei Orte entfernten MONSELICE stammende Landvogt Ezzelino da Romano brandschatzend die ganze Region unter seine Gewalt brachte. Er ließ die Befestigung jedoch wieder aufbauen und das anscheinend sehr gut: ist sie doch, 2m dick und ca. 16m hoch, bis heute vollständig und nahezu unbeschädigt mit all ihren 24 Türmen und 4 Stadttoren erhalten.

Davor umgibt ein breiter grüner Wallgraben den Kern.

Palio Die Dieci Comuni

Wer Anfang September hier ist, sollte sich das größte Spektakel des Jahres nicht entgehen lassen: am ersten Sonntag findet alljährlich im 2km langen Graben ein mittelalterliches Reitturnier statt, das „PALIO DIE DIECI COMUNI“: 10 Gemeinden der Region „kämpfen“ dabei hoch zu Ross gegeneinander – heutzutage freilich vor allem um die Ehre.

Da die Stadttore Fahrzeugen, die über VW-Bus-Größe hinausgehen, kaum genügend „Kopffreiheit“ lassen (diese können aber einfahren und prima auf der großen zentralen Piazza parken), fahren wir den direkt vor den Toren gelegenen Stellplatz an, um uns ab hier per pedes zur weiteren Erkundung aufzumachen.

(004) WOMO-Stellplatz: Montagnana

GPS: N 45°14'10" E 11°28'00", Via Circonvallazione **max. WOMOs**:>5
Ausstattung/Lage: Ver- und Entsorgung, Toilette, Mülleimer, teils beleuchtet, 100m zum historischen Zentrum
Zufahrt: Von der SR10 kommend halten wir uns links auf die Via Circonvallazione und umfahren die Stadtmauer ein Stück. Nach Umrundung des ersten Eckturms befindet sich linkerhand ein großer beschilderter Parkplatz direkt vor dem Sportstadion, der auch als Busbahnhof dient.

Parkgebühr: kostenlos
Hinweis: Wenn im angrenzenden Stadion eine Veranstaltung ist, kann es entsprechend laut werden, sonst ein ruhiges Plätzchen.

Montagnana

Das Örtchen ist mit seinen ca. 9.500 Einwohnern recht übersichtlich. Egal durch welches Stadttor man kommt – alle Wege führen zur **Piazza Vittorio Emanuele II**, dem zentralen Platz der Stadt. Hier kann man schön unter den Laubengängen flanieren, einen Cappuccino oder ein Eis genießen oder, sofern Sie kulturell interessiert sind, einen Blick in den **Dom Santa Maria** aus dem 15. Jahrhundert werfen. Die Gemälde, unter anderem von Veronese, und Fresken sind durchaus einen Blick wert. Verlässt man den Platz in östlicher Richtung auf der Via Carrarese, gelangt man zum **Porta Padova**, dem Padua-Tor. Die Festung **Castello di San Zeno** ist hier in die Stadtmauer integriert. Sowohl die Touristeninformation wie auch ein kleines Museum, vor allem mit Funden aus römischer Zeit und Informationen zu den beiden Star-Tenören der Stadt, Aureliano Pertile und Giovanni Martelli, sind hier zuhause *(**Museo Civico** - geöffnet: Mi-So, mit Führung, Mi-Fr. 11h, Sa/So und Feiertags 11, 12, 16, 17, 18h, im Winter nur am WE, Eintritt 2,50EUR, Kinder frei)*.

Einen Blick wert ist außerdem die hier von Palladio, dem Stararchitekten des 16. Jahrhunderts, direkt außerhalb des Mauerrings erbaute **Villa Pisani**. Das Innere ist allerdings nicht für die Öffentlichkeit zugänglich, es bleibt ein Blick von außen. Auch ein kulinarisches Highlight hat MONTAGNANA noch zu bieten – den Prosciutto Crudo Montagnana, einen rohen Schinken der, zwar nicht gerade günstig, dafür aber sehr lecker, überall im Ort zu erwerben ist und es mit den bekannteren Vettern aus Parma und San Daniele ohne weiteres aufnehmen kann.

Wir verlassen unseren Stellplatz und fahren links in die Ringstraße ein. Am nächsten Eckturm geht es erneut links ab nach POJANA MAGGIORE

(005) WOMO-Stellplatz: Pojana Maggiore

GPS: N 45°17'14" E 11°29'55", Via Castello **max. WOMOs:** 4
Ausstattung/Lage: Ver- und Entsorgung, Mülleimer, beleuchtet, ruhig am Ortsrand

Zufahrt: Von Montagnana kommend direkt linkerhand am Ortseingang, beschildert
Parkgebühr: kostenlos
Hinweis: nicht für sehr große Wohnmobile geeignet, max. Länge ca. 6,50m

Im Ort halten wir uns rechts, durchfahren NOVENTA VICENTINA und verlassen das Städtchen südlich in Richtung ESTE. Beschaulich geht es entlang eines kleinen Kanals vor-

an, als vor unseren Augen, wie aus dem Nichts, in der eben noch brettflachen Ebene die **euganeischen Hügel** auftauchen. Bekannt ist diese seit 1989 zum Naturpark erklärte Region vor allem für ihre Thermen, die sich am östlichen Rand der Buckellandschaft entlang ziehen. Doch sind sie auch ein beliebter Anlaufpunkt für Mountainbiker, Rennradler und Wanderer, die auf einer Vielzahl von Wegen voll auf ihre Kosten kommen.

Wir wollen diese wunderschöne Gegend nicht außer Acht lassen, auch wenn die vielen kleinen und teils sehr schmalen Sträßchen nicht unbedingt für Wohnmobilmaße ausgelegt sind.

Für unsere Fahrt durch die Hügel folgen wir der Straße bis zum Örtchen RIVALDOMO und biegen links beschildert Richtung TEOLO ein. Wenige Kilometer weiter, an der ersten größeren Kreuzung, geht's rechts ab Richtung BAONE und wir stoppen links am kleinen Parkplatz vor dem **Museo Geopaleon-tologico di Cava Bomba** [N 45°16'21" E 11°39'23"] (*geöffnet: So und Feiertags von 10-13h und 14-19h, Sa von 15-19h, Winterhalbjahr jeweils 1 Stunde früher, Eintritt 2,60EUR, Kinder ab 8 Jahre 1,10EUR)*. Das Museum befasst sich vor allem mit der Geologie und Mineralogie der Gegend, die großteils vulkanischen Ursprungs ist, und den hier gefundenen Fossilien. Im Außengelände wurden außerdem zu den Funden passende prähistorische Tiermodelle in Lebensgröße aufgestellt.

Wir folgen der Straße und ab hier geht es nun richtig hinein in die Hügel. Die Straßen werden eng, kurvig und steil. An der nächsten Gabelung folgen wir den Wegweisern nach links zur **Villa Beatrice d`Este**. Wer diese sehen will (andernfalls überspringen Sie den Absatz ab hier einfach) fährt etwa 600m weiter nach rechts in die Via Santa Lucia. Auf der engen Zufahrtsstraße geht`s nun noch weitere 1,5km geradeaus, bevor ein gelbes Schild mit der Beschriftung „La Beatrice" nach rechts zur Toreinfahrt

weist. In dem ehemaligen Nonnenkloster, in dem die heilige Beatrice einst lebte, wird heute das ökologische System des Naturparks näher beleuchtet und es sind (ausgestopfte) Tiere der Region zu sehen [N 45°16'37" E 11°40'45"] (*Öffnungszeiten und Preise wie beim Museo Geopaleontologico).* Von hier zurück zur Weggabelung, dann rechts.

Im Örtchen FONTANAFREDDA geht es erneut rechts Richtung GALZIGNANO TERME. Die Straße schraubt sich dann langsam aber deutlich wahrnehmbar, vorbei an Weinreben, nach oben auf den **Monte Venda** zu. Nach ein paar Kilometern und vorbei an diversen Weingütern, die den einen oder anderen zu einer ersten Stippvisite einladen möchten, hält die Straße direkt auf einen kleinen Picknickplatz zu [N 45°18'24" E 11°41'56"]. Die Hauptstraße verläuft weiter nach rechts, laut Wegweiser sind es noch 3km bis GALZIGNANO. Wir halten uns jedoch nach links auf die Via Roccolo, die nicht nur brüchig aussieht. Der Warnung, dass nur Fahrzeuge bis maximal 2,20m hier entlang fahren können, darf man zur Not noch ca. 10cm aufaddieren, mehr sollten es dann aber tatsächlich nicht sein (im Zweifelsfall fahren Sie weiter bis GALZIGNANO und dann links Richtung TEOLO und gelangen so zurück zur Hauptroute).

Vorsichtig quetschen wir uns durch die eisernen Randbefestigungen, schon kurz darauf wird die Straße aber wieder besser. 800m weiter zweigt nach links die Via Sottovenda ab. Sie führt erst zum relativ neu angelegten **Giardino Botanico die Colli Euganei** [N 45°18'41" E 11°41'53"], (*Eintritt frei, großer Parkplatz mit ungeteerter recht steiler Zufahrt, daher für schwerere Wohnmobile nur bedingt geeignet)* und dann, nach weiteren 600m, zu einem kleinen Wanderparkplatz.

(006) WOMO-Wanderparkplatz: Monte Venda

GPS: N 45°18'32" E 11°41'27", Via Sottovenda **max. WOMOs**: 3

Ausstattung/Lage: Wanderwege, Schatten, in der Nähe eines Gasthofes, nachts sehr ruhig

Zufahrt: Ab dem botanischen Garten immer geradeaus auf der Via Sottovenda, dann rechterhand

Parkgebühr: kostenlos

WOMO-Wandertipp: Monte Venda

Ab dem Wanderparkplatz geht man links einen rollstuhl- und kinderwagengerecht ausgebauten und nicht sehr steilen Wanderweg entlang der Flanken des MONTE VENDA. Anfänglich beidseitig mit Buschwerk bewachsen, bietet er später schöne Blicke über weite Teile der Region. Nach knapp 6km endet der Weg an einen Picknickplatz mit Wetterschutz. Unterwegs kann man frühzeitig links abzweigen und gelangt so zu einem Gasthof.

Blick vom Monte Rua

Zurück auf der Hauptstraße halten wir uns links und nur wenige Meter später erreichen wir einen kleinen Parkplatz mit Kapelle, der sich auch als Rastplatz eignet. **[7:** N 45°18'49" E 11°42'07"] Eine dritte Stellplatzalternative bietet die Trattoria „al Roccolo" einige hundert Meter weiter. Wer hier isst (toller Blick von der Terrasse aus) und freundlich fragt, darf die Nacht über auf dem schattigen Parkplatz stehen bleiben **[8:** N 45°19'07" E 11°42'05"].

In sechs teils recht engen Serpentinen verlieren wir nun rasch an Höhe, bis wir wieder an eine etwas größere Straße gelangen. Um der **Eremia de Rua** einen Besuch abzustatten, fahren wir nach rechts und kurz darauf beschildert wieder nach rechts. Besser am ersten von zwei kleinen Parkplätzen halten wir **[9:** N 45°19'03" E 11°43'02"] und machen uns zu Fuß auf, die letzten hundert Meter des Weges zu erklimmen.

Die Einsiedelei am Monte di Rua wurde 1537 von Kamaldulensermönchen gegründet und ist bis heute in Betrieb. Die ganze Spitze des Hügels wird vom Klosterkomplex eingenommen und der Besuch ist nur zu bestimmten Zeiten und ausschließlich Männern erlaubt *(Zutritt nur Do. und So. von 14.30-16.30h)*. Den Rest der Zeit leben die Mönche hier bis heute abgeschieden und in strenger Isolation. Besichtigt werden kann die Kirche und eine der 14 Mönchs-Zellen, die als einzelne, kleine und einfache Wohnhäuser ausgeführt sind.

Zurück vom Klosterberg ist unser nächstes Ziel die **Villa**

di Vescovi im Örtchen LUVIGLIANO. Wir biegen also nach rechts in die Hauptstraße ein, machen die 90-Grad-Kurve mit und lassen den Friedhof rechts liegen. Weit ist der Weg nicht und nur ein paar Kurven weiter erreichen wir erst den Weiler TORRGLIA, indem wir nach dem kaum zu übersehenden „Luxardo-Maraschino-Shop" links abbiegen. Dann, bei der nächsten Abzweigung, erneut den Weg nach links wählen. Hier ist unser Ziel bereits ausgeschildert. Schon wenig später taucht die Villa, erhöht auf einem kleinen Hügel erbaut, linkerhand auf. Nach einem kleinen Platz mit Kriegerdenkmal könnten wir nun links in die Via dei Vescovi einbiegen. Doch Vorsicht, der Platz zum Rangieren und die vorhandenen Parkplätze oben an der Kirche neben der Villa sind begrenzt. Daher macht es, gerade in der Hauptsaison oder am Wochenende, wohl mehr Sinn, ein paar Meter weiter an der Hauptstraße vor dem Zaun der Villa zu parken und die paar Meter nach oben zu laufen [N 45°20'35" E 11°42'49"]. Ein Großteil der Villen in der Gegend zwischen VENEDIG und VERONA stammen vom bereits erwähnten italienischen Stararchitekten der Renaissance schlechthin – Andrea Palladio – und wurden in der zweiten Hälfte des 16. Jahrhunderts erbaut. Diese jedoch entstand zwar in der gleichen Epoche, wurde aber bereits 1542 für den Bischof von Padua, Francesco Pisani, entworfen, der sie als Sommerresidenz nutzte. Sie gehört zu den besterhaltendsten der ganzen Region und viele Originalfresken und Deckengemälde sind noch heute zu sehen (*geöffnet: April – Oktober, Do-So/Feiertags von 10-18h, Sa bis 19h, Eintritt 3EUR, Kinder frei*).

Villa di Vescovi

Wir verlassen LUVIGLIANO auf der gleichen Hauptstraße auf der wir gekommen sind, nur diesmal in die entgegengesetzte Richtung. An der ersten großen Kreuzung in TREPONTI haben Sie die Qual der Wahl: Links gelangen Sie auf einen Abstecher nach TEOLO, dem Hauptort der **euganeischen Hügel**. Von hier bietet sich zum Beispiel eine Wanderung auf den direkt dahinter gelegenen **Monte Grande** (ab Via Monte Madonna), [N 45°21'31" E 11°39'48"], an. Wir entscheiden uns jedoch für den Weg nach rechts.

Abbazia di Praglia

Noch ein großer touristischer Anziehungspunkt versteckt sich hier im Norden der Hügel, bevor wir nach **Abano Terme** gelangen. Ungefähr 2,5km weiter folgen wir den Schildern nach rechts Richtung PRAGLIA bzw. zur **Abbazia di Praglia**. Die Parkplätze [N 45°21'56" E 11°44'04"] vor dem 13.000qm großen Benediktinerkloster sind ausreichend dimensioniert. Bereits im 11. Jahrhundert wurde es gegründet und ist, mit einer ca. 100jährigen Unterbrechung während der napoleonischen Zeit im 19. Jahrhundert, seitdem als Kloster in Benutzung. Zu sehen gibt es eine dreischiffige Basilika mit verschiedenen dargestellten Szenen aus dem Leben Christi und den Klosterkomplex selbst. Kapitelsaal, Refektorium und die Bibliothek mit über 120.000 Büchern und Schriften sind mehrmals täglich auf einer Führung zu sehen. Außerdem gibt es einen kleinen Klosterladen, der selbst erzeugte Produkte wie Tee, Wein, Kosmetik und Honig anbietet. Und auch wem nach Besinnung ist, kann hier geholfen werden. Mit Voranmeldung kann man selbst für einige Tage dem Klosterleben beiwohnen und in die Welt der Benediktiner eintauchen *(geöffnet Di-So, Führungen nur So und Feiertags 5x tägl. am Nachmittag).*

Wir müssen die Stichstraße zur großen SP 89 gar nicht ganz zurück. Schon auf halbem Weg geht es nach rechts Richtung

ABANO TERME. Wer nun nach einem Übernachtungsplatz sucht, kann sich rechts Richtung TORREGLIANA halten.

(010) WOMO-Stellplatz: Torregliana

GPS: N 45°19'60" E 11°43'51", Via Vittorio Veneto **max. WOMOs**:>5.
Ausstattung/Lage: Im Ort gelegen, Mülleimer, Spielplatz, Geschäfte und Restaurants in der Nähe
Zufahrt: Von der Straße nach ABANO rechts (Via delle Terme) Richtung TORREGLIANA abzweigen. Am Ende rechts in die Via Tramonte und ca. 150m nach dem Kreisverkehr im Ort rechts abbiegen.
Parkgebühr: kostenlos
Hinweis: Der Parkplatz wird auch als Festwiese genutzt und kann daher zeitweise entsprechend belegt sein.

ABANO TERME ist mit knapp 20.000 Einwohnern der größte und bekannteste der Kurorte, die sich am östlichen Rand der euganeischen Hügel entlang ziehen. Bereits seit dem 9. Jahrhundert vor Christus wird hier gesiedelt und schon die alten Römer wussten um die Wirkung der hier aus dem Boden tretenden heißen Quellen. Die ältesten Anlagen befanden sich am

kleinen Hügel **Mont Irone**, um den sich noch heute der Kurbetrieb erstreckt. Mit Tourismus im großen Stil und dem Bau der meisten Hotels wurde erst nach dem 2. Weltkrieg begonnen.

Um ein wenig in der Fußgängerzone zu bummeln und den Flair des Ortes auf uns wirken zu lassen, fahren wir am besten einen innenstadtnahen Parkplatz an. Dazu biegen wir am ersten großen Kreisverkehr rechts ab Richtung MONTEGROTTO TERME. Nach ca. 1km erscheint der erste Parkplatz auf der linken Seite [N 45°21'18" E 11°46'27"], nur 200m weiter schon der nächste [N 45°21'08" E 11°46'22"]. Einfach die jeweils abbiegende Straße dann zu Fuß ein paar hundert Meter weiterlaufen und Sie haben die Fußgängerzone erreicht. Zum Übernachten sind beide freilich weniger geeignet, da sie direkt an der Hauptstraße liegen. Biegt man jedoch direkt am zweiten Parkplatz links in die Via Liberale da Verona und unmittelbar nach dem kleinen Park nach rechts ein, kommt man zu einem kleinen Rondell, an dem PKWs und Busse stehen. Hier übernachtet es sich ganz kommod, sofern Sie einen Platz ergattern **[11: N 45°21'04" E 11°46'30"]**. Eine vierte Stellplatzmöglichkeit finden Sie, wenn Sie vom Rondell die gegenüberliegende Straße Francesco Petrarca bis zum Ende durchfahren, kurz rechts und gleich wieder links in die Via Flavio Busunera lenken. Linkerhand liegt die große Piazza Morosini mit ausreichend Parkraum **[12: N 45°20'55" E 11°46'50"]**.

Abano Terme

Ob **Abano Terme** nun ein besonders schöner Ort ist oder nicht, liegt sicher im Auge des Betrachters. Die Bausubstanz ist, verglichen mit anderen Orten Italiens, gerade im Kurzentrum relativ neu und, da oft in den 60er und 70er Jahren erfolgt, nicht immer glücklich geraten. Und da der Glanz dieses Kurortes wie bei so vielen anderen nicht mehr ganz so hell strahlt wie noch vor einigen Jahren, steht so mancher einst kühn geplante Hotelbunker inzwischen leer. Fürs Ambiente ist dies freilich nicht gerade förderlich. In der Fußgängerzone selbst kann man aber durchaus noch das klassische „Abano-Flair" erspüren und einen Hauch von Eleganz und Hautevolee der mit dem Kurort in die Jahre gekommenen Stammgäste erleben. Außerdem finden Sie die **Touristeninformation**, Via Pietro d'Abano 18, hier in der Fußgängerzone. Sie erhalten dort kostenlose Informationen zu 16 lohnenden Wanderungen und auch zu Radtouren quer durch die euganeischen Hügel und

viele weitere Informationen. Ein unverzichtbarer Zwischenstopp, wenn Sie die Gegend ausführlicher erkunden wollen. Wer sich hier nicht in ein Hotel einmieten mag, hat leider nichts vom bis zu 87°C warmen Heil-Wasser, dass besonders bei rheumatischen Leiden Linderung verspricht, da es kein öffentliches Thermalbad im Ort gibt.
Eine Möglichkeit bleibt allerdings doch noch, in den Genuss der warmen Quellen zu gelangen: Fahren Sie in den ca. 1km westlich vom Zentrum entfernt gelegenen Ortsteil **Monteortone** – in der Wallfahrtskirche **Santuario Madonna della Salute** quillt beständig Thermalwasser aus einer kleinen Brunnenschale [N 45°21'11" E 11°45'28"]!
Ein weiteres Kuriosum erwartet Sie im nördlichen Teil des Ortes, dem historischen Kern. An der Via San Pio X, direkt hinter dem Dom San Lorenzo liegt die **Piazza del Sole e della Pace** (Platz der Sonne und des Friedens). Auf ca. 300qm wurde hier erst 1996 eine der größten Sonnenuhren Europas geschaffen [N 45°21'36" E 11°47' 24"].

Wir verlassen ABANO TERME in südlicher Richtung und gelangen so direkt in den zweiten Kurort der Region. Im Laufe der Zeit sind beide fast miteinander verschmolzen. In MONTEGROTTO TERME sieht vieles ähnlich aus, nur eine Nummer kleiner, der Ort ist auch nur halb so groß. Als allgemeiner Stellplatz hat sich hier ein Parkplatz südlich der Ortsmitte etabliert. Alternativ gibt es in Montegrotto Terme auch den einzigen nennenswerten Campingplatz der ganzen Region.

(013) WOMO-Stellplatz: Montegrotto Terme

GPS: N 45°19'52" E 11°47'32", Via degli Scavi **max. WOMOs**:>10
Ausstattung/Lage: Mülleimer, Gaststätten und Geschäfte in Laufweite, stets gut besucht, im Ort gelegen
Zufahrt: Von Abano auf der Hauptstraße (Via Colli Euganei) Richtung Süden. Am Ortsende im Kreisverkehr links Richtung „autostrada Bologna". Dann nach dem 4. Kreisverkehr rechts in die Via Aureliana abbiegen und gleich wieder links in die Via Tiberina. Diese führt sie dann zum genannten Parkplatz.

Parkgebühr: kostenlos

(014) WOMO-Campingplatz-Tipp: Camping Sporting Center

GPS: N 45°20'33" E 11°47'46", Montegrotto Terme, Via Roma 123
Ortszentrum: 2km **Zeiten**: 1.3 - 15.11. **Ausstattung**: Strom möglich, Wasser, Entsorgung, teils eigene Sanitäreinrichtungen an der Parzelle, Restaurant, Thermenhotel mit Bad (einzige Therme für Camper, kostenpflichtig) angeschlossen, div. Sporteinrichtungen, Spielplatz
Zufahrt: Der Platz liegt am westlichen Ortsrand zwischen Abano und Montegrotto Terme. Von Abano kommend auf der SS250 Richtung Montegrotto fahren. Auf der Straße bleiben, bis in einem Kreisverkehr nach Norden die Via Roma abzweigt, dann nach ca. 600m rechts.

Direkt am Stellplatz liegt eine der Hauptsehenswürdigkeiten, an der nicht nur Kinder ihren Spaß haben werden, der **Butterfly Arc**. In mehreren begehbaren Räumen sind hier leben-

de Schmetterlinge aus allen Teilen der Welt zu sehen, die einem buchstäblich um die Nase fliegen. Außerdem gibt es noch ein paar andere Tiere in Terrarien und einen etwas obskur anmutenden Märchenpark im Freigelände *(geöffnet Mär-Okt 9.30-12.30h und 14.30-18.00h, Sa/So/Feiertags durchgehend, Erw. 9EUR, Kinder ab 4J. 7EUR)*

Schräg hinter dem Komplex, in der Via degli Scavi, liegt die zweite Sehenswürdigkeit des Kurortes, die mittelmäßig spektakulären Ausgrabungen einer römischen Badeanstalt *(Zutritt nur Sa. von 16-18h, aber auch von der Straße zu überblicken)*

Im Schmetterlingshaus „Butterfly Arc"

Ein interessantes und gleichermaßen skurriles Museum zur Geschichte der Luftfahrt ist nahe MONTEGROTTO TERME in einer alten Burg zu erleben.

Um zum **Castello di San Pellagio** zu gelangen, fahren Sie vom Parkplatz am **Butterfly Arc** in nördliche Richtung, biegen im Kreisverkehr rechts in die Via Giulio Cesare ein und gleich danach erneut rechts. Folgen Sie der Straße über die nächsten zwei Kreisverkehre und halten Sie sich am dritten links Richtung „Autostrada". Nun auf dieser Straße immer geradeaus, das Castello ist dann angeschrieben und liegt rechts der Straße.

Zu sehen gibt es in der Anlage viele Stücke und Informationen zur Entwicklung der Luftfahrt, zur Burg (Infoblätter an der Kasse auch auf deutsch erhältlich), ganze Flugzeuge und im Garten Picknickbänke, Tiere und einen Irrgarten. Angeschlossen ist auch ein Restaurant und am Parkplatz ist das Übernachten für Besucher möglich. [**15:** N 45°18'54" E 11°49'16"] *(Geöffnet Mär-Nov Mi/Do 9.00-13.00h, Fr/Sa zusätzlich 14.30-18.30h, So/Feiertags 10.00-19.00h durchgehend, Erw. 7EUR, Kinder von 5-12J. 6EUR)*

Castello San Pellagio

Wir setzen unsere Fahrt in südlicher Richtung fort und fahren dafür erst ein Stück zurück Richtung MONTEGROTTO, dann links auf die SS16. Nur kurze Zeit später erscheint vis-à-vis dem Flüsschen rechts von uns unübersehbar ein weiterer großer Wehrkomplex, das **Castello Catajo**.

Castello Catajo

Das Gebäude ist halb Burg, halb Schloss, wurde 1543 errichtet und später erweitert. Die Anlage soll absolut sehenswert sein – sofern man während der knappen Öffnungszei-

Villa Barbarigo und der weltgrößte Buchsbaumirrgarten

ten hier her gelangt. Wir hatten dieses Glück bislang leider nie [N 45°17'49" E 11°47'18"], *geöffnet Di und So von 15.00-19.00h).*

Die nun folgenden Thermenorte BATTAGLIA TERME und GALZIGNANO TERME sind vergleichsweise uninteressant, folgen Sie jedoch der entsprechenden Beschilderung und dann weiter Richtung VALSANZIBIO, gelangen Sie direkt zur **Villa Barbarigo**. In einem wunderschön angelegten, schattigen Park lässt es sich sehr gut aushalten und umherstreifen. Zu sehen gibt es ein „automatisches Wasserspiel", eine „Haseninsel" und das größte Buchsbaumlabyrinth der Welt – wenn Sie sich für einen Durchgang entscheiden, planen

Sie auf alle Fälle etwas mehr Zeit ein. Auch ein hübscher Picknickbereich und ein Café sind vorhanden. Die Villa selbst ist nicht zu besichtigen. [N 45°17'33" E 11°43'42"], (*Täglich geöffnet vom 25.Feb bis 09.Dez von 10.00-13.00Uhr und von 14.00Uhr bis Sonnenuntergang, So und feiertags durchgehend, Erw. 8,50EUR, Kinder von 6-14J. 5,50EUR)*

Weiter nach Süden tauchen bald Wegweiser nach ARQUA PETRARCA auf und führen uns wieder etwas weiter hinein in die Hügel. Der wohl bekannteste Ort im Naturpark schmückt sich seit 1870 mit dem Zusatz „Petrarca", nach dem berühmten Dichter Francesco Petrarca, der hier seine letzten Jahre verbrachte.

Gleich am Ortseingang liegt rechts ein großer Parkplatz auf drei Ebenen. Die unterste wird viel von Wohnmobilen frequentiert und kann auch zum Übernachten genutzt werden.

(016) WOMO-Stellplatz: Arqua Petrarca

GPS: N 45°16'06" E 11°43'14", Via Fontana **max. WOMOs**:>20
Ausstattung/Lage: Toilette, Mülleimer, Wasser (an der obersten Parkterrasse) teils schattig, stets besucht.
Zufahrt: Von Valsanzibio kommend der Beschilderung nach Arqua Petrarca folgen. Dann vor dem Ortsbeginn unübersehbar auf der rechten Seite.
Parkgebühr: für Womos 1,80EUR pro Std. (9 EUR ganzer Tag), nachts kostenlos von 20-7Uhr

Arqua Petrarca

Der kleine Ort gilt als einer der schönsten Italiens und hat man erst einmal die Stufen bis in den Kern erklommen, kann man sich davon selbst überzeugen: ein uriges Dorf, das einen Besuch wert ist. Gleich linkerhand erhebt sich die Kirche, vor der in einem großen Steinsarkophag die sterblichen Überreste Petrarcas aufbewahrt werden.
Folgt man der mit Restaurants und Cafés gesäumten Hauptstraße weiter bergauf, gelangt man zur **Casa Petrarca**, dem ehemaligen Wohnhaus,

das besichtigt werden kann. Es enthält einige Originalgegenstände jener Zeit sowie Decken- und Wandbemalungen aus dem 16. Jahrhundert und umfangreiche Informationen zum Leben seines berühmtesten Bewohners (nur auf italienisch und englisch, *geöffnet: Mär-Okt 9.30-12.30h und 15.00-19.00h während den Ferien Mo geschlossen. Erw. 4EUR, Kinder frei)*

Francesco Petrarca

Der 1304 in Arezzo geborene Francesco Petrarca war einer der größten Dichter und Geschichtsschreiber Italiens. Sein berühmtestes und größtes Werk „Canzoniere" umfasst ganze 366 Gedichte. Er gilt außerdem als Mitbegründer des Humanismus und unternahm während seines Lebens ausgedehnte Reisen nach Frankreich, Deutschland und Belgien. Er starb am 18.Juli 1374 in ARQUA. Um die Echtheit seines Leichnams und seine angebliche Körpergröße von 1,84m (er war damit ein echter Riese seiner Zeit) zu belegen, wurde 2004 sein Grab geöffnet und untersucht. Dabei wurde festgestellt, dass der beim Skelett liegende Schädel in Wahrheit zu einer Frau gehört. Wann und wer den echten Kopf ausgetauscht hat, lässt sich nicht mehr genau sagen. Bis heute bittet der italienische Staat jedoch darum, die Erben des „Grabräubers" mögen ein Einsehen haben und den „alten Knochen" zurückgeben...

An der Abzweigung südlich des Parkplatzes biegen wir Richtung MONSELICE ein und dann, wiederum rechts, nach

ESTE. Dort angekommen folgen wir der Beschilderung ins „Centro“. Ein guter, zentraler Stellplatz befindet sich dann rechterhand direkt vor der großen Mauer des Schlossparks.

(017) WOMO-Stellplatz: Este

GPS: N 45°13’44” E 11°39’32”, Via Vigo di Torre **max. WOMOs**:>5
Ausstattung/Lage: Mülleimer, Schatten, direkt in der Ortsmitte, nicht immer ganz leise
Zufahrt: siehe Routenbeschreibung, nicht zu übersehen vor der Mauer des Stadtparks.
Parkgebühr:Von 8.00-13:30Uhr und von 14.00-20.00Uhr je 1EUR, sonst kostenlos.

Este

Der Ort mit etwa 17.000 Einwohnern liegt direkt an der südlichen Grenze des Naturparks „**Euganeische Hügel**“. Von hier stammt das Adelsgeschlecht Este, dessen Macht einst bis weit über Norditalien hinausreichte. Erhöht über der Stadt thronen die Reste des einstigen „neuen“ Castellos aus dem 14. Jahrhundert. Die ursprüngliche Festung war schon 100 Jahre früher von Ezzelino de Romano zerstört worden. Rund um die Ruinen erstreckt sich heute ein schöner Stadtpark, vom Castello aus genießt man einen umfassenden Blick auf Ort und Region. Verlässt man den Park durch das südliche Haupttor, gelangt man unmittelbar zum rechts daneben in die Mauer integrierten **Museo Nazionale Atestino**. Hier kann man interessante Fundstücke und Kulturgegenstände von der Altsteinzeit bis zu den Römern bewundern. Es ist das bedeutendste Museum seiner Art im venetischen Raum. *(geöffnet tägl. von 8.30-19.30h, Erw. 4EUR, Kinder/Senioren frei)*. Geht man die Straße vom Tor aus geradeaus, gelangt man in die Innenstadt. Rund um die **Piazza Maggiore** liegen Geschäfte und Restaurants, teils unter Säulengängen, hier schlägt das Herz von Este.

Von hier gelangen wir ostwärts und gut ausgeschildert auf direktem Weg nach MONSELICE. Der offizielle Stellplatz mit Entsorgungsmöglichkeit befand sich bei unserem letzten Besuch im Umbau und wurde leider (vorübergehend?) mit Einfahrtsbeschränkungen (2,10m) versehen. Ein zweiter Stellplatz unterhalb der Burg ist aber nach wie vor für Wohnmobile nutzbar, leider ohne Ver-/Entsorgung.

(018) WOMO-Stellplatz: Monselice

GPS: N 45°14'36" E 11°45'11", Avenue du Cap-Negre. **max. WOMOs**:>10.
Ausstattung/Lage: Toilette, Mülleimer, Geschäfte, unmittelbar am Stadtkern, tags gut besucht, nachts ruhig.
Zufahrt: Von Este kommend folgen Sie der Hauptstraße, bis links vor einer Mercedes-Werkstatt die Via Galilei um den Burgberg herumführt. Dieser folgen, links auf der Via Castello halten und dann links ausgeschildert zum Parkplatz Cava della Rocca.
Parkgebühr: nachts frei, tags zeitweise (z.B. an Markttagen) 2EUR

Monselice

Die Stadt existiert bereits seit dem 7. Jahrhundert und wurde von den Langobarden gegründet. Später gab der Landvogt Ezzelino da Romano dem Ort Stadtrechte und machte von hier aus die Nachbarn Este und Montagnana sowie weitere Städte in der Umgebung, im wahrsten Sinne des Wortes, platt. Unser Parkplatz entstand in einem ehemaligen Steinbruch. Wir verlassen ihn durch den südlichen Fußgängerdurchgang und gelangen direkt ins Zentrum.
Nehmen wir linkerhand die Via del Santuario bergauf, erreichen wir bald

das **Castello di Monselice**. Hier lebte einst Ezzelino und hier hat ein späterer Hausherr seine Waffen- und Möbelsammlung komplettiert. Heute ist sie im Rahmen einer Führung zu besichtigen *(Di-So, Führungen um 9/10/11/15/16/17h, im Winterhalbjahr nachmittags je eine Stunde früher, Erw. 6EUR, Kinder von 6-14J. 4EUR)*.
Weiter den Hügel hinauf, gelangt man, vorbei an der bewohnten **Villa Nani Moncenigo** (links) und der **Antica Pieve di Santa Giustina** (rechts), durch ein Tor in das Gelände des **Santuario delle Sette Chiese**. Sieben kleine Kapellen ziehen sich den Berg hinauf und enden an einer Hauptka-

pelle ganz oben. Papst Paul V. verfügte 1606, dass Pilgern, die dieses Heiligtum besuchen, die gleichen Ablässe gewährt werden wie denen, die zu den sieben Hauptkirchen nach Rom reisen. Dies hat bis heute Bestand und macht MONSELICE zu einem renommierten Wallfahrtsort. Von oben hat man außerdem einen schönen Blick auf Ort und Umgebung. Zurück am Ausgangspunkt gehen wir nun geradeaus auf die **Piazza Mazzini** (mit Touristeninformation). Hier gruppiert sich das historische Zentrum mit dem zentralen Palazzo del Monte die Pietà, dem **Torre Civico** (Turm) und der dahinter gelegenen alten Fischhalle. Montags ist Markt rings um den Platz herum.

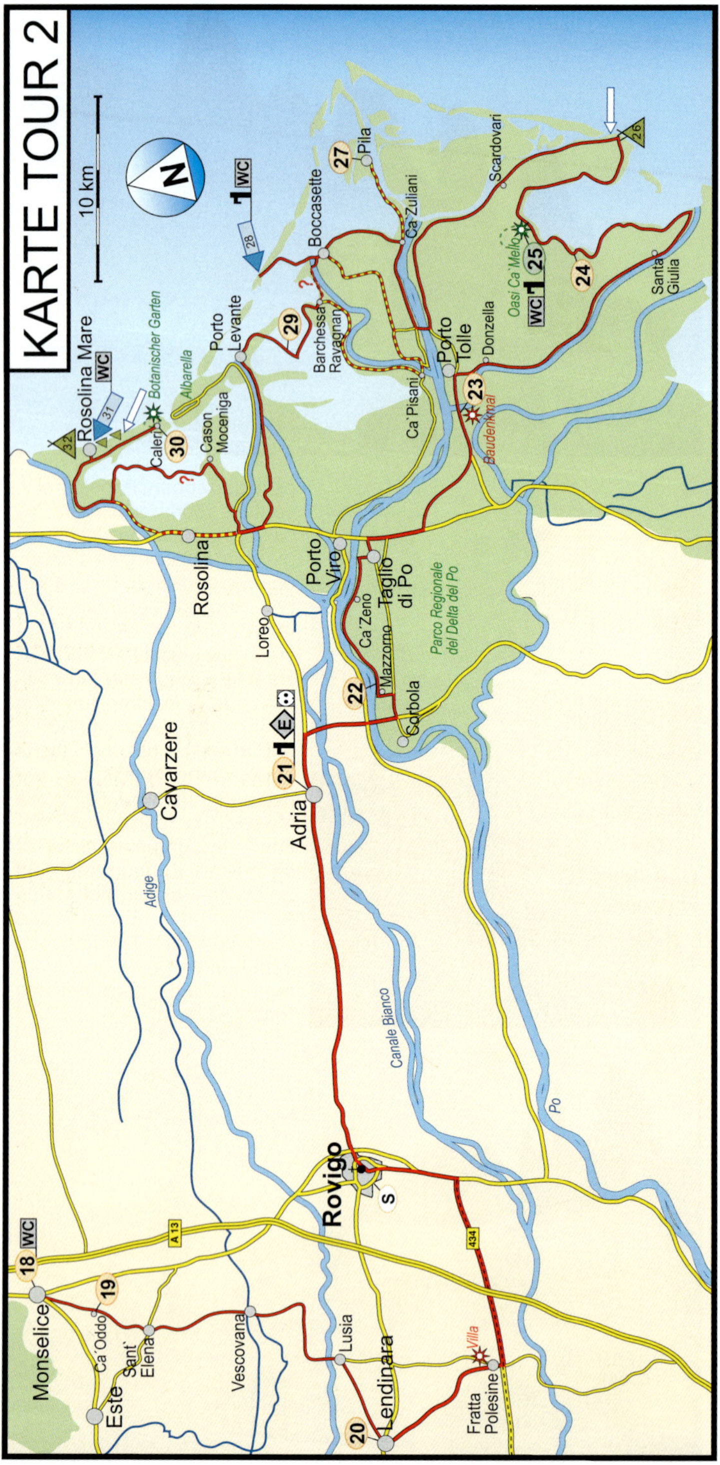
KARTE TOUR 2
10 km
N
Rosolina Mare
WC
Botanischer Garten
Albarella
Porto Levante
Caleri
Cason Moceniga
Rosolina
Loreo
Porto Viro
Boccasette
Pila
Ca' Zuliani
Barchessa Ravagnan
Ca' Pisani
Porto Tolle
Donzella
Baudenkmal
Oasi Ca' Mello
Scardovari
Santa Giulia
Taglio di Po
Ca' Zeno
Mazzorno
Corbola
Parco Regionale del Delta del Po
Adria
Cavarzere
Adige
Canale Bianco
Po
Rovigo
A 13
434
Monselice
Ca' Oddo
Sant' Elena
Este
Vescovana
Lusia
Lendinara
Villa
Fratta Polesine

Tour 2: (330 km / 2-5 Tage)

Fratta Polesine - Rovigo - Adria - Isola Donzella
Boccasette - Rosolina Mare

Stellplätze (gratis):	Ca`Oddo, Lendinara, Adria, Mazzorno, Ca`Vendramin Sacca degli Scardovan, Oasi di Ca`Mello, Pila, Boccasette, Porto Levante, Caleri
Stellplätze (Gebühr):	Rosolina Mare
Campingplätze:	Barricata Beach, Rosolina Mare/Rosapineta
Besichtigen:	Sant`Elena, Fratta Polesine, Rovigo, Ca`Vendramin, Caleri
Wandern:	Oasi di Ca Mello
Baden:	Barricata Beach, Boccassette Beach, Caleri, Rosolina Mare

Unsere Tour 2 führt uns ins **Po-Delta**. Das größte Feuchtgebiet Italiens kann mit einer Ursprünglichkeit und (touristischen) Unberührtheit aufwarten, wie kaum ein anderer Landstrich Venetiens. Schuld daran ist nicht zuletzt der schlechte Ruf des Pos als Italiens schmutzigster Fluss. Tatsächlich war der Po noch in den 90ern die Kloake aller Städte von MAILAND bis zu seiner Mündung. Doch in den letzten Jahrzehnten hat sich viel getan. Der Fluss ist sauberer geworden, das Ökosystem hat sich erholt und auch die wenigen Bademöglichkeiten im Delta werden langsam erschlossen und können mit entsprechend guter Wasserqualität dienen. Um in dieses, mittlerweile zum Naturpark erklärte, geschützte Gebiet zu gelangen, fahren

Unterwegs in der Po-Ebene

wir quer durch die Provinz Rovigo – vielen Touristen ähnlich unbekannt wie die hiesige Küste.

Wir starten in MONSELICE und wollen Sie zuerst noch zu einer kleinen Landpartie und einem Abstecher nach FRATTE POLESINE mitnehmen. Dieser kleine Ort ist für seine Vielzahl an Villen und klassischen Bauwerken bekannt, unter anderem die **Villa Badoer**, erbaut um 1570 von Andrea Palladio, die, wie alle Villen des Architekten, von der UNSECO dem Weltkulturerbe zugerechnet wurde und die einzige in dieser Region ist.

Von der Hauptstraße in Richtung ESTE biegen wir vor einer Motorradhandlung links ab auf die SP8 Richtung BORTOLO und GRANZE.

(019) WOMO-Stellplatz: Ca'Oddo

GPS: N 45°12'54" E 11°44'08", Via della Ferrovia. **max. WOMOs**: >5
Ausstattung/Lage: Mülleimer, teils schattiger Platz vor einer Kirche, Erdboden, schräg gegenüber eine kleine Bar
Zufahrt: Ca. 1km nach MONSELICE, direkt an der SP8 rechterhand nach dem Ortsschild von CA`ODDO, ruhig
Parkgebühr: kostenlos

Nach ca. 5 km erreichen wir SANT` ELENA. Im Ort gibt es die **Villa Miari De`Cumani** zu sehen. Wenn auch nicht so bekannt wie andere auf dieser Reise, ist sie durchaus einen Halt wert. Innen ist das Gebäude mit schönen Wandbildern und klassischen Fußböden ausgestattet, der 8 Hektar große Park mit kleinem See und Grotte bietet ausreichend Platz zum Entspannen (Via Roma 3, *geöffnet: Feb-Nov Di-So von 9.30-12.30h und 14.30-19.30h, Erw 6EUR, Kinder 2EUR)*.

Wir bleiben auf der SP8, durchfahren GRANZE und folgen, etwa 3km nach VESCOVANA**,** der Hauptstraße nach rechts. Die Landschaft ist nicht spektakulär, vermittelt in ihrer flachen Weite jedoch ein anschauliches Bild von großen Teilen der **Po-Ebene**, Italiens Kornkammer, die wir hier in ihren östlichen Ausläufern durchqueren. Ab nun immer der Wegweisung LENDINARA nach, stoßen wir auf den zweiten großen Fluss der die Region durchzieht, die aus Südtirol kommende Etsch (italienisch: Adige). Auch sie mündet hier, nördlich vom Po-Delta, ins Mittelmeer. Wir folgen ihr ein kleines Stück und erreichen über eine Stahlbrücke das andere Ufer. Da uns in diesem größeren Ort keine besonderen Highlights erwarten, soll es bei den Infos bleiben, dass auch dieser in die Reihe der Städte einzuordnen ist, die von Ezzelino da Romano einst unterworfen und zerstört wurden (siehe Tour 1) und es hier einen Stellplatz gibt.

(020) WOMO-Stellplatz: Lendinara

GPS: N 45°04'48" E 11°35'59", Via della Pace 7. **max. WOMOs**:>5.
Ausstattung/Lage: Ver-/Entsorgung, ausgewiesener Parkplatz vor einem Sportgelände
Zufahrt: In Lendinara, nachdem wir an der Kirche abgebogen sind, die dritte Straße links, Platz ist angeschrieben
Parkgebühr: nachts frei, tags zeitweise (z.B. an Markttagen) 2EUR

Am ersten Kreisverkehr nehmen wir auch die erste Ausfahrt („BADIA POLESINE") und folgend die nächste größere Straße nach links, direkt vor einem Coop-Markt, Richtung Zentrum. Flugs ein kleines Flüsschen überquert, dann links und vor einer Kirche mit schönem Säulenportal wieder rechts. Nun noch den Schildern Richtung ROVIGO folgen, schon gelangen wir über die autobahnähnlich ausgebaute Schnellstraße SS434 kurz darauf zu unserer Ausfahrt „FRATTA POLESINE".

Villa Badoer

Der Ort selbst ist klein und die Villen sind umfassend ausgeschildert. Um die zentrale **Villa Badoer** aus dem Jahr 1556 herum gibt es meist ausreichend Parkmöglichkeiten entlang der Straßen [N 45°01'50" E 11°38'27"]. Ob der Eintritt lohnt oder der Blick von außen genügt, ist allein Ihrem Interesse an Kunst und Architektur geschuldet. Im Erdgeschoss finden wechselnde Kunstausstellungen einen Platz, immerhin, wertvolle und sehenswerte Wandbemalungen sind erhalten. Das Obergeschoss ist leider gänzlich leer geräumt. Angeschlossen ist noch das **Museo civico archeologico** mit Fundstücken aus der vorrömischen Zeit. Auf alle Fälle macht es aber Spaß, am kleinen Kanal entlang zu schlendern und die Villen und Palazzi von außen zu betrachten oder eine gemütliche halbe Stunde, vielleicht bei einem Picknick, im öffentlichen Park der nur we-

Im Park der Villa Labia

nige hundert Meter entfernten **Villa Labia** zu verbringen *(Apr-Okt 9-19h, Eintritt frei)*.

Unser nächstes Ziel ist die gleichnamige Hauptstadt der Provinz ROVIGO. Fast automatisch gelangen Sie hierher, folgen Sie einfach den Schildern. Fast gänzlich vom Tourismus verschont oder, je nach Ansicht, verschmäht, hat der Ort eine adrette Altstadt zu bieten. Einen zentrumsnahen Parkplatz finden Sie, wenn Sie von der Schnellstraße kommend Richtung ROVIGO abzweigen, sich nach den „Centro"-Schildern orientieren und direkt nach dem 3. Kreisverkehr ihr Glück am kleinen Parkplatz rechterhand versuchen [N 45°03'50" E 11°47'42"]. Alternativ finden sich auch noch größere Parkflächen am Bahnhof [N 45°04'17" E 11°47'04"].

Rovigo

Mit über 50.000 Einwohnern ist ROVIGO die bislang größte Stadt unserer Reise. Vom Parkplatz aus gelangt man schnell ins teils verkehrsberuhigte „centro storico". Folgen Sie dem Corso del Popolo, übrigens ein erst in den 1950er Jahren verfüllter Seitenkanal der Etsch, nordwärts, nach 500m sind sie angekommen. Immer geradeaus gelangen Sie, vorbei am **Duo-**

Piazza Vittorio Emanuele II

mo San Stefano, zuerst zu den **Due Torri**, den Überresten der Burg von ROVIGO aus dem 10. Jahrhundert. Ein kleines Stück zurück und dann links, stoßen Sie auf die Via Domenico Angeli mit schönen Laubengängen, in denen sich Geschäfte aneinander reihen. Am Ende links erreichen Sie gleich den Hauptplatz von ROVIGO, die **Piazza Vittorio Emanuele II**. Auf einer Seite steht die Markussäule, der Uhrturm gehört zum Rathaus. Im Eck gegenüber finden Sie die **Accademia dei Concordi** mit der Pinakothek. Weit über 400 Bilder alter Meister wie Tizian oder Bellini gibt es zu bestaunen *(bei unserem Besuch leider vorübergehend geschlossen, sonst Di-So 9.30-19h)*.

La Rotonda

Durch die Laubengänge rechts neben dem Rathaus gelangen wir in die schmale Via 10 Luglio und biegen erneut rechts ein, um im Fußgängerbereich zu bleiben. Linkerhand über die **Piazza Garibaldi** mit einigen Cafés, Reiterstatue und auf dem Boden markiertem Grundriss einer abgerissenen, mittelalterlichen Kirche, laufen wir folgend erneut links in die Via 4 Novembre.Wir stoßen an deren Ende rechterhand auf die Wallfahrtskirche **Beata Vergine del Soccorso**, ihrer 8-eckigen Form wegen kurz **La Rotonda** genannt. Grundsteinlegung war 1594, gebaut wurde die ungewöhnliche Kirche unter Aufbringung ungeheurer finanzieller Mittel der Bürger ROVIGOS, um einem Wunder vollbringenden Madonnenbild ein passendes Gebäude zu errichten: es soll die Stadt von der Pest befreit haben. Das ursprüngliche Gemälde existiert leider nicht mehr, eine wertvolle Orgel, diverse Bilder aus dem 16. Jahrhundert und der ungewöhnliche Aufbau lohnen aber einen Besuch *(geöffnet täglich von 8-12h und 16-20h)*. Über die Piazza 20 Settembre verlassen wir den Kirchplatz und gehen am Ende rechts zurück zur **Piazza Garibaldi**. Diesmal halten wir uns am Ende links und gelangen so durch die Via Giovanni Miani immer geradeaus wieder zurück zum Parkplatz.

Wir verlassen die Stadt gut ausgeschildert gen Osten nach ADRIA, wohlgemerkt noch nicht zur gleichnamigen Mittelmeerküste sondern in den Ort, der dem ganzen Meeresteil einst seinen Namen gab. Grotesk ist allerdings, dass zwischen Ort und Meer heute gut 20km Landmasse liegen, die im Laufe der Jahrhunderte vom Po angeschwemmt und abgelagert wurden. Immerhin hat ADRIA aber durch einen Kanal bis heute einen schiffbaren Zugang zur Küste. Der Ort selbst bietet keine bemerkenswerten Denkmäler oder Naturphänomene und wirkt eher etwas verschlafen. Für einen kurzen Bummel durch die Altstadtgassen oder einen gemütlichen Kaffee am charmanten Kanal ist er aber einen Stopp wert.

(021) WOMO-Stellplatz: Adria

GPS: N 45°03'01" E 12°04'10", Via Madre Teresa di Calcutta, 25.
max. WOMOs: 4.
Ausstattung/Lage: Ver-/Entsorgung, Mülleimer, kostenloser Strom (!), Spielplatz, am Ende einer kleinen Anwohnerstraße.
Zufahrt: Auf der Hauptstraße bleiben. Der Wegweisung in Richtung CORBOLA folgen. Am Ortsende von Adria rechts angeschrieben.
Parkgebühr: kostenlos

Nun wird es aber Zeit, wir wollen ans Meer und den Po auf dem letzten Stück seines Weges dorthin begleiten. Wir lassen ADRIA hinter uns und fahren auf der Hauptstraße weiter gen Osten in Richtung LOREO. Doch schon 2km nach Ortsende nehmen wir den Abzweig nach links mit Ziel CORBOLA und queren erst den Adria-Kanal und kurz darauf auch den Po. Recht gewaltig kommt er hier kurz vor seiner Mündung daher und wir folgen ihm dorthin. Dazu nehmen wir gleich die zweite Abfahrt in Richtung TAGLIO DI PO und sofort die erste kleine Straße, Via Marchi, die links zum Fluss führt.

Nun befahren wir den Po-Deich für ein Stück und stoßen direkt auf einen entzückenden Picknickplatz, oder halten uns gleich rechts in Richtung TAGLIO.

Entlang des Pos

(022) WOMO-Picknickplatz: Mazzorno/Po

GPS: N 45°01'00" E 12°06'56", Am Damm des Pos gelegen.
max. WOMOs: 3.
Ausstattung/Lage: Mülleimer, Picknickbänke, Spielplatz, direkt am Wasser gelegen, nachts sehr ruhig.
Zufahrt: Wie im Text beschrieben.
Parkgebühr: kostenlos

Gemütlich cruisen wir neben dem Fluss entlang, lichte Stellen wechseln sich mit dichtem Schilfbewuchs ab. Rechterhand tauchen immer wieder ein paar Weiler oder einzelne Häuser auf, die großteils noch bewohnt sind. Als wir in TAGLIO DI PO ankommen, verbietet uns ein Schild die Weiterfahrt am Damm, ab hier nur noch für Fußgänger und Anwohner. Schade, dann durchfahren wir eben den Ort und halten uns links. Es folgt ein kurzes Stück Schnellstraße Richtung RAVENNA, bis uns eine Abzweigung nach rechts wieder auf Kurs gen Küste Richtung PORTO TOLLE bringt.

Die flache Weite der großen Ebene wird hier immer spürbarer, kein Hügel unterbricht den Horizont. Verstreut liegen Gehöfte links und rechts des Weges, viele davon mittlerweile unbewohnt und damit dem langsamen Verfall preisgegeben. In dieser strukturschwachen Ecke werden wir verlassene Häuser auf den folgenden Kilometern noch häufig sehen. Rechts von uns taucht dann schon bald ein auffälliges Bauwerk mit großem Schornstein auf. Es handelt sich um das **Museo Regionale della Bonifica Ca`Vendramin**, dem wir einen kurzen Besuch abstatten wollen. Im Original sind hier noch Pumpen

Im Pumpenmuseum von Ca`Vendramin

Nichts als flache Weite im Po-Delta

erhalten, mit denen einst zur Landgewinnung das sumpfige Schwemmland trockengelegt wurde, um Acker-, Weide- und Wohnflächen zu gewinnen. Für Besucher ist die Übernachtung am Parkplatz möglich **[23:N 44°56'40" E 12°16'56"]** (*Geöffnet Mär-Okt Di-So von 9.30-12.30h und 15-18h, Erw 3EUR, Kinder frei).*

Noch schnell über eine kleine Brücke und wir sind in PORTO TOLLE. Der Ort gleicht mehr einem staubigen Straßendorf irgendwo in der Puszta, als dem Zentrum der **Isola della Donzella** auf der wir nun angelangt sind. Braucht man nicht noch dringend eine Bank, die Carabinieri oder ein paar Lebensmittel, können wir den Ort getrost links liegen lassen und gleich am Beginn rechts nach DONZELLA abbiegen.

Verlassene Häuser im Delta

Was nun folgt, ist vor allem Weite. Hier und da ein paar Bäume oder meist verlassene Häuschen in der Landschaft, rechts von uns ein Damm. Man merkt sofort, dass wir in einer Gegend sind, die weder Touristen noch Einheimische sonderlich anzuziehen scheint. Schade oder eigentlich auch nicht, denn gerade das macht ihren Reiz aus. Wir fahren die Straße an einigen Minidörfern vorbei bis ganz zum Ende. Hier erreichen wir den südlichsten Punkt unserer Rundfahrt überhaupt. Da liegt es nun vor uns, das Meer, die Adria. Wir haben sie selten so still und verlassen gesehen. Nur ein paar Fischerboote und Hütten auf Pontons dümpeln dahin, zwei Angler versuchen ihr Glück. Links ums Eck folgen wir dem Küstenverlauf entlang der Bucht **Sacca degli Scardovari**. Hier werden schon seit einigen Jahren Vongole (Venusmuscheln) im großen Stil gezüchtet, viele Fischer haben

vom herkömmlichen Betrieb auf dieses lukrativere Geschäft umgesattelt. Auch eine kleine Stellplatzmöglichkeit neben der Straße tut sich auf **[24: N 44°49'53" E 12°23'33"]**. Lässt man den Blick umherschweifen, sieht man vielleicht einen Reiher beim Fischfang, einen Sumpffalken auf Beutezug oder andere selten gewordene Vögel. Besonders groß ist die Chance dafür in der **Oasi di Ca`Mello**.

Sacca degli Scardovan

(025) WOMO-Wanderparkplatz: Oasi di Ca'Mello

GPS: N 44°53'27" E 12°23'59", SP38
max. WOMOs: 5.
Ausstattung/Lage: Toilette, Wasser, Mülleimer, Picknickbänke, Restaurant ca. 800m entfernt, unmittelbar am Besucherzentrum
Zufahrt: Entlang der Bucht linkerhand nicht zu übersehen und beschildert.
Parkgebühr: kostenlos

WOMO-Wandertipp: Durch die Oasi di Ca'Mello

Links der Straße befindet sich ziemlich am hintersten Ende der Sacca Degli Scardovari Bucht, wenige hundert Meter nach dem Ausflugslokal „Marina 70", die OASI DI CA' MELLO. Der 40 Hektar große Süßwassersumpf entstand, als vor etwa 300 Jahren ein Seitenarm des Pos hier versiegte. Entgegen den anderen landwirtschaftlich genutzten Flächen ließ man diese Zone in ihrer Natürlichkeit bestehen. Ein guter Rundweg, der großteils auf hölzernen Stegen angelegt ist, verläuft durch das Gebiet. Unterwegs sind Vogelbeobachtungsposten eingerichtet. Auch vielen seltenen Pflanzen, wie der violetten Seeaster und den fleischfressenden, gelben Wasserschläu-

chen, hat man hier die Heimat bewahren können. Im Hochsommer kann es heiß werden, da es nur wenige Schattenplätze gibt, in der Nebensaison ist man hier meist ganz alleine.
Die Weglänge der Tour lässt sich individuell gestalten, von wenigen hundert Meter auf bis zu 15km ausdehnen (dann vor allem als Fahrradrunde gut geeignet, die auch Teile des Hinterlandes erschließt). Mehr dazu finden Sie im Infocentergebäude bzw. auf einer Wandtafel, sofern es geschlossen ist. *(Visitor Center geöffnet 15.Mär-16.Jun und 01.Sep-31.Okt Fr/Sa/So von 10.00-17.00h, ab und an Führungen, halbtags 4EUR, ganztags 6EUR)*

Wir folgen der Küstenstraße noch für ungefähr 6km bis wir die Landspitze erreichen. Hier liegt, völlig isoliert, der Campingplatz Barricata, die einzige Möglichkeit weit und breit, die Annehmlichkeiten entsprechender Infrastruktur zu genießen. Parken Sie kurz darauf neben der Straße, gelangen Sie über ein paar Stufen auf den Damm und nach einem kleinen Hafenkanal an den Strand. Selbst in der Hauptsaison findet man hier am **Barricata Beach** auf über 3.000m Länge ein ruhiges Plätzchen, sie müssen nur ein Stück am Meer entlang laufen. Campingplatzbesuchern steht darüber hinaus noch ein bestuhlter Privatstrand zur Verfügung – typisch italienisch – wer`s mag...

(026) WOMO-Campingplatz-Tipp: Villagio Barricata
GPS: N 44°50'47" E 12°27'42", Bonelli di Porto Tolle, Strada del Mare 74 **Ortszentrum**: 21km **Zeiten**: 12.5. - 17.09., Mitte Juni bis Anfang September Mindestaufenthalt 7 Tage **Ausstattung**: Strom, Wasser, Entsorgung, Sanitäranlagen, Pool, Restaurant, Shops, Sporteinrichtungen, Spielplatz **Zufahrt**: Wie im Tourtext beschrieben.

Einige Kilometer geht es noch durch die gleiche, flache und weite mit nur wenigen Häusern durchsetzte Küstenebene wie zuvor. Nach ca. 18km fahren wir unter einer Brücke hindurch und gleich danach links Richtung CA VENIER über selbige hinweg. Nach der Kanalüberquerung lenken wir rechts Richtung CA ZULANI. Geradeaus gelangen Sie weiter ins isoliert gelegene Dörfchen PILA mit Stellplatz am Fischmarkt **[27: N 44°58'43" E 12°28'45"]** nach links ein paar Minuten später nach BOCCASETTE. Bis zum gleichnamigen Strand (ab hier beschildert) mit Stellplatz sind es noch 7km. Der Ort selbst ist nicht mehr als ein Straßendorf, am Ende geht es nach rechts über Deiche durch eine schöne Schilflandschaft. Am Wegesende liegt links ein großer Parkplatz, rechts geht es über eine Holzbrücke an den schönen Strand mit einigen einfachen Bars.

(028) WOMO-Badeplatz: Boccasette Beach

GPS: N 45°01'38" E 12°25'19" **max. WOMOs**:>10

Ausstattung/Lage: Toilette, Mülleimer, unmittelbar am Strand, tags gut besucht, nachts sehr ruhig, zeitweise viele Mücken

Zufahrt: Von BOCCASETTE der Beschilderung zum Strand folgen

Parkgebühr: kostenlos, in der Hauptsaison tagsüber teils gegen Zahlung

Am Boccasette Beach

Auf der gleichen Straße geht es zurück ins Dorf, dort fahren wir nun jedoch sofort rechts hinauf auf den Deich und gelangen so zur **Ponte in Barche sul Po di Maistra**, einer Schwimmbrücke, die zwischen März und September nur von 08.00-20.00 Uhr befahren werden darf, im Winter nur am Wochenende. Die Brücke selbst ist nur bis zu einem Gewicht von sechs Tonnen zugelassen und schwankt bei der Überfahrt

Wackelige Angelegenheit: die Schwimmbrücke bei Barricata

abenteuerlich. Die folgenden 2,5km sind ungeteert, aber bei langsamer Fahrt gut zu bewältigen. Wem dies nicht behagt oder wessen Womo schlichtweg zu schwer ist, der muss die Brücke etwas umständlich umfahren – dazu geradeaus weiter bis CA VENIER, hier rechts und nach der Brücke sofort wieder rechts unbeschildert in einen kleinen Fahrweg. Beide Wege stoßen im Weiler SCANARELLO wieder aufeinander. Nach rechts bzw. geradeaus führt unsere Route nun auf schmalen, aber guten Straßen durch einen wunderbaren Küstenabschnitt auf PORTO LEVANTE zu; einer der schönsten Teile der Strekke.Unterwegs treffen wir nach ca. 7km rechts auf einen netten Parkplatz, der gut zum Übernachten geeignet ist

(029) Womo-Stellplatz: Porto Levante

GPS: N 45°01'36" E 12°22'01" **max. WOMOs**:5

Ausstattung/Lage: Mülleimer, direkt am Deich an einer kleinen Nebenstraße gelegen, nachts sehr ruhig, zeitweise viele Mücken

Zufahrt: An der Straße Richtung Porto Levante, ca. 3km nach Scanarello

Parkgebühr: kostenlos

Kurz darauf erreichen wir den kleinen Yachthafen. Auf der gegenüberliegenden Seite des Po-Arms erstreckt sich die Zufahrt zur bekannten Ferieninsel ALBARELLA. Das Örtchen ist nichts besonderes, doch um sich die Beine etwas zu vertreten oder für einen Kaffee am Kanal, mit Blick auf die Boote, nach langer Fahrt gerade recht. Weiter geradeaus gelangen wir nach ROSOLINA. Im größten Ort der Region können Sie die Vorräte aufstocken und entweder der Hauptstraße folgen um schnell, aber nicht sonderlich schön, am Ortsende rechts Richtung ROSOLINA MARE abzufahren. Wenn Sie dagegen noch Lust auf Deich und Küste haben, entscheiden Sie sich für die Genussvariante. Dazu biegen wir noch vor dem Ortsanfang von ROSOLINA rechts in Richtung ALBARELLA ab und etwa

Im botanischen Garten von Caleri

1km später links nach CASON MOCENIGO und prächtig über den Deich weiter nach ROSOLINA MARE. Achten Sie jedoch auf die Beschilderung, zeitweise ist diese Route gesperrt. Für das Gekurve auf der kleinen Nebenstraße wird man erneut mit pittoresken Aussichten belohnt.

Zum Ziel führen letztlich beide Wegalternativen. Wir wollen nun noch zum botanischen Garten, der an der Spitze der Rosolina-Halbinsel angelegt wurde, nach CALERI zum **Giardino Botanico Litoraneo di Porto Caleri**. Vom Parkplatz führt ein Weg zum Eingang des Parks.

(030) WOMO-Stellplatz: Giardino Botanico Caleri

GPS: N 45°05'48" E 12°19'40", ROSOLINA, Via Porto Caleri. **max. WOMOs**: 5.
Ausstattung/Lage: Mülleimer, nachts ruhig, im Park Picknickplätze und Toiletten.
Zufahrt: Ganz am Ende der Rosolina-Halbinsel linkerhand kurz vor dem Porto Caleri
Parkgebühr: kostenlos

Zwischen drei möglichen Touren können wir wählen; entweder ein Rundgang durch den Pinienwald, ein Spaziergang über Holzbrücken durch die niedrig bewachsene Küstenmacchia-Zone oder, die längste Route, in großer Runde entlang der Küstenlinie. (*geöffnet: Apr-Okt, Di/Do und am Wochenende von 10-13h und von 16-19h, 10.30h und 16.30h Führungen, Erw 2,50EUR, Kinder kostenlos).*

Zurück am Weg nach ROSOLINA MARE findet man mit etwas Glück am Wegesrand eine freie Parkbucht und kommt durch den Pinienwald auf einem der vielen kleinen Wege an

Ganz für sich alleine hat man den Strand von Rosolina Mare...

den Strand, der hier zwar nicht ganz so sauber und gepflegt wie im Ort selbst ist, dafür wild und das ganze Jahr über recht einsam. ROSOLINA MARE bzw. ROSAPINETA gleich daneben sind die südlichsten Badeorte der Adria, die wir auf unserer Tour ansteuern. Im Verhältnis zu den nördlicher gelegenen und weit bekannteren Badeorten wie JESOLO geht es hier fast gemütlich zu. Der Strand ist breit, lang und feinsandig, aber in der Saison auch über weite Strecken mit Liegestuhlreihen gepflastert. Vor allem Familien schätzen den flachen Wassereinstieg und das unaufgeregte Leben hier. Die meisten Touristen wohnen in Apartments. Es gibt aber auch einige Campingplätze, z.B Villagio Rosapineta **[31: N 45°08’21” E 12°19’23”]**.

Eine freie Stellplatzmöglichkeit befindet sich strandnah in ROSAPINETA. Zumindest in der Nebensaison ist sie ohne Probleme, nachts noch dazu kostenfrei, nutzbar.

(032) WOMO-Stellplatz: Rosapineta

GPS: N 45°07’53” E 12°19’24”, Viale dei Pini. **max. WOMOs**: theoretisch bis zu 20 Plätze die jedoch auch von PKWs genutzt werden.
Ausstattung/Lage: Mülleimer, direkt am Strand, Picknickplätze im Pinienhain nebenan, Wasser und WC an den Strandbuden.
Zufahrt: Vom botanischen Garten die Via Porto Caleri zurück bis zum Kreisverkehr, die erste Ausfahrt Richtung ROSOLINA MARE Zentrum nehmen und am Ende rechts Richtung „Spiaggo“ und „area picnic“ abbiegen.
Parkgebühr: 15.10. bis 15.04. kostenlos, in der Saison Parkgebühr am Automat von 8-20 Uhr.

...leider nur in der Vorsaison...

Tour 3 (ca. 120 km / 4-8 Tage)

Chioggia – Venedig – Malcontenta – Mira – Stra – Padua

Stellplätze (gratis):	Venedig-San Giuliano, Malcontenta, Scoltenigo, Stra
Stellplätze (Gebühr):	Chioggia, Sottomarina, Venedig-Tronchetto, Padua
Campingplätze:	Sottomarina, Venedig-Fusine, Oriago
Besichtigen:	Chioggia, Venedig mit Lagune, Villa Malcontenta, Mira, Villa Pisani, Padua
Baden:	Sottomarina, Lido di Venezia, Sant`Erasmo

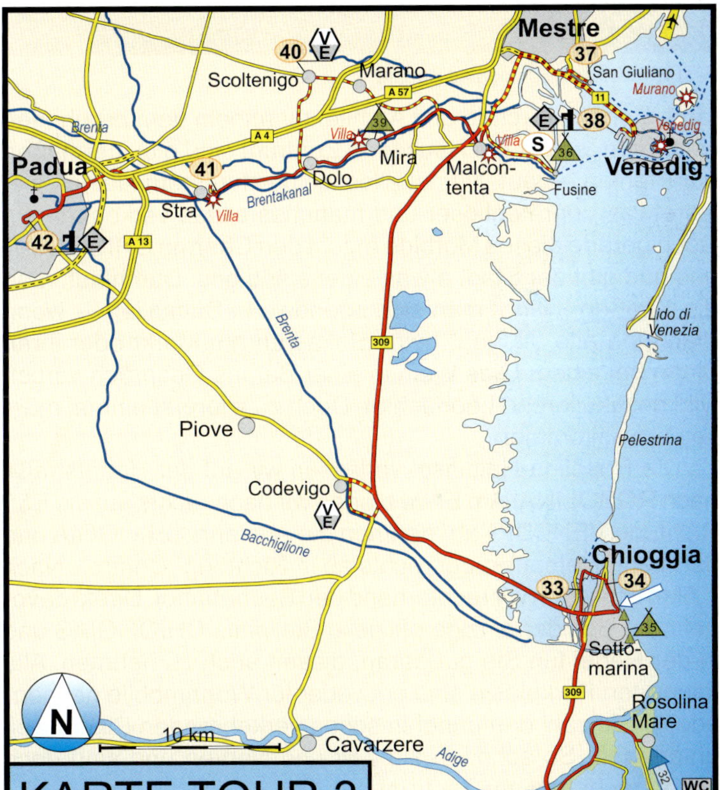

KARTE TOUR 3

Nächstes Ziel unserer Reise ist die Stadt CHIOGGIA. Einst selbst eine Macht am Mittelmeer, wurde sie schon im 14. Jahrhundert von der alles überstrahlenden Nachbarin VENEDIG unterworfen und konnte nie mehr aus deren Schatten treten. Die enge Bindung und Nähe beider Städte über viele Jahrhunderte hinweg bemerkt man gleich, wenn man in die Stadt ein-

Fast wie Venedig: Chioggias Kanäle

fährt. Kanäle, Kirchen und Architektur ähneln dem berühmten Nachbarn, selbst die Häuser im Zentrum sind gleichermaßen auf Pfählen erbaut. Nur ist alles einige Nummern kleiner, vieles etwas unprätentiöser und manches etwas verkommener. Doch gerade dieses Morbide macht den Charme CHIOGGIAS aus und gibt der Stadt etwas eigenständiges. Durchläuft man die Straßen, wähnt man sich irgendwo in Süditalien – wenn man eine alte „Nonna" beim Einkaufen am Markt oder ihren Mann bei einem Glas Wein in einer Bar ins Gespräch vertieft wild gestikulierend beobachtet. Doch zu allererst einmal müssen wir ankommen.

Die Rosolina-Halbinsel verlassen wir auf der Hauptstraße nach ROSOLINA. Am Ende biegen wir nach rechts auf die E55 Richtung VENEDIG ab, nehmen die Ausfahrt CHIOGGIA und dann unmittelbar erneut rechts ab in Richtung „Centro". Nach 1,5km erreichen wir rechterhand den Busbahnhof. Direkt davor befindet sich der einzige offizielle Stellplatz CHIOGGIAS und in der Regel tun Sie gut daran, diesen auch zu nehmen. Alle folgenden Parkplätze sind entweder für Wohnmobile gesperrt oder an Anzahl den ohnehin schon verkehrenden PKWs weit unterlegen. So schonen sie Zeit und Nerven und sind doch schon recht nah am Zentrum.

(033) WOMO-Stellplatz: Chioggia

GPS: N 45°12'28" E 12°16'34", Via Granatieri di Sardegna/Via della Stazione 55. max. **WOMOs**: 15 Plätze
Ausstattung/Lage: keine, ca. 800m bis in die Altstadt vor dem Busbahnhof gelegen.
Zufahrt: Den Schildern Richtung „Centro" folgen, dann rechterhand
Parkgebühr: Kostenpflichtig von 8-20Uhr, 75ct./h oder 6€ pro Tag, Busticket ins Zentrum inklusiv (Bus fährt direkt vor dem Platz weg).

Chioggia

Die 50.000 Einwohner-Stadt glänzt nicht durch herausragende Bauwerke oder außergewöhnliche Schönheit. Ihr ganz eigener, bodenständiger und touristisch recht unverdorbener Charme macht ihren Reiz aus.

Entlang der Hauptstraße Corso del Poppolo kann man bei Sonne wie Regen unter den Laubengängen entlang spazieren und in den Geschäften stöbern oder einen Kaffee genießen – doch Vorsicht, oft herrscht hier ein ordentliches Gedränge. Bis zur Landspitze lässt sich so flanieren, dann ein Stück zurück und links halten. Über eine Fußgängerbrücke erreichen wir so den Fondamente della Vena und schlendern am Kanal zurück. Die eine oder andere Kirche am Weg lädt bei Interesse zu einem Besuch ein und wenn wir uns auf der ersten größeren Querstraße links auf die Calle San Giacomo halten, gelangen wir kurz danach wieder links zum Mercato Ittico, dem hiesigen Fischmarkt – übrigens einem der größten in der ganzen Provinz, der zwar offiziell nur für Händler gedacht ist, so richtig interessiert das aber niemanden. Der Obst- und Gemüsemarkt liegt übrigens gleich daneben. Sind Sie gut zu Fuß? Dann gehen Sie die Straße doch noch ein Stück und gelangen über einen weiteren Kanal in die Neustadt, nach SOTTOMARINA mit weiteren Geschäften und dem Strand am südlichen Ende der Halbinsel. Zurück auf gleichem Weg zum Corso del Poppolo und von hier per pedes oder Bus zurück zum Womo.

Noch ein Tipp: Von CHIOGGIA aus kann man mit einem Vaporetto, einer Art Wasserbus, zur vorgelagerten Insel Pellestrina übersetzen. Auf dem ruhigen, schmalen Eiland kann man baden, radeln, wandern oder eine gemütliche Trattoria aufsuchen. Außerdem geht es von hier, erneut per Vaporetto, auch zum Lido di Venezia und von dort bis nach VENEDIG weiter. Gerade, wenn Sie sich für einen längeren Aufenthalt hier auf einem Campingplatz entscheiden, möglicherweise ein interessanter, alternativer Zugang in die berühmte Lagunenstadt.

Fischerhafen in Chioggia

Haben Sie Lust auf baden? Dann ist die naheliegendste Möglichkeit der Strand von SOTTOMARINA, CHIOGGIAS Neustadt. Dazu kurven wir mit unserem Womo nun doch noch weiter mitten durchs Zentrum und biegen ziemlich beengt rechts in die Calle San Giacomo ein. Immer geradeaus kommen wir so direkt an den Strand. Das heißt: so direkt wie möglich, denn ganz SOTTOMARINA ist mit Strandbädern, Strandclubs und Freizeitanlagen zugepflastert, die kaum ein Durchkommen oder gar einen freien Blick aufs Wasser zulassen. Wenn Sie aber Lust auf eine Strandparty und nichts gegen Musikbeschallung im Liegestuhl haben, dann können Sie hier eigentlich nichts verkehrt machen. Etwas ruhiger geht es auf dem halben Dutzend Campingplätzen ganz am südlichen Ende der Promenade zu – einfach rechts halten und immer geradeaus – je nach Geschmack ist vielleicht etwas für Sie dabei, doch erwarten Sie kein Camping-Wunderland. Einer der schöneren ist Camping Maramare **[34: N 45°11'25" E 12°18'12"]**. Wenn Sie nur ein paar Stunden oder über Nacht bleiben wollen, empfiehlt sich der Stellplatz an der Arena.

(035) WOMO-Stellplatz: Sottomarina

GPS: N 45°12'25" E 12°17'42", Via Tirreno 100
max. WOMOs: >10 Plätze
Ausstattung/Lage: keine, ca. 300m bis zum Strand, dort Toiletten, Wasser, Duschen
Zufahrt: Von CHIOGGIA kommend, rechts auf die Strandpromenade fahren und dann die 4. Straße rechts, nach 200 m rechterhand.
Parkgebühr: Kostenpflichtig von 8-20 Uhr, 2€/h oder 10€ pro Tag,

Zurück auf der E55 folgen wir weiter der Beschilderung in Richtung VENDIG und umrunden dabei den südlichen Teil der Lagune. Kurz nach CHIOGGIA geht es zuerst über eine langgezogene Brücke quer über die Mündung des Bacchiglione-Flusses, danach sieht man aber nicht mehr viel vom Wasser und die Fahrt verläuft unspektakulärer als erhofft.

Immerhin gibt es hier eine der spärlich gestreuten Entsorgungsstationen der Region. Wenn Sie entsprechenden Bedarf haben, fahren Sie ca. 7km nach der Brücke links ab in Richtung MONSELICE, überqueren einen Kanal und lenken danach, einem Schild mit der Aufschrift CODEVIGO und dem „Centro"-Kreissymbol folgend, nach rechts. Nach kurzer Fahrt ist, auf der gegenüberliegenden Seite des Flüsschens, die Entsorgungsstation in der Via Adige [N 45°14'53" E 12°06'26"] beschildert. Die Benutzung ist kostenlos. Wir folgen der Straße weiter bis CODEVIGO, hier erneut rechts und gelangen so zurück zur E55.

Um in die Lagunenmetropole zu gelangen, ist man in den meisten Fällen auf ein Boot angewiesen. Wir wählen den Zugang zur „schönsten Stadt Italiens" von der Westseite, also diesem Routenabschnitt hier, aus. Falls es gerade nicht passt: Eine Alternative bietet sich Ihnen nochmals auf Tour 5 von PUNTA SABBIONI aus.

Die erste Möglichkeit geht vom Industriehafen FUSINA weg (beschildert, rechts ab). Hier gibt es einen zweckmäßigen Campingplatz sowie einen Parkplatz für Tagesbesucher (24h für 15€). Das Übernachten in Fahrzeugen aller Art ist jedoch ausdrücklich verboten. Immerhin bietet der Platz eine kostenfreie Entsorgungsstation [Strada Provinciale 23, links, fast ganz am Ende, N 45°25'12" E 12°15'17"].

Zwei Stellplätze befinden sich ein Stück weiter, direkt vor (kostenlos) bzw. nach dem großen Fahrdamm (kostenpflichtig, dafür direkt in der Stadt), der das historische Zentrum mit dem Festland verbindet. Um hierhin zu gelangen, folgen Sie zunächst einfach der Wegweisung Richtung „Venezia".

(036) WOMO-Campingplatz-Tipp: Camping Fusina

GPS: N 45°25'10" E 12°15'23", Fusina, Strada Provinciale 23
Ortszentrum: 25min mit dem Boot nach Venedig
Zeiten: ganzjährig **Ausstattung**: Strom, Wasser, Entsorgung, Sanitäranlagen, Pool, Restaurants, Minimarkt **Zufahrt**: Ab E55, Abfahrt rechts Richtung Fusina, ganz am Ende der Straße links.

(037) WOMO-Stellplatz: Venedig-San Giuliano

GPS: N 45°27'60" E 12°16'49", Via San Giuliano
max. WOMOs: ca. 5 Plätze
Ausstattung/Lage: keine, dafür direkt an der Vaporetto-Station „San Giuliano", tags viel los, nachts ein einsames Industriegebiet, nur der örtliche Gondolieri-Verein hat hier sein Clubhaus. Nicht schön, aber eine günstige und praktische Möglichkeit in der Gegend zu Übernachten.
Zufahrt: Von der E55 aus den Wegweisern Richtung „Venezia" folgen. Auf der Zufahrtsstraße zum Damm, der Via Libertà dann bei Parkplatz-Beschilderung „S.Giuliano" rechts abbiegen und den Schildern folgen. Straße bis zum Ende durchfahren, hier gibt es eingezeichnete Parkplätze in der Mitte und am Rand, evtl. auch ein Stück zurück links und rechts der Straße.
Parkgebühr: kostenlos

(038) WOMO-Stellplatz: Venedig-Tronchetto

GPS: N 45°26'33" E 12°18'20", Venedig, Isola Nuova, Tronchetto
max. WOMOs: >20 Plätze
Ausstattung/Lage: Strom, Wasser, Entsorgung, von hier zu Fuß oder mit dem Vaporetto ins Zentrum
Zufahrt: Von der E55 immer den Schildern nach Venedig folgen, direkt nach der Fahrt über den Damm rechts halten Richtung Parkplatz Tronchetto (angeschrieben)
Parkgebühr: Kostenpflichtig, 21€ am 1.Tag, jeder weitere 16€, offizieller Stellplatz der Stadt Venedig

Venedig

So schön die Regionen Venetien und Friaul auch sind, VENEDIG spielt ohne Zweifel in einer eigenen Liga und ist, auch für sich alleine, immer eine Reise wert. Ob nebelverhangen und regnerisch im Winter, bunt und rauschhaft im Karneval oder heiß und strahlend im Sommer – der Freude Abbruch tun eigentlich nur die Menschenmassen, die sich mehr oder minder das ganze Jahr durch die Gassen schieben. Und doch kann man auch ein anderes, ruhiges und beschauliches VENEDIG bis heute erleben, wenn man die touristischen Hauptrouten verlässt und ins Gewirr der Gassen und Wege eintaucht. Ihr Orientierungssinn sollte dabei allerdings nicht der schlechteste sein. Schon so mancher Tourist soll sich böse verirrt haben – zum Trost: verloren gegangen dürfte bis heute niemand sein. Spätestens an den wassergesäumten Stadtgrenzen findet man eine Vaporettostation, von der aus man recht schnell zurück ins Geschehen, zum Auto oder wohin man auch möchte, kommt. Besorgen Sie sich aber unbedingt einen guten Stadtplan – ohne kann man schnell den Überblick verlieren. Detaillierte Beschreibungen oder Routen durch die Gassen zu vermitteln, würde den Rahmen dieses Buches sprengen. Nicht umsonst gibt es einschlägige Literatur zu Hauf. Einen Eindruck der wichtigsten Sehenswürdigkeiten wollen wir Ihnen aber dann doch vermitteln. Vorweg noch ein Tipp: wenn Sie vorhaben, das ein- oder andere Museum, einige der fantastischen Kirchen oder die berühmten Attraktionen rund um den Markusplatz auch von innen zu besuchen, empfiehlt es sich, einerseits, um Wartezeiten zu vermeiden, andererseits um Geld zu sparen, einen Pass zu besorgen, der Ihnen den nötigen Eintritt für gleich

mehrere Gebäude ermöglicht. Vorreservieren können Sie Tickets z.B. unter www.vivaticket.it, leider bislang nur auf italienisch oder englisch. Den Museumspass erhalten Sie an den Kassen der großen Galerien und Museen, den Kirchenpass (die meisten kosten in Venedig Eintritt) an den entsprechenden Portalen. Auch die Venice-Card, mit vielen verschiedenen touristischen Anziehungspunkten inbegriffen, lohnt sehr und ist z.B: in den Tourist-Informationen (**Markusplatz/Bahnhof**) erhältlich.

Am Markusplatz: Uhrturm, Markusdom und Dogenpalast

Venedigs Zentrum teilt sich in 6 Stadtteile, Sestrieri genannt, auf. **San Marco** ist das Herzstück und der berühmte **Markusplatz** (Piazza San Marco) der Dreh- und Angelpunkt der ganzen Stadt. Egal von wo Sie kommen: hierher werden Sie immer finden. Folgen Sie den Schildern oder im Zweifelsfall den Besucherströmen. Hierher kommt jeder früher oder später. Gerade in der Hauptreisezeit empfiehlt es sich, möglichst früh (vor 10 Uhr) oder eher spät (nach 16 Uhr) hier zu sein, wenn der Massenandrang nicht gar so groß ist. Denn trotz seiner Größe von 175x82m sieht man an manchen Tagen den Boden kaum vor Menschen. Die am Platz gelegenen Sehenswürdigkeiten, die **Basilica di San Marco** (Markusdom, wichtigster und prächtigster Sakralbau VENEDIGS, Eintritt frei, innen 2-5EUR für verschiedene Attraktionen, Taschen und Rucksäcke müssen strikt draußen bleiben), der **Campanile** (einmaliger Blick oben vom Turm auf Platz und Stadt, 8EUR) und natürlich der **Palazzo Ducale (**Dogenpalast, sehr empfehlenswert – ehemaliger Regierungssitz, Gericht, Kerker, Wohnhaus des Dogen, Eintritt 16EUR, Audioguide 5EUR oder verschiedene Touren) sind allesamt einen Besuch wert. Auch das **Museo Civico Correr** (Kunstgegenstände und Gemälde in einem schönen Palazzo mit Zimmern aus der napoleonischen Zeit, kostenlos in Verbindung mit dem Dogenpalast) und der **Torre dell`Orologio** (Glockenturm, schöne Aussicht, Auffahrt mit Aufzug, 8EUR) verdienen Beachtung. Für alle gilt mehr als irgendwo sonst in der Stadt: unbedingt

Zeit mitbringen und ohne Reservierung früh da sein, sonst stehen Sie eine kleine Ewigkeit. Um die Wartezeit zu überbrücken, bietet sich ein Kaffee am Platz an, z.B. im berühmten **Cafe Florian**. Der ist zwar garantiert ein äußerst kostspieliges Vergnügen, aber eine Art venezianisches Statussymbol, rahmen Sie sich die Quittung ein, teurer wird kein Cappuccino so schnell wieder werden – Live-Musik der Café-Orchester oder -Pianisten und Schwärme von Tauben um einen herum sind bereits im Preis enthalten... Ungleich teurer ist übrigens dann noch eine Fahrt mit dem Kult-„Verkehrsmittel" Venedigs – einer Gondel. Da die Preise für diesen Spaß erst bei 30EUR pro Person (bei voller 6-Personenauslastung wohlgemerkt, 80-150EUR sind anderenfalls wahrscheinlicher) für eine halbe Stunde beginnen, sollte man sich das gut überlegen, um die Reisekasse nicht allzu sehr zu schröpfen. Oder Sie verlassen sich auf ihr Verhandlungsgeschick. Abseits von **Canal Grande** und Co. sollen, still und leise, auch schon günstigere Preise vereinbart worden sein... Um die Gondolieri, die Lenker dieser Bootsklassiker aber bei der Arbeit und beim Werben besser beobachten zu können, verlassen wir den Markusplatz in Richtung Wasser, über die sogenannte **Piazetta**, den kleinen Platz. Von hier tun sich tolle Fotomotive quer über den südöstlichen Teil der Stadt auf und hinüber zur Einfahrt in den **Canal Grande**, der

Der Campanile

„Hauptverkehrsstraße" Venedigs, dem größten und prächtigsten, echten Kanal zwischen all den Häuserzeilen. Ihn einmal zu befahren lohnt auf alle Fälle. Deutlich günstiger als mit der Gondel geht das aber mit den Linienbooten, die von hier im 5-Minutentakt Richtung Bahnhof pendeln. Mit einem Tagesticket fahren Sie meist am günstigsten.

Gleich östlich hinter dem **Dogenpalast** findet man am ersten Kanal, der ins Innere des Häusermeeres führt, die berühmte **Seufzerbrücke**. Über sie wurden verurteilte Delinquenten geführt denen man zuvor im Gericht nebenan den Prozess gemacht hatte. Hier sahen sie – bei einem letzten Seufzer – noch einmal das Tageslicht. Kaum einer von Ihnen verließ die Kerker Venedigs wieder.

Die Seufzerbrücke

Geht man am Uferboulevard **Riva degli Schiavoni** weiter, passiert man noch die **Chiesa di Santa Maria della Petá** (die Kirche in der einst der berühmte Komponist Vivaldi als Priester arbeitete und komponierte) oder gelangt, ein paar Gassen zurückversetzt, zur **Chiesa di San Zaccharia**. (sehr eigen ausgestattete, mittelgroße Kirche mit einem Hauptwerk von Bellini, 1,50EUR). Noch weiter geradeaus kommen Sie in den ruhigsten und touristisch am wenigsten erschlossenen Teil Kernvenedigs, ins Sestriere **Castello**. Immer am Ufer entlang liegt hier die grüne Lunge der Stadt, die **Giardini Pubblici** (öffentliche Gärten). Halten Sie sich aber schon 2 Brücken vorher links, erreichen Sie das **Museo Storico Navale** (mit vielen nautischen Exponaten und Schiffsmodellen). Ein Stück weiter hinten befindet sich die bis heute durch das Militär genutzte Festung **Arsenale** (kein Zugang).

An der Chiesa di San Zaccharia

Verlassen Sie den **Markusplatz** in Richtung Norden, warten viele Ladengassen auf Sie, in denen von teurer, internationaler Mode, bis zu Touristen-Nippes so ziemlich alles angeboten wird. Achten Sie für einen Bummel jedoch auf die Uhrzeit, auch hier schließen, wie überall in Italien, noch viele Geschäfte mittags von 12-15 oder gar 16Uhr ihre Pforten. Weiter nördlich kommen Sie dann langsam in Richtung Sestriere **Cannaregio**. Vorab lohnen noch zwei weitere Sakralbauten einen Besuch, die Kirche **Santi Giovanni e Paolo** (Grabkirche von Dogen und Adeligen, mit riesigem Ausmaß des Hauptschiffs, 1,50EUR) in der Nähe des Krankenhauses und, etwas westlicher, die Kirche **Santa Maria dei Miracoli**.(beliebte Hochzeitskapelle, innen überbordend geschmückt, 5EUR). Weiter nordwestlich erreichen Sie hier, teils durch belebte Geschäftsstraßen, teils ruhige Gassen, auch noch den direkt am **Canal Grande** gelegenen **Palazzo Ca D´Oro** (das „goldene Haus" aus dem 15. Jahrhundert, der vielleicht schönste Palazzo VENEDIGS, innen voller Kunst und Antiquitäten), ganz im Norden die Kirche **Madonna dell`Orto** (Tintorettos Pfarr- und Grabkirche, schöner Bau, etwas abseits gelegen, 1,50EUR) und weiter westlich das interessante erste **Ghetto** der Welt.

Festung Arsenale

Palazzi am Canal Grande

Trotz seiner sonstigen Weltoffenheit „leistete“ sich die Stadt schon im 16 Jahrhundert solch ein Areal – nachts wurden die Tore verriegelt und die jüdische Bevölkerung einfach weggeschlossen... Es sind bis heute fast komplette Straßenzüge erhalten, es gibt ein kleines Museum und ein paar interessante Synagogen (mit Tour).
Die dritte Option vom Markusplatz aus ist der Weg nach Nordwesten. So erreichen Sie, etwas versteckt, z.B. den **Palazzo Contarini del Bovolo** (Venedigs tollstes Treppenhaus...) oder erneut den **Canal Grande** der hier von der **Ponte Rialto**, einem weiteren touristischen Hauptanziehungspunkt, überquert wird. Tags leider oft völlig überfüllt ist sie mit Sicherheit die schönste Brücke der Stadt und beliebtes Fotomotiv. Gleich dahinter liegt der **Rialtomarkt**. Um hier das Treiben mitzubekommen, sollten Sie recht früh aufstehen, mittags ist bereits Schluss. Ab nun laufen Sie durch die Stadtteile **San Polo** und **Santa Croce**. Folgen Sie weiter in etwa dem Lauf des Hauptkanals, kommen Sie so auch noch zum **Museo Ca`Pesaro** (sehr großer Palazzo direkt am Kanal, vor allem mit moderner Kunst, Bildern z.B. von Kandinsky, Klimt und Miro sowie Orient-Abteilung im 1. OG) und zum **Museo di Storia Naturale** (ideales Kontrastprogramm, vor allem, aber nicht nur, mit Kindern. Dinos, Meerestiere und viele andere „animalische“ Exponate zum Staunen und Anfassen). Südwestlich vom Rialto dagegen gilt es die Kirche **Santa Maria Gloriosa dei Frari** (mit prächtiger Ausstattung und Altarbild von Tizian, 1,50EUR) und die **Scuola Grande**

Canal Grande in Blickrichtung Markusplatz

di San Rocco (ehemaliger Versammlungsort der Textilmacher, prunkvoller Saal mit vielen Werken Tintorettos, 8EUR. Angeschlossen befindet sich noch das kleine **Museo Leonardo da Vinci** mit interaktiven Maschinen aus Konstruktionsplänen des Genies gefertigt) nicht zu verpassen.
Für unseren letzten Routenvorschlag verlassen Sie den Markusplatz zunächst in westlicher Richtung und passieren das **Gran Teatro la Fenice** (wunderbare Innenausstattung, bis heute VENEDIGS Theater Nr. 1, 3EUR). Folgen Sie nach der **Chiesa Santo Stefano** dem sich öffnenden Platz nach Süden, queren Sie schon bald den „großen Kanal" auf der **Ponte dell`Accademia** und gelangen in den Stadtteil **Dorsoduro**. Gleich neben der Brücke befindet sich die **Galeria dell`Academia de Venezia** (renommierte Kunstgalerie der alten Meister in prachtvollem Palazzo; mit Werken, z.B. von Tizian, Veronese und Giorgione). Eine schöne Rundtour durch das Viertel gelingt, wenn Sie zunächst in östlicher Richtung am Kanal weitergehen, erst zur **Collezione Peggy Guggenheim** (kleine Privat-Galerie mit toller Werk-Sammlung, z.B. von Dali und Kandinsky, schöner Garten mit „Wunschbaum") und etwas später auf die dem Markusplatz gegenüberliegende große **Basilica di Santa Maria della Salute** treffen, die hier die Landspitze krönt. Umrunden Sie selbige, bietet sich ein schöner Spaziergang entlang des großen Schiffahrtskanals an den **Fondamenti Zattere** an. Hier können Sie, mit etwas Glück, ein Kreuzfahrtschiff beim Manövrieren durch den für solche Kaliber immer noch nur leidlich breiten Wasserweg beobachten (z.B. bei einem leckeren Eis in der „Gelateria Nico"), oder, ausschließlich per Boot, zum letzten verbliebenen Teil VENEDIGS, nach **Giudecca** (zu sehen gibt's

Die Rialtobrücke

Richtig viel los – eben typisch Venedig

hier zum Beispiel die schöne Erlöserkirche **Il Redentore**, an der Palladio gewirkt hat) übersetzen. Direkt östlich an diesen Teil der Stadt grenzt dann noch die interessante, ebenfalls nur übers Wasser erreichbare **Klosterinsel San Giorgio Maggiore** (mit gleichnamiger Kirche, ebenfalls von Palladio; vom Turm vielleicht der beste Blick auf die Stadt überhaupt, 8EUR) an. Zwei besonders schöne und noch recht

Campo Santa Margarita

ursprüngliche Plätze befinden sich nördlich von hier im **Dorsoduro**-Stadtteil – entscheiden Sie selbst, wo Sie sich lieber niederlassen: am **Campo San Barnaba** (auch hier leckeres Eis im „Grom") oder am größeren **Campo Santa Margarita**. Wieder Richtung **Canal Grande** stoßen Sie am Ende noch auf das **Museo Ca`Rezzonico** (Barockbau mit vielen kunstvoll und geschichtlich interessanten Räumen und Exponaten, riesiger Ballsaal, 6EUR) und haben dann die Wahl, ob Sie sich per Vaporetto oder per pedes zurück zu Ihrem Ausgangspunkt begeben.
Auch einige lohnende Bootsausflüge ab Venedig stehen zur Auswahl: Richtung Norden gelangen Sie per Boot erst auf die kleine Friedhofsinsel **San Michele** (Klosterkirche und alter, stiller Friedhof mit einigen Gräbern berühmter Persönlichkeiten wie dem Komponisten Igor Strawinsky), dann weiter auf die bekannte Insel **Murano** (berühmt für ihre alte Glasbläsertradition, Muranoglas gibt es allerorts zu kaufen und auch Glasbläser kann man hier noch bei der Arbeit beobachten), nach **Burano** (etwas ruhiger, mit vielen bunten Häuschen und traditionellen Klöppelhandwerksbetrieben) und **Torcello** (fast verlassene, recht stille Insel in der Lagune mit einstigem Bischofssitz. Heute gibt es nebst einigen Ruinen noch zwei Kirchen zu sehen und eine Trattoria für das leibliche Wohl so weit draußen). Östlich der Stadt befinden sich Bademöglichkeiten am **Lido di Venezia** (bester und ruhigster Strand ganz im Südosten der Insel) und auf der fast unbekannten grünen Insel **Sant`Erasmo**, VENEDIGS „Gemüsegarten", mit Überresten einer alten österreichischen Festung. Die zwei letztgenannten und die Insel **Pellestrina** eignen sich auch gut für Fahrradausflüge. Start in dem Fall aber am besten von CHIOGGIA oder PUNTA SABBIONI aus (Tour 5).

Als wir Venedig verlassen fragen wir uns: Was soll nun kommen und unsere ungeteilte Aufmerksamkeit erhalten, nachdem wir von kulturellen Eindrücken eben erst dermaßen überflutet wurden... Eine Möglichkeit wäre ein komplettes Kontrastprogramm mit einigen Tagen Sonne, Strand und Meer. Dafür ginge es am Ende von Tour 4 weiter. Wir entscheiden uns aber dann doch dazu, noch ein wenig länger der Vergangenheit nachzuspüren und wollen den **Brentakanal** bis PADUA hinauf fahren – schon im 17. Jahrhundert ein beliebter Ausflug für gestresste Städter. Einige der prachtvollsten Villen wurden hier gebaut und genau die wollen wir in Augenschein nehmen. Doch egal wie weiter, zuerst müssen wir uns durch das Verkehrsgewühl von MESTRE, Venedigs Neustadt am Festland, kämpfen. Am einfachsten gelingt das, wenn Sie nach blauen Schildern Richtung RAVENNA und der Nummer SS309 Ausschau halten. Wie schon so viele vor uns fragen auch wir: wie konnte nur eine so schöne Stadt wie VENEDIG eine so hässliche Schwester hervorbringen... mit ein bisschen Glück verlassen wir diesen Verkehrsmoloch recht zügig Richtung Süden. Kaum beginnt das Straßengewirr sich etwas zu lichten, fahren wir auch schon wieder rechts ab. Folgen Sie dazu der Beschilderung zur **Villa Malcontenta** – und bitte wundern Sie sich nicht, wenn der angeschrieben Name mit einem Mal wechselt und eine **Villa Foscari** ausgeschildert wird – gemeint ist tatsächlich das selbe Bauwerk – es gibt nur verschiedene Bezeichnungen. Am Ende der Via Malcanton ist die Villa nach links markiert, in die Straße einfahren darf man jedoch nicht. Daher rechts abbiegen in die Via Foscara, die erste wieder links und dann in der 2. Straße nach rechts, der Via Pallada, parken. Hier ließe sich, falls nötig, auch übernachten **[39: N 45°26'05" E 12°12'15"]**. Von hier zu Fuß zurück über die kleine Brücke und dann gleich links geht's zur Villa (*geöffnet: Mai bis Oktober, nur Di und Sa von 9-12h, Eintritt 10EUR)* sofern Sie im Rahmen der spärlichen Öffnungszeiten des in Privatbesitz befindlichen Gebäudes hier ankommen. Sonst muss ein Blick von der anderen Seite der Hauptstraße aus genügen.

La Malcontenta

Die **Villa Foscari**, „La Malcontenta" (die Unzufriedene) genannt, ist eine der bekanntesten Brenta-Villen und ein weiteres Bauwerk des Architekten Andrea Palladio. Sie wurde Mitte des 16. Jahrhunderts im Auftrag der Brüder Foscari, zweier reicher Geschäftsleute aus Venedig, erbaut. Woher der seltsame Beiname „Die Unzufriedene" kommt ist unklar. Möglicherweise geht er auf einen alten Streit der Städte VENEDIG und PADUA zurück, die sich nicht einig waren, ob der Kanal genau hier entlang gebaut werden sollte. Die spannendere Version erzählt jedoch von einer Dame aus der Familie Foscari, die wegen Untreue hierhin verbannt wurde und, irgendwann dem Wahnsinn verfallen, das Haus nie mehr verlassen durfte.

Die Villen Valmarena und Widmann

Entlang des Brentakanals wollen wir nun die übrigen Villen sehen. Vom Parkplatz zurück zur Piazza Malcontenta, rechts ab und nach der Brücke links, folgen wir dem Flusslauf. Villen, oft etwas verkommen, manchmal auch gänzlich dem Verfall preisgegeben sehen wir überall entlang unseres Weges. Vielerorts sind die Ufer heute verbaut und man kann nur noch erahnen, welche romantische Stimmung Geld und Adel einst dazu trieb, hier ihre feudalen Häuser errichten zu lassen. An manchen Ecken aber ist noch ein Rest an Stimmung übrig, zum Beispiel wenn hier oder da eine alte Trauerweide langsam wogend den Fluss überwächst und ein paar Enten im Grün gründeln. Nach kurzer Zeit ist, direkt am Fluss, ein Campingplatz beschildert der auch für einen Venedigbesuch nicht schlecht gelegen ist.

(040) WOMO-Campingplatz-Tipp: Camping Serenissima

GPS: N 45°27'06" E 12°10'59", Via Padana 334/A, ORIAGO DI MIRA
Ortszentrum: ca. 300 m mit verschiedenen Geschäften
Zeiten: April-Oktober **Ausstattung**: Strom, Wasser, Entsorgung, Sanitäranlagen, Bar, Restaurant, Minimarkt, Gasflaschenservice **Zufahrt**: Von der Villa Foscari kommend, entlang des Brentakanals auf der Strada Statale 11. Nach dem Ortsbeginn von Oriago rechterhand (beschildert)

Alternativ gibt es, etwas abseits der Route, im Ort SCALTENIGO noch eine Entsorgungsmöglichkeit auf einem Firmengelände (N 45°28'21" E 12°05'01", ausgeschildert, nur während der Öffnungszeiten) und ein Stück weiter rechts einen Stellplatz **[41: N 45°28'08" E 12°04'49"]**, einen ruhigen Parkplatz vor einem Sportgelände. Dazu von der Route nach ORIAGO rechts abfahren Richtung MIRANO und etwas später links nach SCALTENIGO. Zurück gleich Richtung DOLO.

Circa 2,5km nach ORIAGO stehen sich am Ortseingang von MIRA gleich zwei weitere, besuchbare Villen gegenüber. Die **Villen Valmarana** *(Mär-Okt Di-So 10-18Uhr, 6EUR)* und **Widmann** *(zur Zeit nur für Gruppen oder nach Reservierung unter Tel. 04142 4973, Eintritt 5,50EUR)* sind in staatlichem Besitz. In zweiterer befindet sich auch die Touristeninformation, in der man unter anderem auch Kombitickets für mehrere Villen kaufen kann. Zu sehen gibt es neben den Bauwerken selbst, mit vielerlei Fresken und Verzierungen, vor allem die großteils noch vorhandene und intakte Ausstattung mit Möbeln und Accessoires. Auch die Gärten der Villen sind besuchbar. Parkplätze gibt es zum Beispiel in der kleinen Nebenstraße gegenüber der **Villa Widmann** [N 45°26'31" E 12°08'52"].

Fairerweise muss man aber sagen, dass das größte Villen-Highlight noch vor uns liegt. Und wenn Sie nur mittelmäßig an Bauwerken interessiert sind, reicht auch der Besuch der nun folgenden **Villa Pisani**, genannt **„La Nazionale"**. Mehr Schloss als Villa, mit einer riesigen Parkanlage inklusive Orangerie und großer historischer Bedeutung, sollten Sie hier auf alle Fälle einen Zwischenstopp einplanen. Verpassen kann man dieses „Klein-Versailles" nicht. Einfach immer weiter entlang des Kanals in Richtung PADUA, umfährt man in STRA erst die Ostseite des Parks, bevor die Villa selbst ins Blickfeld rückt. Ein Parkplatz, der notfalls auch zum Übernachten geeignet ist, befindet sich kurz davor, ein weiterer, ruhigerer etwas weiter hinter dem Grundstück.

(042 a und b) WOMO-Stellplätze: Villa Pisani

GPS: N 45°24'39" E 12°0'50", Via Nazionale **max. WOMOs**: 5 Plätze
Ausstattung/Lage: keine Ausstattung, gelegen schräg rechts vor der Villa Pisani, Parkplatz ist mit Schranke gesichert, die aber zur Zeit unseres Besuches nachts nicht geschlossen wurde.
Zufahrt: Von der Hauptstraße am Brenta-Kanal aus direkt vor Beginn des Villengrundstücks rechts in die Via Nazionale einbiegen und sofort links auf den Parkplatz fahren. Sollten Sie Bedenken wegen der Schranke haben, gibt es einen alternativen Parkplatz am Stadion von STRA bei [N 45°24'39" E 12°0'31"], hinter der Villa. Dazu die Via Nazionale einfach weiterfahren (enge Straße!) und nach 300 m rechts abbiegen.
Parkgebühr: Kostenfrei für Besucher der Villa. Alternativparkplatz am Stadion ebenfalls kostenfrei.

Villa Pisani

Von allen Brenta-Villen ist sie die größte und imposanteste. Genannt wird sie auch „La Nazionale" und gehört zum besonders geschützten Kulturgut Italiens. Viel Geschichte wurde hier im Laufe der letzten 300 Jahre geschrieben, gerade auch in der jüngeren Vergangenheit. Gebaut wurde sie ab 1720 im Auftrag der Familie Pisani, die so standesgemäß die Wahl eines Familienmitgliedes zum Dogen von VENEDIG untermauern wollte. 1807 kaufte Napoleon die Villa, verbrachte hier aber nur eine Nacht: Er konnte sich nicht mit der Größe des Gebäudes anfreunden. Er soll den Satz „Für einen Grafen zu groß, für einen König zu klein" geprägt haben. Später ging das Anwesen in die Hände der Habsburger und Savoyer über. In den 30er Jahren des 20. Jahrhunderts trafen sich hier Mussolini und Hitler zum ersten Mal. Neben vielen teils noch original ausgestatteten Zimmern beeindruckt vor allem der gigantische Ballsaal in der Mitte des Gebäudes und der umliegende Grundbesitz mit Tempeln, Schlösschen, Wasserläufen, einer Orangerie sowie einem Irrgarten. Geöffnet Jun-Sep von 9-20h, Okt-Mai 9-17h von Di-So, Irrgarten nur im Sommer bei gutem Wetter. Erw 7,50EUR, Kinder 3,75EUR.

Nur ein Katzensprung ist es von STRA noch bis PADUA. Fast gehen die beiden Orte ineinander über. Um ins Zentrum der berühmten Universitätsstadt zu gelangen, können Sie natürlich der Beschilderung folgen – oder uns: dazu halten wir uns ca. 250m nach der **Villa Pisani** links in Richtung VIGONOVO und NOVENTA PADOVANA. Nun geht es eine ganze Zeit geradeaus, erst über einen kleinen Kanal und später zweimal unter der Autobahn hindurch. Am ersten Kreisverkehr nehmen wir im Anschluss die dritte Ausfahrt in die Via San Marco. Nach knapp 4km erreichen wir so das Zentrum. Parkmöglichkeiten finden sich rund um die Altstadt fast immer, teils mit Parkuhr, teils ohne. Wenn Sie hier auch auf einem passenden Platz übernachten wollen, wird es dagegen schon schwieriger. Ein einziger, offizieller Stellplatz mit etwas abenteuerlicher Anfahrt ist uns bekannt. Dieser liegt an der **Piazza Prato della Valle**, einem der größten Stadtplätze Europas, der auch einen guten Ausgangspunkt für einen Stadtrundgang bildet.

(043) WOMO-Stellplatz: Padua

GPS: N 45°23'47" E 11°52'38", Via LVIII Fanteria.
max. WOMOs:>10.
Ausstattung/Lage: Toiletten, Mülleimer, unmittelbar am Stadtkern, tags gut besucht, nachts relativ ruhig, Ver-/Entsorgung
Zufahrt: Ab Erreichen des Zentrums, laut Tourenbeschreibung, an der ersten großen Kreuzung den ampelgeregeltem Kreisverkehr nach halblinks in Richtung „Parco Iris" verlassen und am folgenden Straßendreieck rechts in die Via Gattamelata lenken. Nun müssen Sie mitzählen. Die 6. mögliche Abfahrt nach rechts, die für LKWs und Busse gesperrte Via Alberto Cavalletto nehmen. Kurz darauf erreichen Sie den Platz. Wir fahren nun noch ein kurzes Stück am Südende entlang, bis nach links ein Parkplatz für PKWs und Busse beschildert ist. Hier abbiegen. Tatsächlich gibt es hier auch eine Einfahrt, die durch ihre Höhenbeschränkung aber nur für niedrige Womos geeignet sein dürfte. Anderenfalls müssen Sie noch 2x jeweils die erste Möglichkeit nach links nehmen und dann, ziemlich wild und unorthodox, den Markierungen folgend, auf der falschen, linken Straßenseite und am Stadion entlang bis zum Eingang des Parkplatzes fahren. Hier sind auch Wohnmobile extra ausgewiesen.
Parkgebühr: nachts frei, von 7.30-20.30Uhr Parkgebühr 8EUR

Padua

PADUA, oder auch Padova auf italienisch, ist eine der ältesten Städte Italiens und besitzt eine renommierte, seit dem Mittelalter existierende

Universität, an der schon Größen wie Galileo Galilei unterrichteten. In ihrer bewegten Geschichte war sie mal eigenständig, mal venezianisch, mal unter österreichischer und mal unter französischer Herrschaft. Während des ersten Weltkrieges und später unter deutscher Besatzung im zweiten Weltkrieg war PADUA jeweils operative Hauptstadt bzw. waren hier verschiedene Ministerien untergebracht. Wir starten unseren Rundgang an der bereits erwähnten **Piazza Prato della Valle**. Der riesige mit einem Kanal und den Statuen verdienter Personen

geschmückte Platz ist so etwas wie das Herz der Stadt und der größte ganz Italiens. Hier finden das Jahr über Feste und Veranstaltungen statt (Sa. Markt). Wir verlassen das Oval in nordöstlicher Richtung durch die Via Beato Luca Belludi und gelangen gleich danach rechts durch einen Fußgängerdurchgang und die Via Donatello zum **Orto Botanico**, dem ältesten, schon seit 1545 existierenden botanischen Garten der Welt. Als Weltkulturerbe ausgewiesen, wollen wir ihm auf alle Fälle einen Besuch abstatten (Apr-Okt. 9-13h und 15-19h, sonst nur wochentags von 9-13h, 4EUR). Zu sehen gibt es unter anderem verschiedene Medizinpflanzen, seltene Flora Norditaliens und eine 400 Jahre alte Palme, die schon Goethe bewundert haben soll.

Vom Ausgang nach rechts gelangen wir durch die Via Orto Botanico zur **Basilica di Sant Antonio di Padova** mit angeschlossenem Kloster. Die schöne, sehr große und reich ausgestattete Kirche beherbergt auch das Grab des heiligen Antonius – ausgestellt ist in einem Reliquienschrein unter anderem seine Zunge. Was er dazu wohl selbst gesagt hätte kann man nur erahnen... Weiter in nördlicher Richtung gehen wir durch teils

Die Piazza Prato della Valle

mit Laubengängen versehene Nebenstraßen, die Via Monte Santo und später die Via Zabarella und Erimitani bis zum **Museo Civico** mit der **Chiesa Eremitani** und der **Capella degli Scrovegni**. Letztere gilt als wohl größte Sehenswürdigkeit PADUAS. Sie wurde bereits zu Beginn des 14. Jahrhunderts vom Maler Giotto di Bondone komplett mit Szenen aus der Bibel ausgemalt und ist bis heute erstaunlich gut erhalten. Tatsächlich wird dafür auch einiges getan.

Wer sie besichtigen möchte, tut gerade in der Hauptsaison gut daran, sich vorab anzumelden, um auch sicher eingelassen zu werden. Eine spezielle Prozedur, die sicherstellen soll, dass nur wohltemperierte Luft in der Kapelle ankommt, zwingt alle Besucher zu einer „Akklimatisierung“ im vorgelagerten Glasbau *(Reservierung über www.capelladegliscrovegni.it oder direkt unter Tel.049 2010020 mindestens 24Std. im voraus, Eintritt: Museum und Kapelle 13EUR, nur Museum 10EUR, nur Kapelle 8 EUR, oder mit der Padua-Museums-Karte für 15EUR die auch noch für andere Sehenswürdigkeiten gilt.)*

Ein Stück nach Norden am Park entlang (hübsche Anlage für eine gemütliche Rast) und dann nach links auf die breite Via Garzere gelangen wir ins Herz der Stadt. Bummeln Sie einfach ein wenig und lassen Sie sich durch die Straßen treiben. Wenn Sie südlich in die Via Dante Algheri abbiegen, gelangen Sie bald darauf linkerhand zum zentralen Platz, der **Piazza dei Signori**. Ein perfekter Ort, um sich im Schatten des Uhrenturms in einem Café niederzulassen. Lassen Sie Atmosphäre und Treiben auf sich wirken, vor allem am Abend ist richtig was los, wenn sich die Studenten von Padua zum „Vorglühen“ treffen.

Am Palazzo della Ragione

Wenn Sie noch Interesse an einer weiteren Kirche haben, gehen Sie ein Stück zurück zur Straße. Links sehen Sie dann gleich schon den großen **Dom** von PADUA; daneben das interessante **Battistero** (Eintritt 3 EUR) mit vielen außergewöhnlich schönen Fresken. Oder sie verlassen den Platz in östlicher Richtung und gelangen so weiter zur **Piazza Erbe** und **Piazza Frutti**, dem alten Obst- und Gemüsemarkt der Stadt. Geteilt werden beide Plätze durch den beeindruckenden Bau des Justizpalastes **Palazzo della Ragione**. Er ist von außen eine Schau und kann sich auch von innen sehen lassen. Vor allem der riesige Gerichtssaal ist einen Besuch wert. Noch ein Stück weiter gelangen wir zum **Palazzo del Bo**, Teil der Universität. Auch hier lohnt sich ein Besuch. Highlight ist dabei der schmale, unglaublich nach oben geschraubte Anatomiesaal, in dem schon Galilei Vorlesungen hielt *(Eintritt nur mit Führung zu wechselnden Zeiten)*. Gehen Sie noch ein Stück weiter durch die Fußgängerzone nach Norden, stehen Sie bald darauf vor dem **Caffè Pedrocchi**. Einst Treffpunkt der Intellektuellen ist es berühmt für seine Kaffeespezialitäten und ein weiteres, über die Tore der Stadt hinaus bekanntes Wahrzeichen. Der interessanteste Teil ist das Museum mit Rittersaal im Obergeschoss, für das aber Eintritt fällig wird (4EUR). Die Preise im Kaffee selbst sind freilich eher teuer. Ob sich ein Besuch lohnt, sollten Sie spontan selbst entscheiden. Nun nach Süden durch die Fußgängerzone bummeln. So gelangen Sie am Ende zum Ausgangspunkt zurück.

Fußgängerzone am Cafe Petrocchi

Tour 4: (260 km / 4-7 Tage)

Castelfranco Veneto – Cittadella – Marostica
Bassano del Grappa – Monte Grappa – Possagno
Asolo – Treviso – Lido di Jesolo
Punta Sabbioni

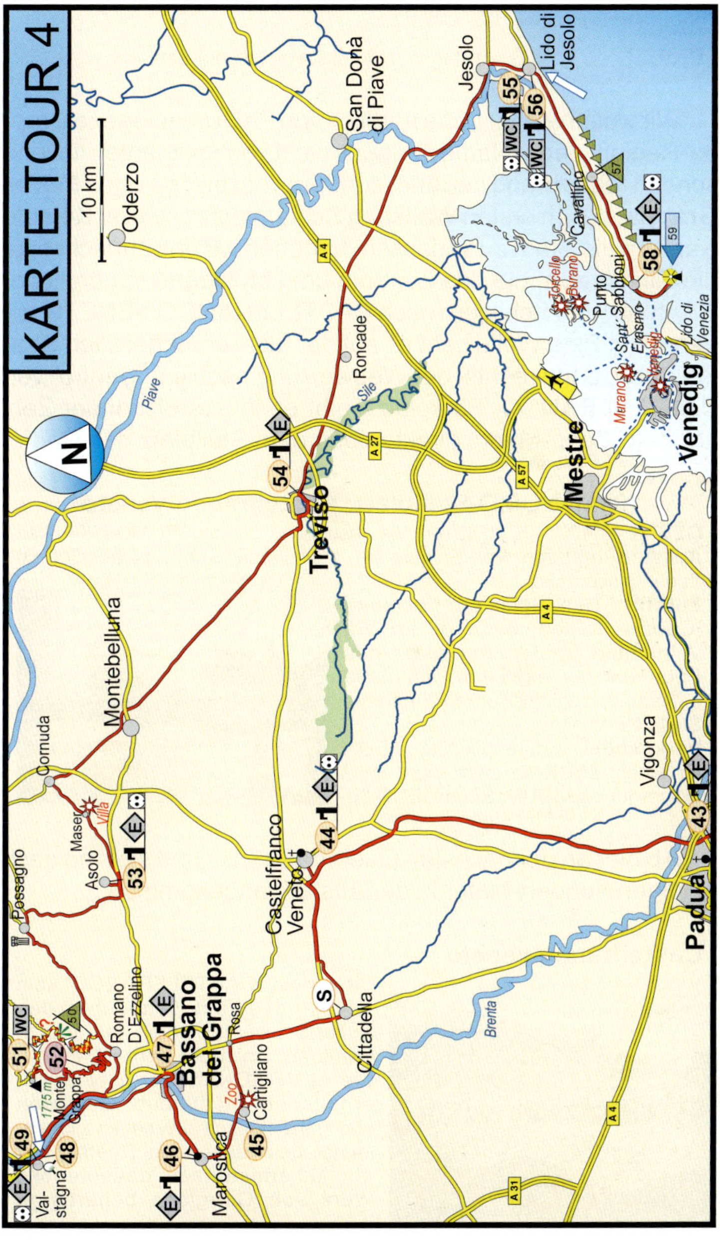

Stellplätze (gratis):	Venedig-San Giuliano, Malcontenta, Scoltenigo, Stra
Stellplätze (Gebühr):	Chioggia, Sottomarina, Venedig-Tronchetto, Padua
Campingplätze:	Sottomarina, Venedig-Fusine, Oriago
Besichtigen:	Castelfranco Veneto, Cittadella, Parco Faustino Cappeller, Marostica, Bassano del Grappa, Grotta di Oliero, Monte Grappa, Possagno, Asolo, Villa Maser, Treviso
Baden:	Valstagna, Lido di Jesolo, Punta Sabbioni

Wir wollen weiter in die nördlich von PADUA gelegene Grappa-Region, deren Name übrigens nicht vom bekannten italienischen Tresterbrand herrührt, sondern vom hier gelegen **Monte Grappa**, der im ersten Weltkrieg Schauplatz schwerer Kämpfe war. Um die Stadt zu verlassen, begeben wir uns zunächst auf die Ringstraße, die das Zentrum umgibt, biegen in nördlicher Richtung, den Schildern nach CASTELFRANCO VENETO folgend, ab. Eine Weile geht es auf der fast schnurgeraden Straße voran, dann rechts, der Wegweisung nach ins „Centro" von CASTELFRANCO. Parkplätze gibt es in ausreichender Zahl vor dem Coop-Markt, direkt neben dem Stellplatz der Stadt.

(044) WOMO-Stellplatz: Castelfranco Veneto

GPS: N 45°40'11" E 11°55'00", Via Vasugana. **max. WOMOs**: 8 Plätze
Ausstattung/Lage: Ver-/Entsorgung, Mülltonnen, Strom, beleuchtet mit Zugangsschranke
Zufahrt: Den Schildern Richtung „Centro" folgen, dann in der Via Valzanibio in den Parkplatz des Coop-Marktes einfahren, am Ende befindet sich der mit Hecken umrahmte Stellplatz.
Parkgebühr: Kostenpflichtig, 5EUR für einen, 8EUR für zwei Tage, Ver-/Entsorgung je 1EUR, Strom 1EUR/8h

Ab hier an der nächsten Querstraße links und sie sind nach wenigen hundert Meter in der Altstadt angekommen.

Castelfranco Veneto

Sicher ist CASTELFRANCO kein „Muss" und fällt gegenüber den Kultur-Schwergewichten auf Tour 3 etwas ab. Doch der Kern ist, ähnlich wie MONTAGNANA, von einer gut erhaltenen Stadtmauer umgeben und ganz hübsch. Zu sehen gibt es, immer geradeaus, den **Duomo,** der ein kunsthistorisch bedeutendes Werk von Giorgione beherbergt.

Das Madonnenbild **Pala di Giorgione** ist der größte Schatz der Gemeinde und wird in einer Seitenapsis, hinter Glas aufbewahrt. An die Kirche grenzt auch das Haus des berühmtesten Sohns der Stadt, **Museo Casa Giorgione**, an und kann besichtigt werden. Viel mehr allerdings bietet CASTELFRANCO uns dann nicht mehr.

Wir fahren zunächst zurück in die gleiche Richtung aus der wir kamen, kreuzen diesmal jedoch die Hauptstraße und erreichen so nach ca. 8km das Städtchen CITTADELLA. Die Innenstadt ist großzügiger und ebenfalls mit einer außergewöhnlich gut erhaltenen Stadtmauer umfriedet. Sie ist die Hauptattraktion des Städtchens und besteht eigentlich aus 2 Mauern, die mit Kalk hinterfüllt wurden, ist mehr als zwei Meter dick und bis zu 16m hoch. Geholfen hat sie trotzdem nicht viel, seinerzeit einen alten Bekannten abzuhalten: Ezzelino da Roman hat auch hier gewütet. Besonders viel los ist in CITTADELLA immer am Markttag (montags), allerdings können dann die Stellplätze knapp werden. Ansonsten empfiehlt sich ein Parkplatz außerhalb der Mauern [N 45°39'01" E 11°47'15"], die Durchfahrten in den Kern oder zu den Parkgelegenheiten direkt davor am Wassergraben sind nur für kleine und niedrige Womos möglich. Im Inneren kann man ganz hübsch bummeln und bei Interesse dem zentral gelegenen Dom einen Besuch abstatten.

Gen Norden führt uns die Straße direkt nach BASSANO. Auf halbem Weg, in ROSÁ, fahren wir kurz nach der Kirche links ab Richtung NOVA. Nach etwa 5km erreichen wir das Örtchen CARTIGLIANO. Der Tiergarten **Parco Cappeller** liegt hier fast direkt neben der Straße und bietet sich für einen Besuch an. Am großen Parkplatz ist auch eine Übernachtung für Gäste möglich **[45: N 45°43'13" E 11°42'00"]** *(Mitte Feb - Mitte Nov, Apr-Sep täglich geöffnet sonst Fr. Ruhetag. Erw 10EUR, Kinder von 2-11 und Senioren 7EUR)*.

Nach weiteren 5km erreichen wir MAROSTICA. Der Ort ist für die einmalige Tradition des lebendigen Schachspiels bekannt. Die Befestigung am Stadttor kann besichtigt werden (Eintritt 5EUR). Hier gibt es auch ein kleines Touristenbüro.

Marosticas obere Burg

Marosticas untere Burg

Folgt man zu Fuß der Stadtmauer, die sich bis auf den dahinter gelegenen Hügel erstreckt, erreicht man ganz oben eine zweite Burg, die ein Museum beherbergt. Der schöne Weg „Sentiero Panoramico“ führt hinauf.

(046) WOMO-Stellplatz: Marostica

GPS: N 45°44'38" E 11°39'10", Via Rimembranza.
max. WOMOs: >10 Plätze
Ausstattung/Lage: Ver-/Entsorgung, Mülltonnen, gegenüber der Stadtmauer
Zufahrt: Entlang der Hauptstraße mit Stadtmauer, direkt danach rechts abbiegen in die Via Rimembranza und dann beschildert links in den großen Parkplatz einfahren.
Parkgebühr: kostenlos

Partita a Scacchi di Marostica

Das lebende Schachspiel von MAROSTICA entstand angeblich durch einen König, der hier lebte und seine älteste Tochter vermählen wollte. Gleich zwei Edelleute hielten um ihre Hand an.
Um Blutvergießen zu vermeiden, befahl der König einen Schachwettkampf. Die Kriegsherren und Adjutanten der Edelleute wurden auf ein überdimensionales, aufgemaltes Schachbrett gestellt. Von ihren Dienstherren bewegt, nahm das Spiel seinen Lauf. Der Gewinner erhielt die Tochter zur Frau.
Übrigens: der Verlierer erhielt als „Trostpreis“ deren jüngere Schwester. Vielleicht gar nicht mal das Schlechteste...
Bis heute wird diesem Ereignis gedacht und der Schachwettkampf mit Menschen in historischen Uniformen nachgestellt. *(immer in der ersten Septemberwoche, Reservierungen für Plätze empfehlen sich)*

Über die Via Montello geht´s nun, immer den Schildern folgend, auf direktem Weg nach BASSANO DEL GRAPPA. Die 45.000-Einwohnerstadt ist die „Metropole“ der Gegend, dennoch eher ruhig und verschlafen. Die Stadt liegt direkt an der Brenta und kann auf eine lange Besiedlungsgeschichte zurückblicken. Mindestens ab dem 2.Jahrhundert n. Chr. können hier erste Bewohner nachgewiesen werden. Heute wird in der Gegend viel Wein angebaut, international bekannt ist jedoch vor allem der Grappa.

Grappa

Ob er tatsächlich ursprünglich aus der Gegend von BASSANO stammt oder eher aus dem Piemont oder der heutigen Schweiz, kann so genau niemand mehr sagen. Fest steht, dass der Grappa aus Trester, den vergorenen, alkoholhaltigen Pressrückständen der Weinherstellung gewonnen wird und mindestens 37,5 Volumenprozent, teils auch deutlich mehr, aufweisen muss. Urkundlich erwähnt wird er erstmals im 15. Jahrhundert und galt lange Zeit als Alkohol der armen Leute. Im ersten Weltkrieg diente er als Mutmacher der italienischen Soldaten, die tägliche Rationen erhielten. Erst ab den 1950er Jahren avancierte er, dank technisch optimierter Destillationsprozesse, zu einem In-Getränk, das sich mittlerweile der Aufmerksamkeit internationaler Feinschmecker sicher sein kann und Spitzenprodukte hervorbringt, die hohe Preise erzielen. In BASSANO finden sich gleich eine ganze Reihe Destillerien, die Ihre Waren feilbieten und zur Verkostung einladen.

Zunächst steuern wir einen für Womos geeigneten, innenstadtnahen Parkplatz an, der auch zum Übernachten ausgewiesene Plätze besitzt.

(047) WOMO-Stellplatz: Bassano del Grappa

GPS: N 45°45’29” E 11°43’52”, Parcheggio Gerosa, Via Alcide de Gaspari
max. WOMOs: >10 Plätze
Ausstattung/Lage: Ver-/Entsorgung, Mülltonnen, Toiletten
Zufahrt: Am ersten Kreisverkehr in Bassano rechts in die Viale Aldo Moro, an den nächsten beiden Kreiseln jeweils die dritte Ausfahrt wählen. Noch 800m, dann rechts (ist auch angeschrieben)
Parkgebühr: noch kostenlos, Bauarbeiten am Zugang deuten allerdings auf eine baldige Schranke hin...

Piazza Garibaldi

Bassano del Grappa

Von unserem Parkplatz aus erreichen wir nach wenigen hundert Metern in nördliche Richtung eine große Kreuzung. Links gelangen wir auf eine Autobrücke, die einen schönen Blick auf BASSANOS Wahrzeichen gestattet – die nach Plänen Palladios entworfene **Ponte degli Alpini**. Die alte, überdachte Holzbrücke wurde in der bewegten

Ponte degli Alpini

Vergangenheit der Stadt immer wieder zerstört und neu auf- oder umgebaut und versprüht tatsächlich einen besonderen Charme. Sie ist so etwas wie die Seele der Stadt, mehr noch als die höher gelegen Plätze. Zurück zur Kreuzung und dann die 2.Straße links, dann weiter links halten, kommen Sie hierhin. Auf dem Weg passieren Sie noch den **Palazzo Sturm** der einem Keramik- und Druckmuseum Quartier gibt. Gleich im Brückenpfeiler ist eine Grappa-Destillerie untergebracht, vis-à-vis ein kleines **Grappa-Museum**. Hier können Sie mehr über die Herstellung und Geschichte des Getränks erfahren. Hinter der Brücke führt die Via Gamba steil den Hügel hinauf. Am Ende links gelangen Sie zum **Duomo di Santa Maria in Colle**, gelegen im **Castello Superiore**, dass einst von unserem „Freund" Ezzelino erbaut wurde. Rechts kommt man zu den zentralen Plätzen **Piazza Libertá** (mit Standbild des heiligen San Bastiano, dem Namensgeber der Stadt) und, nur durch einen Glockenturm getrennt, zur **Piazza Garibaldi**. Im Konvent der Kirche **San Francesco** befindet sich noch das **Museo Cicivo** mit archäologischen Funden und Werken lokaler Künstler wie Jacopo und Canova *(geöffnet Di-Sa 9-18h, So 10.30-13h und 15-18h, Eintritt 4EUR).*

Vom Parkplatz aus fahren wir zur vorab erwähnten Autobrücke und halten uns danach rechts am Fluss entlang Richtung CAMPESE. Kurz nach Ortsende passieren wir rechterhand die **Villa Angarano**, ein weiteres Bauwerk aus der Feder Palladios, das unter UNSECO-Protektion steht. Heute ist hier ein Weingut beheimatet, in dem Sie Chardonnay, Vespalolo, Merlot und Cabernet Sauvignon aus eigener Produktion erstehen können. Weiter flussaufwärts wird es bergiger und das Tal deutlich enger. Wir erreichen den kleinen Ort VALSTAGNA. Interessant ist hier, im ersten Ortsteil OLIERO, die **Grotta di Oliero**. Die Höhlen werden mit einem Boot befahren, es gibt auch einen 14m hohen unterirdischen Wasserfall und ein angeschlossenes Museum zu den hiesigen Karstphänomenen. Der zugehörige Naturpark samt Spielplatz ist schön angelegt

Im Tal von Valstagne

(linkerhand, Parkplatz gegenüber vor der Brücke, Übernachtung für Besucher möglich, geöffnet Apr-Sep Sa/So/Feiertage, Mitte Jun-Mitte Sep täglich, 9-18h Eintritt 7EUR) **[48: N 45°50'48" E 11°40'08"]**. Ein Stück weiter erreichen wir den recht idyllischen Hauptort, auch ein weiterer Stellplatz versteckt sich hier.

(049) WOMO-Stellplatz: Valstagna

GPS: N 45°51'58" E 11°39'43", Via Monsignore dalla Zuanna
max. WOMOs: >10 Plätze
Ausstattung/Lage: Ver-/Entsorgung, Licht, Strom
Zufahrt: Durch den Hauptort fahren, dann nach dem Sportplatz rechts bei der Grundschule in den Parkplatz abbiegen und am Ende links am Fluss entlang. Sie kommen so zu einem kleinen Wendeplatz. Mit einem versenkbaren Poller ist der Fahrweg ab hier aber gesperrt. Sie müssen eine Telefonnummer anrufen, damit Ihnen geöffnet wird.
Parkgebühr: kostenlos

Um zum **Monte Grappa** zu gelangen, fahren wir von der Höhle ein Stück zurück bis nach links, über eine Brücke hinweg, die SS47 angeschrieben steht. Direkt vor der Brücke geht links ein Fahrweg mit Höhenbegrenzung zu einem Badeplatz am Fluss hinunter. Fahrzeuge mit mehr als 2,20m Höhe lassen sich 100m weiter die Straße hinunter parken. Hinter der Brücke fahren wir rechts und bald darauf links ab nach ROMANO D`EZZELINO. Ja, hier heißt tatsächlich ein ganzer Ort so wie der furchterregende Feudalherr des 13. Jahrhunderts...

Ezzelino da Romano

Nachdem wir nun schon so oft über diesen Namen gestolpert sind, wollen wir Sie nicht unwissend lassen, wer er wirklich war: Ezzelino der III. herrschte als kaisertreuer Adliger in der ersten Hälfte des 13. Jahrhunderts über weite Teile der Region. Geerbt hatte er von seinem Vater ursprünglich nur Ländereien rund um TREVISO, doch bemächtigte er sich im Lauf der Zeit der Städte VERONA, VICENZA, PADUA, BELLUNO, FELTRE, TRIENT und vieler anderer, kleinerer Ortschaften. Er herrschte äußerst rücksichtslos und mit großer Grausamkeit. Als treuer Gefährte vom Kaiser mit weitreichenden

Freiheiten ausgestattet, konnte auch ein Kirchenbann durch Papst Innozenz IV. und ein folgender Kreuzzug gegen ihn seine Herrschaft nicht brechen. Zwar gelang es, ihm PADUA wieder zu entreißen, kurz darauf eroberte er dafür BRESCIA. Erst 1259 bei einem Angriff auf MAILAND unterlag er, wurde verletzt und gefangen genommen. Die genauen Umstände seines nahen Todes sind nicht bekannt.

Das Städtchen bietet uns keine großen Besonderheiten, und so machen wir uns an die Auffahrt zum **Monte Grappa**. Hierfür gibt es zwei Möglichkeiten: Fahren Sie mit uns noch ein Stück weiter nach SEMONZO (hier gibt es auch einen schönen Campingplatz) und dann, nach einer Tankstelle, unbeschildert links in die Via Chiese. Von hier führt eine schmale Straße mit 27 teils sehr engen Kehren hinauf zum Berg (nur für die Auffahrt ratsam). Die tolle Aussicht lohnt das Gekurbel. Oder Sie nehmen, schon vorher in ROMANO beschildert, den etwas besser ausgebauten Hauptweg hinauf, der uns später in jedem Fall auch wieder nach unten führt. So oder so geht es in unzähligen Serpentinen nach oben (und später wieder hinab), bei gutem Wetter aber allemal eine lohnende Fahrt. Oben angekommen gibt es ausreichend Parkraum, der auch zum Übernachten geeignet ist.

(050) WOMO-Campingplatz-Tipp: Camping Santafelicita

GPS: N 45°48'35" E 11°45'43", Via Cenghia 80, SEMONZO
Ortszentrum: Am Rand des kleinen Ortes gelegen, ca. 400m zur Hauptstraße
Zeiten: ganzjährig **Ausstattung**: Strom, Wasser, Entsorgung, Sanitäranlagen, Waschmaschinen, WLAN, schöne Trattoria nebenan
Zufahrt: in SEMONZO laut Beschreibung zum Monte Grappe. Direkt vor der beschilderten Auffahrt, nach der Kirche links in die Via Cengia einbiegen, dann, mit einigen Kurven, immer geradeaus

(051) WOMO-Stellplatz: Monte Grappa

GPS: N 45°52'24" E 11°48'08"
max. WOMOs: >10 Plätze
Ausstattung/Lage: direkt neben dem Gipfel, teils etwas abschüssig, Toiletten/Wasser im Besucherzentrum, nebenan Picknickbänke,
Zufahrt: Wie beschrieben zum Gipfel des Monte Grappa. Hier, unübersehbar, groß angelegte Parkflächen
Parkgebühr: kostenlos

Panorama am Monte Grappa

Am Gipfel ist ein riesiges Kriegerdenkmal erbaut worden. Der Berg war Teil der Frontlinie im ersten Weltkrieg und genau dieser Abschnitt hat besonders viele Tote, sowohl auf Seiten der Italiener wie auch der Österreicher, die sich hier gegenüberstanden, gefordert. Beide Seiten haben getrennte Mausoleen zur Ehrung der Toten erhalten. Die Namen vieler Gefallener sind in Tafeln graviert, ein Aussichtsturm gibt mehr Informationen zur umliegenden Bergwelt. Sehr interessant ist das **Museo Caserna Milano** etwas unterhalb. Ein fast 5km langer Tunnel, die **Galeria Vittorio Emanuele** ist für Besucher geöffnet worden *(Einlass von 9-17h)*. Doch nicht nur als historisches Ziel ist der Berg interessant. Er ist einer der europäischen Hotspots für Paraglider und Segelflieger, auch viele Wanderungen lassen sich hier unternehmen.

Das österreichisch-ungarische Mausoleum und alte Gefechtskanone

Die Abfahrt führt uns zurück nach ROMANO, unterwegs bieten sich einige Picknickplätze an. Der Beste, da nicht direkt an der Straße, mit ausreichend Stellplatz und Grill versehen, befindet sich bei **[52: N 45°49'28" E 11°44'14"]**. In den etwas später folgenden Spitzkehren gibt es weitere Parkmöglichkeiten.

Canovas

Zurück auf der Hauptstraße fahren wir Richtung BORSO DEL GRAPPA und erreichen wenig später POSSAGNO. Der unscheinbare Ort war Heimat des Bildhauers Canova dem, ein Stück die Hügel hinauf, ein monumentales, weißes Grabmal errichtet wurde. Am Piazza Canova kann man parken und im Wohnhaus und Atelier des Künstlers seine Gipsmodelle in Augenschein nehmen *(Di-So 9.30-18h, Erw 8EUR, Jugendliche/Senioren 5EUR)*. Dazu im Ort links ins Zentrum hinein halten. Unsere Hauptroute biegt aber schon zuvor rechts ab und führt uns beschildert ca. 8km später nach ASOLO. Am Kreisverkehr links Richtung TREVISO und kurz darauf, nach einer Tankstelle, erneut nach links lenken. Hier ist bereits per Womo-Symbol eine Entsorgungsmöglichkeit angekündigt. Doch nicht nur das: wir erreichen einen schönen Stellplatz hinter einem Parkplatz, der uns zu einem Aufenthalt im kleinen Örtchen einlädt.

(053) WOMO-Stellplatz: Asolo

GPS: N 45°47'44" E 11°54'45", Via Forestuzzo, ASOLO
max. WOMOs: >10 Plätze
Ausstattung/Lage: hinter dem zentralen Parkplatz, unterhalb der Altstadt. Zugang nur nach Öffnen einer Schranke, dazu muss eine Telefonnummer angerufen werden (8-21h). Ver/Entsorgung, Strom, Picknickbänke, Grillplatz
Zufahrt: Wie beschrieben, rechts am terrassierten Parkplatz hinab bis zur untersten Ebene (die angegebenen 3m Durchfahrtshöhe sind bis zum Stellplatz irrelevant).
Parkgebühr: 7 EUR/24h

Asolo

Der uralte, kleine Ort liegt ganz entzückend auf einer Bergkuppe. Einige Geschäfte und Cafés laden zu einem Rundgang ein. Hinter den Mauern verbergen sich große Palazzi, bis heute gilt ASOLO als High-Society-Ziel und im Hochsommer ist man sicher nicht alleine. Doch ein (abendlicher) Spaziergang, von einem Sprizz in einer Bar gekrönt, entschädigt für die Menschenscharen am Tag. Ruhe findet man außerdem in der auf ehemaligen römischen Thermen erbauten Kathedrale (Touristeninformation nebenan) oder bei einer kleinen Wanderung zur **Rocca**,

dem Überbleibsel der oberhalb gelegenen alten Festung – tja, von wem wohl – der Familie Romano (zu besichtigen Sa/So/ Feiertags 10-12h und 14-19h, Eintritt 2,50EUR).

Wieder an der Hauptstraße angelangt, setzen wir unseren Weg fort und biegen wenig später beschildert nach links Richtung MASER ab. Hier stehen, direkt an der Straße, weitere sehenswerte Herrenhäuser. Erst die **Villa Rinaldi**, dann die noch schönere **Villa Maser**. Die Ländereien werden durch die Straße zerschnitten, am Halbrund vor der Villa lässt sich mit etwas Glück parken. Natürlich hat auch hier Palladio gewirkt. Die Innenausstattung des 1558 erbauten Gebäudes wurde mit prächtigen Fresken und Mosaiken von verschiedenen anderen Künstlern seiner Zeit (unter Anderem Veronese) gestaltet *(geöffnet Di-So, 10-18h, Eintritt 6EUR)*.

Die Villa Maser

In COMUDA biegen wir nach Süden Richtung MONTEBELLUNA/TREVISO ab. Die Stadt bietet touristisch nicht viel. Jedoch ist sie ein Zentrum der Textil- und (Winter)schuhindustrie. Eine ganze Reihe Outletcenter bekannter und weniger bekannter Markenhersteller (z.B. Geox, Salewa, Diadora, Replay...) reiht sich daher entlang der Hauptstraße, und wenn Sie Bedarf oder einfach Lust aufs Shoppen haben, können Sie hier das eine oder andere Schnäppchen machen. Auf der großen, gut ausgebauten Hauptstraße kommen wir prima voran und erreichen alsbald TREVISO.

(054) WOMO-Stellplatz: Treviso

GPS: N 45°40'12" E 12°15'28", Via Castello D´Amore
max. WOMOs: >10 Plätze
Ausstattung/Lage: Ver-/Entsorgung, Teil eines großen Parkplatzes hinter dem Stadion, beleuchtet. Daneben ein kleiner Park mit Spielplatz
Zufahrt: Von MONTEBELLUNA kommend bis auf die Ringstraße ums Zentrum fahren (Einbahnstraße). Auf der gegenüberliegenden Seite des Stadtkerns angekommen zweigt vor einem rot-weißen Apartmenthaus eine kleine Straße nach rechts Richtung CARBONERA ab (auch ein kleines Womo-Symbol ist schon zu sehen). Dann, direkt vor dem Stadion, rechts halten und gleich wieder links, erreichen Sie den Stellplatz etwas versteckt.

Parkgebühr: kostenlos

Treviso

Von den größeren Städten Veneziens ist TREVISO wohl die unbekannteste. Zu unrecht, denn die Stadt ist nicht nur uralter Siedlungsraum, schon 1500 Jahre vor unserer Zeitrechnung siedelten hier Menschen, sie bietet auch innerhalb ihrer gut renovierten Stadtmauern eine schöne, wenn auch eher kleine Altstadt. TREVISO wurde im zweiten Weltkrieg zwar relativ stark zerstört, die historisch bedeutenden Gebäude aber allesamt wieder aufgebaut.

Für einen kleinen Stadtrundgang nehmen wir vom Stellplatz aus die nächstliegende Brücke über den Wassergraben und gelangen in den Stadtkern. Nun immer geradeaus, über einen kleinen Platz hinweg und an der folgenden Gabelung rechts und gleich wieder links in eine schmale Einbahnstraße gehen. Vor uns taucht einer der vielen kleinen Kanäle auf, die TREVISO durchziehen. Mitten im Wasser liegt eine kleine Insel, die **Isola delle Pescheria**, der Fischmarkt der Stadt. Bis heute werden hier morgens, teils unter freiem Himmel, mitten im Zentrum die Tagesfänge von der nahen Küste feil geboten. Über die kleine Fußgängerbrücke am Ende verlassen wir den Markt und halten uns an der Straße rechts. Die Anzahl der Läden nimmt zu, und wir nähern uns dem Hauptplatz. Vor einer Säulenhalle biegen wir wieder rechts in die Fußgängerzone ein. Kurz darauf erreichen wir die Rückseite des **Palazzo dei Trecento**. Das 800 Jahre alte Justizgebäude ist zentraler Punkt und wirkt mit

Palazzo del Trecento

seinen krönenden Zinnen trutzig und erhaben. Sie stehen hier übrigens am einstigen Hinrichtungsplatz TREVISOS. Heute können Sie, bei Bedarf und wenn Ihre Beine schon müde sind, an Ort und Stelle ein Fahrrad leihen, um die Gassen weiter zu erkunden. Wir unterqueren das Gebäude und erreichen die **Piazza dei Signori**. Hier sitzt es sich kommod für einen Imbiss, wahlweise in der Sonne oder unter den Arkaden, z.B. auf ein paar Tramezzini: die kleinen italienischen Weißbrotdreiecke mit mannigfaltigen Belägen bieten sich immer als recht preiswerter Snack für zwischendurch an. Nach rechts durch die Haupteinkaufsstraße stehen wir bald schon vor dem Dom **San Pietro**, der im Lauf der Jahrhunderte immer wieder angestückelt und verändert wurde. Sein etwas gestaucht wirkender Turm durfte einst angeblich nicht höher wachsen, da die venezianischen Herren, die auch über TREVISO herrschten, vermeiden wollten, dass er höher wird als der **Campanile** am **Markusplatz**. Innen kann man Werke von Pordenone und Tizian bewundern und in die Krypta hinunter steigen.

Nun sollten Sie sich einfach noch etwas durch die Straßen treiben lassen. Es gibt viele schöne Ecken, kleine Läden und grüne Flecken an den Wasserläufen, die sich freuen, von Ihnen entdeckt zu werden. Auch die großen Stadttore, teils komplett erhalten, sind noch einen Blick wert.

San Pietro Dom

Langsam wird es Zeit für etwas Erholung am Meer... und weit ist es nicht mehr bis zu einer der bekanntesten Urlaubsregionen Italiens. Wir fahren am einfachsten zurück auf die Ringstraße, einmal fast ganz außen herum und biegen dann gut ausgeschildert rechts nach JESOLO bzw. zum „mare“ ab. Sie gelangen so ohne weitere Verzögerungen nach rund 35km an die Adriaküste.

Am LIDO DI JESOLO, dem Strandbad des etwas zurückversetzten Ortes JESOLO, tobt im Sommer das Leben. Der große Ort bietet alles an Infrastruktur und Zerstreuung, was sich das Urlauberherz wünscht. Natürlich mit dem üblichen Touristen-Brimborium – unzähligen Souvenirhops, Strand-Accessoire-

Lido di Jesolo

Ständen und Minimärkten, Eisdielen, Bars, Restaurants und Fast-Food-Läden. Gänzlich kostenfreie Stellplätze sind Mangelware. Für einen ersten „Wasserkontakt" bieten sich die bislang nicht höhenbeschränkten aber kostenpflichtigen Parkplätze unweit des Strandes, der Piazza Nicolo Tommaseo [N 45°30'32" E 12°39'01"] oder, gleich dahinter, in der Via Pordenone [N 45°30'38" E 12°39'00"] an. Der Strand ist hier überall makellos, feinsandig und penibel gepflegt. Die Kehrseite: ein Strandbad reiht sich an das nächste und eine kostenpflichtige Abnahme von Liegestühlen und Sonnenschirmen ist fast Pflicht. Versuchen Sie es ohne, kann es schon mal passieren, dass Sie vertrieben werden.

Spät nachmittags kehrt Ruhe am Lido di Jesolo ein...

Sollte das Wetter nicht so mitspielen, gibt es in LIDO DI JESOLO allerhand andere Zerstreuung, z.B. den **Tropicarium-Park** mit vielen, oft „gefährlichen" oder giftigen Tieren – gut gemacht, nur etwas reißerisch und nicht gerade billig (Piazza Brescia, N 45°30'07" E 12°37'51", Parkplätze vorhanden, geöffnet Mai-Sep täglich von 10-22h, sonst kürzer, Erw 20EUR, Kinder 15EUR) oder auch das am Ortseingang gelegene **Sealife-Aquarium**. Diverse Shopping-Center und ein großer Wasserpark runden das Angebot ab. Suchen Sie einfach nur einen möglichst günstigen und wassernahen Stellplatz in der Gegend, der auch zum Übernachten geeignet ist, halten Sie sich etwas östlich. Mitte August finden Sie hier allerdings nicht einmal einen halben Stellplatz, die Plätze bersten zu der Zeit.

(055) WOMO-Stellplatz: Lido di Jesolo 1a und b

GPS: N 45°31'16" E 12°41'08", „Don Bosco 1+2" , gleich daneben „Dei Doghi", Via Oriente,
max. WOMOs: >200 Plätze, auf 3 Areale verteilt
Ausstattung/Lage: Toiletten, Wasser, Strom, ca. 150m bis zum Strand, WLAN
Zufahrt: Auf der wassernahen Hauptstraße immer nach Osten bis zur Via Oriente, hier links der Reihe nach angeschrieben
Parkgebühr: Don Bosco 8-20EUR/24h, je nach Saison, Strom: 1,5kWh 6EUR, der Dei Doghi Platz liegt ähnlich, meist 2-3EUR teurer.

(056) WOMO-Stellplatz: Lido di Jesolo 2

GPS: N 45°31'16" E 12°41'11", Via Orintale
max. WOMOs: >10Plätze
Ausstattung/Lage: keine, direkt nach dem ersten Don Bosco Platz vor einem Sportgelände, im Hochsommer stark frequentiert
Zufahrt: Wie Stellplatz 1
Parkgebühr: kostenfrei

...am Strand in Cavallino ist da noch mehr los.

Möchten Sie etwas länger bleiben und einen weniger überfüllten Strand mit gediegenerem Ambiente genießen, empfiehlt sich einer der schier unzähligen Campingplätze die sich, wie an einer Perlenschnur aufgereiht, von LIDO DI JESOLO über

Am Leuchtturmstrand von Punta Sabbioni

CAVALLINO bis nach PUNTA SABBIONI, ganz im Westen an der Spitze der Halbinsel, entlang ziehen. Sie erfüllen allesamt internationalen Standard, was sonst noch so geboten ist, können Sie anhand der Anzahl vergebener Sterne erahnen. Klar, dass sich dies dann aber auch im Preis widerspiegelt. Einen Tipp wollen wir Ihnen dann doch mitgeben, nicht weil es unbedingt der beste Platz ist, sondern vielmehr ein Erlebnis der besonderen Art: Union Lido ist einer der größten Plätze der Welt, eine fast perfekte Urlaubsmaschinerie und eine Stadt für sich... man liebt oder hasst ihn, das müssen sie am Ende selbst entscheiden.

(057) WOMO-Campingplatz-Tipp: Union Lido

GPS: N 45°28'03" E 12°31'49", Via Fausta 258, CAVALLINO
Ortszentrum: Etwas entfernt mit dem Bus erreichbar. Der Platz hat jedoch sein eigenes Zentrum – weit über 10.000 Urlauber tummeln sich hier in der Hochsaison.
Zeiten: ganzjährig **Ausstattung**: alle erdenklichen Einrichtungen samt Geschäftszentrum, vielen Restaurants und Bars, zwei Wasserparks und 1km langem Privatstrand. In der Hauptsaison mit Mindestaufenthaltsdauer.
Zufahrt: von LIDO DI JESOLO nach Westen in Richtung CAVALLINO und PUNTA SABBIONI, links der Straße angeschrieben.

Entscheiden Sie sich gegen einen Campingplatz, folgen Sie uns doch einfach bis ganz zur Landspitze nach PUNTA SABBIONI. Von hier können Sie mit dem Vaporetto nach VENEDIG übersetzen – eine gute Möglichkeit, Baden und Kultur miteinander zu verbinden. An den Landungsbrücken links fahren wir Richtung Leuchtturm. Stellplätze finden sich hier in größerer Anzahl, der Strand ist im Gegensatz zu LIDO DI JESOLO fast schon ruhig, nicht gänzlich bestuhlt und bietet, neben ein

paar Strandbuden samt Duschen, ein ganz idyllisches Ensemble: Leuchtturm in Front und entfernt vorbeiziehende Schiffe.

(058) WOMO-Stellplatz: Punta Sabbioni 1

GPS: N 45°26'29" E 12°25'17", Lungomare Dante Alighieri.
max. WOMOs: >20 Plätze
Ausstattung/Lage: Toiletten, Wasser, Strom, ca. 500m bis zur Ablegestelle nach VENEDIG, Kinder sind hier eher unerwünscht
Zufahrt: Wie im Text beschrieben, dann links halten und nach den ersten Hafenanlagen links auf ein Parkplatz/Campersymbol achten
Parkgebühr: Kostenpflichtig, 17EUR/24h für ein Womo und 2 Personen. Strom 3EUR

(059) WOMO-Stellplatz: Punta Sabbioni 2

GPS: N 45°25'41" E 12°25'45", Lungomare Dante Alighieri.
max. WOMOs: 20 Plätze kurz vor dem Leuchtturm, weitere 10 Plätze schon etwas weiter vorne an der Straße
Ausstattung/Lage: keine, extra ausgewiesene Plätze für Camper, hinter der Mole kurz vor dem Strand gelegen, Restaurants in Laufweite
Zufahrt: Wie Stellplatz 1
Parkgebühr: Die Parktickets müssen am Automat oder im letzten Restaurant „Oasi" vor der Sandpiste gekauft werden und sind wahlweise für 12 oder 24h gültig, 9EUR/12h

KARTE TOUR 5
10 km
N
Palazzolo dello Stella
Riserva Naturale
Stella
Lignano Sabbiadoro
Lignano Pineda
Tagliamento
Latisana
Bibione
67
68
Bibione Pineda
WC
69
Cordovado
S
Sesto al Reghena
WWF-Park
Alvisopoli
Lugugnana
A 28
64
Portogruaro
Concordia Sagittaria
Valle Vecchia
66
65
E
62
63
61
Caorle
A 4
Santo Stino di Livenza
Livenza
Eraclea Mare
60
Eraclea
B
Lido di Jesolo Pineda
Jesolo
Lido di Jesolo
55
56
San Doná di Piave
Piave
57
Cavallino
58
Punta Sabbioni
Sant'Ersamo
Burano
Torcello
Murano
59
Lido di Venezia

Tour 5: (220 km /2-4 Tage)

Caorle – Portogruaro – Sesto al Reghena
Cordovado – Valle Vecchia – Bibione

Stellplätze (gratis):	Caorle, Portogruaro, Valle Vecchia, Bibione Pineda
Stellplätze (Gebühr):	Caorle, Valle Vecchia, Bibione
Campingplätze:	Eraclea Mare, Caorle, Bibione
Besichtigen:	Caorle, Concordia Sagittaria, Portogruaro, Abbazia di Santa Maria, Cordovado, Parco di Villa Mocenigo
Wandern:	Concordia Sagittaria, Valle Vecchia, Bibione
Baden:	Punta Sabbioni, Lido di Jesolo, Jesolo Pineda, Eraclea Mare, Caorle, Valle Vecchia, Bibione

Nun bleiben wir fürs erste in Meeresnähe und wollen ein wenig Strandhopping betreiben. Wäre doch gelacht, wenn wir nicht irgendwo einen ruhigen, vielleicht sogar einsamen Strand finden? Selbst hier an der oberen Adria muss es so was doch geben... und tatsächlich sind wir fündig geworden, doch dazu später mehr.

Zunächst machen wir uns in PUNTA SABBIONI auf den Weg und fahren zurück bis LIDO DI JESOLO. Am großen Kreisverkehr vor der Shopping-Mall fahren wir den braunen Schildern Richtung „Pineda“ nach und gelangen so in den östlichsten Ortsteil JESOLOS, der weniger durch Amüsierbetriebe als Hotels, Apartments, Campingplätze und, wie der Name verheisst, Pinienbewuchs geprägt ist. Dabei passieren wir zunächst die in Kapitel 4 genannten privaten Stellplätze. Die Hauptstraße macht wenig später einen Knick Richtung Meer. Nun sind wir ganz nah dran und finden auch einen kleinen Parkplatz, auf dem unser Womo während eines Sprungs ins Wasser gratis abgestellt werden kann [N 45°31’18” E 12°41’40”, neben dem „Mediterraneo“-Apartementhaus]

Der nächste Badeort ERACLEA MARE ist deutlich unbekannter, kleiner und weniger touristisch. Unterwegs überqueren wir eine private Schwimmbrücke. Die Kosten für die Überfahrt von 1EUR halten sich in Grenzen. Sollte ihr Fahrzeug mehr als 3,5t wiegen oder Sie kein Bargeld zur Hand haben, müssen Sie hier leider etwas umständlich umfahren, geradeaus, entlang des Flusses bis ERACLEA und dann, am Ortsende, wieder rechts zum Meer.

Der Strand des kleinen Badeortes ist schön, die Stimmung jedoch nicht sonderlich womofreundlich. Alle nennenswerten Parkplatze sind mit 2,20m hohen Zugangsbeschränkungen versehen und verhindern so eine Einfahrt. Lediglich ganz am Ende, nach erfolgter Ortsdurchfahrt, gibt es einige blau eingezeichnete Querparker direkt an der kleinen Straße [N 45°33'03" E 12°46'04", Parkgebühr 1,50EUR 1.Stunde, danach 1EUR jede weitere]. Wenn es Ihnen ansonsten hier aber gefällt, bleibt nur der schön gelegene, einzige Campingplatz am Ort „Portofelice". Um ihn zu erreichen und zur Weiterfahrt lenken wir aus ERACLEA MARE zur meerabgewandten Seite hinaus und dann rechts in Richtung CAORLE **[60: N 45°33'13" E 12°46'00"]**.

Wenige hundert Meter später erreichen wir schon das Gemeindegebiet der ersten „echten" Stadt hier am Meer. CAORLE ist, entgegen den zuvor genannten, ein natürlich gewachsener Ort mit altem Stadtkern, Einwohnern, die hier das ganze Jahr über wohnen und noch immer existierender Fischereiflotte. Alles in allem unser liebster, richtiger Badeort auf der

Im Hafen von Caorle

Der freie Strand von Caorle

Tour. Zuvor ziehen sich rechts entlang des Meeres aber erst einige Camping-, Apartment- und Hotelanlagen am Strand entlang. Wir überqueren einen Fluss und biegen am kommenden Kreisverkehr rechts ab. So gelangen wir mitten ins Zentrum.

Caorle

Einst war Caorle eine Insel. Ihre isolierte Lage sicherte lange Zeit das Bestehen, denn der Ort war so recht geschützt vor Überraschungsangriffen und überdauerte die Jahrhunderte. Durch die Anspülung von Sand und Sediment der ringsum ins Meer mündenden Flüsse wurde CAORLE mit der Zeit zu einem Vorposten am Festland. Dass der Ort Geschichte hat und keine Touristenenklave ist, merkt man sofort, wenn man durch die kleinen Gassen der schönen Altstadt flaniert, auch wenn die vielen kleinen Läden, Bars und Restaurants mit ihren Waren natürlich dem Geschmack der Besucher entsprechen. Sehr leckeres Eis gibt es auf einem kleinen, etwas zurückversetzten Platz im Westen der Calle Lunga. Abends können hier schon mal einige tausend andere Touristen unterwegs sein, die den Weg aus ihren Hotels ins Zentrum finden. Meistens verteilen sich die Urlauberströme aber so gut, dass man keine Beklemmungsgefühle erleidet. Außerhalb des Hochsommers ist es sogar richtig angenehm hier. Westlich der Altstadt liegt der alte Fischereihafen etwas zurückgesetzt von der Wasserlinie. Hier kann man noch Fischer bei der Pflege ihrer Boote und Netze beobachten oder am kleinen Markt morgens fangfrische Fische erstehen. Unweit der Küste befindet sich die sehenswer-

San Stefano

te Kathedrale **San Stefano**. Sehr schön ist auch die kleine Kirche **Santuario Santa Madonna** ganz vorn am Ufer. Nachts, bunt beleuchtet, verbreitet sie eine tolle Atmosphäre, tags ist sie, mit dem Strand direkt daneben, ein beliebtes Fotomotiv. Am besten baden lässt sich übrigens am östlichen Ende der Promenade, etwas entfernt vom Stadtkern, an der hotelgesäumten Bucht. Ganz am Ende befinden sich hier sogar große, freie, feinsandige Flächen, an denen man, ganz liegestuhlfrei, sein Handtuch ausbreiten kann. Dahinter finden sich, mit ein bisschen Glück, auch Parkmöglichkeiten **[N 45°33'03" E 12°46'04"]**. Das Wasser führt ganz flach hinein, ab und zu findet man einen kleinen Krebs. Bei Ebbe läuft man teils einige hundert Meter, bis einem das Wasser „bis zum Hals steht". Auch Duschen sind in regelmäßigen Abständen vorhanden. Wer mehr auf Süßwasser steht: am nördlichen Ende CAORLES gibt es auch einen Wasserpark gleich neben den Womo-Stellplätzen.

(061) WOMO-Stellplatz: Caorle 1

GPS: N 45°36'21" E 12°53'09", „Ai Parchi" Area Attrezzata, Via Traghete
max. WOMOs: > 10Plätze
Ausstattung/Lage: Ver-/Entsorgung, Mülltonnen, Strom, beleuchtet, mit Zugangsschranke, direkt vor dem Wasserpark, großer Supermarkt schräg gegenüber, ca. 300m ins Zentrum
Zufahrt: Wie im Text beschrieben am ersten Kreisverkehr rechts ab, sobald links der kleine Kanal neben der Straße auftaucht, beschildert erneut links halten und am nächsten Kreisel nochmals links. Nach 200m auf der linken Seite.
Parkgebühr: Kostenpflichtig, 12EUR/24h

(062) WOMO-Stellplatz: Caorle 2

GPS: N 45°36'25" E 12°53'10", Via Traghete.
max. WOMOs: > 10 Plätze
Ausstattung/Lage: Mülleimer, Schrägparker entlang der Straße, unmittelbar vor und nach dem offiziellen Stellplatz, dahinter eine Parkanlage und der Wasserpark, gegenüber ein großer Supermarkt, nachts etwas laut.
Zufahrt: Wie Stellplatz Nummer 1
Parkgebühr: Kostenlos, im Sommer Fr-So von 9-22h 1EUR pro Stunde

(063) WOMO-Campingplatz-Tipp: Falconera

GPS: N 45°37'01" E 12°54'31", Via Dei Casoni
Ortszentrum: Altstadt ca. 2,5km entfernt mit Busverbindung, direkt am Ostrand des feinsandigen Strandes. Wander- und Freizeitmöglichkeiten ins Hinterland. Im Hochsommer mit Mindestaufenthalt.
Zeiten: Mai bis September **Ausstattung:** Privater Strand und Kai, Supermarkt, Bar, Ver-/Entsorgung **Zufahrt:** CAORLE in östlicher Richtung durchfahren, ganz am Ende angeschrieben, weiter nach Osten, dann rechts auf der Via Dei Casoni

Bevor wir weiter am Meer entlang gondeln, machen wir nun einen kleinen Abstecher ins Hinterland. Dazu verlassen wir CAORLE, den Schildern nach VENEZIA und TRIESTE

Kanal in Portogruaro

folgend. Nach guten 9km biegen wir an einem Kreisverkehr rechts ab, weiter Richtung TRIESTE und 6km weiter, links nach CONCORDIA SAGITTARIA. Bald erreichen wir die am Cavanelle-Flüsschen gelegene Ortschaft und lenken links über eine Brücke ins Zentrum. Hier, an der Kreuzung zweier alter Römerstraßen, stand schon vor über 2000 Jahren eine antike Stadt, **Julia Concordia**, deren Reste und Ausgrabungen heute besichtigt werden können. Direkt im Zentrum neben der Kirche ist ein recht großes archäologisches Areal (Basilika und Grab) frei zugänglich. Noch ein Stück weiter geradeaus und dann den braunen Schildern zur „zona archeologica" linksseitig folgend, kommen Sie zu einem Freizeitgelände mit Spielplatz. Parkmöglichkeiten gibt es hier ringsum.

WOMO-Wandertipp: Archäologische Wanderung

Auf Schildern sind zwei miteinander verbundene Wege beschrieben, die Sie ab hier gehen können. Einer führt sie, teils durch Ortsgebiet, teils außen herum, zu verschiedenen römischen Fundstellen und Ruinen (Theater, Häuser...) entlang der ehemaligen Stadtmauer, der zweite zurück ins Zentrum bis zur Basilika.

Richtung Norden gelangen wir zur Hauptstraße zurück und bald darauf nach PORTOGRUARO. Am Kreisverkehr im Ort rechts und, ca. 300m weiter, noch vor einem höheren weißroten Wohnhaus, zwei Mal links abbiegen. Der Parkplatz liegt mitten im Altstadt-Zentrum und ist ideal für einen kleinen Bummel [N 45°46'28" E 12°50'25"]. Wenn Sie hier auch übernachten wollen, sind die großen, etwas abseits gelegenen Parkflächen in der Nähe des Friedhofs aber etwas besser geeignet **[64: N 45°46'36" E 12°50'43"]**.

PORTOGRUARO

Die 25.000 Einwohnerstadt bietet nicht die ganz großen Sehenswürdigkeiten, dafür ist die Altstadt, die sich auf zwei parallelen Straßenzügen entlang

Piazza Republica

des Flüsschens Lemene erstreckt, nahezu erhalten. Vom Parkplatz aus, die Straße ein Stück weiter, biegen wir rechts, an einem verwunschen wirkenden Seitenkanal, durch das Stadttor auf die Hauptstraße, Corso Martiri, ein. Unter Laubengängen gehen wir bis zur Piazza Republica. Der Markuslöwe prangt hier auf seiner Säule, 300 Jahre lang gehörte PORTUGRUARO zur Serenissima, später war es mal italienisch, mal österreichisch. Daneben das mächtige Rathaus mit Reiterstandbild. Überragt wird die ganze Szenerie vom etwas schief stehenden Turm des Doms. Nach links gelangen Sie an den Fluss und können immer wieder über Brücken schlendern und die kleine Stadt noch ein wenig auf eigene Faust erkunden.

Von PORTUGRUARO kommen Sie in südöstlicher Richtung zurück zum Meer und können sich in LUGUGNANA wieder unserer Tour anschließen. Oder: sie kommen noch ein Stück weiter mit uns ins Hinterland zu Klöstern und Villen. Dazu verlassen wir die Stadt den Schildern zur Autostrada A28 nach. Für Italien ungewöhnlich, da kostenfrei, fahren wir aber nur eine Ausfahrt weit in Richtung PORDENONE und hier ab, mit Ziel SESTO AL REGHENA. Kurz zuvor überqueren wir die Grenze von Venetien ins Friaul. Durch ein enges, hohes Tor kommen wir in die Altstadt und parken, direkt vor dem **Benediktiner-Kloster Santa Maria**, an der Piazza Castello [N 45°50'52" E 12°48'56"]. Das Kloster stammt aus langobardischer Zeit und war damals das mächtigste weit und breit. Mehr wie eine Burg ausgeführt, ist heute davon nur mehr ein kleiner Wassergraben übrig, den wir zum Eintritt überqueren. Im kleinen Innenhof steht der imposant wirkende Glockenturm direkt vor uns. Links ist ein kleines Touristeninformationsbüro *(geöffnet 9-12h und 15-18h, es können hier auch Fahrräder geliehen werden)*, rechts gelangt man ins Museum mit Werken aus der Schule Giottos. In der Krypta kann, ebenfalls aus langobardischer Zeit, der Sarkopharg der heiligen Anastasia bewundert werden *(Öffnungszeiten wie Touristen-Information)*. Im Hof befindet sich auch eine Wasserstelle.

Durchs Stadttor wieder hinaus und dann gleich links verlassen wir SESTO AL REGHENA immer in Richtung CORDOVA-

DO. Im Örtchen GRUARO biegen wir am Kreisverkehr nach links ab und, Obacht, da die Straße bald durch eine nur 3m hohe Unterführung geht, müssen Sie, mit höherem Aufbau, vorher den LKW-Symbolen nach rechts Richtung PORTOGRUARO und an der nächsten Möglichkeit, vor einer Gärtnerei, wieder nach links folgen. Eine Einmündung weiter stoßen beide Wege wieder aufeinander und wir gelangen ins Zentrum von CORDOVADO. Der mittelalterliche Ort wurde vor einiger Zeit zu einem der schönsten Dörfer des Friaul ernannt. Schauen Sie sich selbst um, ob das gerechtfertigt ist, so oder so können Sie hier eine eigens vom Ort kreierte Süßigkeit probieren: der Spaccafumo besteht aus Feigen, Rosinen, verschiedenen Nüssen, Reisbällchen und Honig.

Kloster Santa Maria

Der älteste Ortsteil gruppiert sich um das Castello, daher biegen wir am Ortsbeginn gleich nach rechts ab und wenig später, beschildert über Kopfsteinpflaster, nach links. Gleich am alten Stadttor können Sie parken und sich ein wenig umsehen [N 45°50'37" E 12°52'56"].

Zurück, diesmal immer geradeaus, passieren wir die antike Kathedrale **Santa Andrea** mit weiteren Parkplätzen. Am Ende des Kopfsteinpflasters setzen wir den Weg nach links fort. Wir passieren erneut die Grenze zwischen den Regionen und biegen, zurück in Venetien, an der Gabelung in TEGLIO VENETO links Richtung S. MICHELE ein. Nach der Autobahnüberführung ist nach links schon die **Villa Mocenigo** in ALVISOPOLI angeschrieben. In dem kleinen Weiler ist die große, etwas verwahrlost wirkende Anlage nicht zu übersehen. Tatsächlich ist auch nicht die Villa, die heute zum Teil in Privatwohnungen aufgeteilt ist, das Highlight, sondern der dazugehörige, verwil-

Am weiten Strand von Valle Vecchia

derte Schlosspark, den Sie links nach dem Gebäude erreichen. Als WWF-Schutzzone errichtet, beherbergt er eine Vielzahl an seltener Flora und Fauna (z.B. eine Reihe von Vögeln, Wiesel, Marder, Fledermäuse, Frösche und Sumpfschildkröten). Eine Besichtung ist daher streng reglementiert und nur mit Führung möglich *(geöffnet Sa. 15h und So. 10 & 15h)*. Doch auch wenn Sie zu anderen Zeiten hier vorbei kommen, haben Sie keinen Umweg in Kauf genommen, unsere Tour führt von ALVISOPOLI weiter nach Süden Richtung FOSSALTA und an der kommenden Gabelung dann schon nach BIBIONE. Orientieren Sie sich an diesen Schildern bis zu einem Kreisverkehr, an dem nach rechts LUGUGNANA angeschrieben steht – wir haben vor dem bekannten Badeort noch ein Schmankerl für Sie parat... Weiter bis in den kleinen Ort, dann, an der Ampel links. Hier weist zum ersten Mal ein kleines braunes Schild den Weg zur **Valle Vecchia**, da wollen wir hin! Nur wenige Häuser und Gasthöfe entlang der Straße unterbrechen noch die weiten, flachen Felder beidseits der Straße.

Nach längerer Fahrt zeigt ein Hinweisschild vor einer Brücke nach rechts – dort gibt es das Lokal „Mazarack“, dass sofort seine Spezialität, Polenta (ein typisch norditalienischer gekochter oder gebackener Maisbrei) mit Fisch, anpreist.

Gleich neben dem Restaurant befindet sich ein größerer Parkplatz, auf dem Gäste auch sehr gerne übernachten dürfen.

Kanäle durchziehen das ehemalige Sumpfgebiet zwischen Caorle und Bibione

[65: N 45°38'22" E 12°56'48"]. Am Kanal ist am Wochenende einiges los, da Einheimische dann hierher kommen und ihre Boote für eine Ausfahrt zu Wasser lassen. Nach der Brücke haben sie die **Valle-Vecchia**-Insel erreicht. In dem Naturschutzgebiet gibt es so gut wie keine Bebauung, dafür viel Natur, Wanderwege und einen fast unberührten Strand mit direkt dahinter gelegenem Stellplatz – was will man mehr... Wenn Sie vorher noch ein paar Informationen zur Gegend mitnehmen wollen, können Sie kurz nach der Brücke links zum Museum steuern. Noch gute 2km geht es nun über eine gute Schotterpiste bis zu einem Stellplatz direkt hinter den Dünen. In der Mitte sind eigene Parzellen für Wohnmobile abgeteilt.

(066) WOMO-Badeplatz: Valle Vecchia

GPS: N 45°37'29" E 12°57'31", Valle Vecchia **max. WOMOs:** > 10 Plätze

Ausstattung/Lage: Mülleimer, abgetrennte Parkparzellen auf Rasenuntergrund, Wasser, Toiletten (nachts abgesperrt) und Duschen, kurz hinter der Küstenlinie. Ruhig, vor allem in der Nebensaison. Fr-So teils lebhaft, da viele Einheimische hier ihr Wochenende verbringen
Zufahrt: Laut Wegbeschreibung, ganz am Ende der Schotterpiste rechts.
Parkgebühr: 7EUR/24h

Valle Vecchia

Vom Stellplatz aus gelangen Sie am besten rechts vorne auf einem Pfad quer durch den kleinen Pinienhain und über eine Düne ans Meer. Egal zu welcher Zeit, spätestens wenn Sie ein paar hundert Meter nach links oder rechts gegangen sind, finden Sie hier, zwischen den Touristenhochburgen BIBIONE und CAORLE weitgehend naturbelassene, kilometerlange Strände und Ruhe fernab von Strandbädern und mit dem Lineal gezogenen Liegestuhlreihen.

Einst ein Sumpfgebiet, so wie große Teile der umliegenden Küste, wurde die Insel erst vor gut 100 Jahren trocken gelegt und dann vergessen. In den 80er Jahren ausgesetztes Dammwild vermehrte sich unkontrolliert, Monokulturen der Agrarwirtschaft bestimmten das Bild und an der Küste entstanden einige wilde Campingplätze mit dem einhergehenden Müllproblem. Mitte der 90er begann man mit den Maßnahmen, um aus diesem letzten verbliebenen Küstenstreifen ohne touristische Bauten und Siedlungen ein Naturschutzgebiet zu machen. Tausende von Bäumen wurden gepflanzt, allein 30.000 Steineichen und über 600 alte und neue Pflanzenarten wurden hier in den letzten 20 Jahren heimisch. Auf Wanderwegen (Infotafeln am Parkplatz, Broschüren im Museum) kann man das Gebiet durchstreifen und, mit etwas Glück, dabei Meerstrandläufer, Bussarde, Purpurreiher aber auch Smaragdeidechsen oder, in der Dämmerung, Dachse beobachten. Am Kanal östlich des Stellplatzes und am äußersten westlichen Ende befinden sich außerdem einige **Casoni**. In diesen traditionellen Fischerhütten aus Schilf lebten einst die Fischer während ihrer Arbeitswochen. Originale Hütten wie hier gibt es sonst kaum mehr zu sehen.

Wenn Ihnen dann aber nach einiger Zeit wieder nach etwas mehr Trubel sein sollte, Sie Ihre Vorräte aufstocken müssen oder einfach einen Tapetenwechsel brauchen, müssen Sie den Weg ganz zurück nach LUGUGNANA nehmen. Hier rechts und nun wieder den Schildern bis nach BIBIONE folgen. Im Zentrum erinnert uns vieles an LIDO DI JESOLO und seine Trabanten, nur empfinden wir BIBONE fast noch lauter und aufdringlicher. Die Flaniermeile parallel zum Strand wurde neu gestaltet und dennoch können wir uns nicht so recht mit dem Badeort anfreunden – tausende andere aber Jahr für Jahr sehr wohl: BIBIONE zählt ungebrochen zu den beliebtesten Zielen der Deutschen und Österreicher. Für eine Erkundung der Innenstadt oder ein paar Stunden am Strand finden Sie fast immer einen Stellplatz vorne an der Uferstraße [N 45°37'59" E 13°03'35"], der große Parkplatz zuvor ist leider für Womos ver-

Fußgängerzone in Bibione

boten. Ein geduldeter Nachtstellplatz befindet sich etwas weiter hinten am Wasserpark Adriatico

(067) WOMO-Stellplatz: Bibione

GPS: N 45°38'18" E 13°03'13", Via Orsa Maggiore **max. WOMOs:** > 10 Plätze
Ausstattung/Lage: Mülleimer, beleuchtet, teils etwas laut, dafür zentral gelegen vor dem Wasserpark.
Zufahrt: Am großen Kreisverkehr am Ortseingang geradeaus, zwei Kreisverkehre weiter rechts, nach 600m auf der rechten Seite.
Parkgebühr: 7EUR/24h

Wenn Sie es etwas ruhiger mögen, fahren Sie ein Stück nach Westen ins Gebiet von BIBIONE PINEDA. Apartments und Campingplätze prägen hier das Bild, freie Stellplätze finden sich jedoch leider kaum, ziemlich alle sind mit Verbotsschildern oder Höhenbeschränkungen versehen. Die einzige Möglichkeit sind zur Not meeresferne Parkflächen zwischen Apartments in der dritten Reihe, wo man (noch) keine Verbote erlassen hat **[68a: N 45°38'21" E 13°02'07"]** und **[68b: N 45°38'14" E 13°01'43"]** oder Sie quartieren sich mit schönerem Ambiente und Strandzugang auf einem Campingplatz ein.

(069) WOMO-Campingplatz-Tipp: Capalonga

GPS: N 45°37'50" E 12°59'40", Via della Laguna 16
Ortszentrum: Altstadt ca. 2,5km entfernt mit Busverbindung, direkt am Ostrand des feinsandigen Strandes. Wander- und Freizeitmöglichkeiten ins Hinterland
Zeiten: Ende April bis Ende September **Ausstattung**: Privater Strand, Pool, Kai, Supermarkt, Basar, Bars und Restaurants, Ver-/Entsorgung, Sport- und Fitnesseinrichtungen. Im Hochsommer mit Mindestaufenthalt
Zufahrt: Am ersten großen Kreisverkehr rechts Richtung PINEDA und die Straße bis zum Ende fahren, dann rechts unübersehbar angeschrieben.

Auch bei schlechtem Wetter bietet der Ort noch Badevergnügen: in der Via delle Colonie 3 wurde vor einigen Jahren ein recht schöner Thermenkomplex erbaut [N 45°38'06" E 13°02'27", Parkplätze gegenüber]. Zum Übergang zu Tour 6 verlassen Sie BIBIONE in nördlicher Richtung und dann weiter, immer den Schildern nach, ins nahe LIGNANO, nur durch die Tagliamentomündung voneinander getrennt.

WOMO-Wandertipp: Zum Leuchtturm

Ferner können Sie von BIBIONE zu einer kleinen Wanderung zum Leuchtturm starten. Ausgangspunkt ist die Via Lattea am östlichen Ortsende, auch hier können Sie parken [N 45°38'10" E 13°04'19"]. Hin und zurück ca. 4km. Unterwegs finden Sie auch Badeplätze.

Tour 6: (200 km / 3-5 Tage)

Lignano - Latisana – Marano Lagunare – Ariis
Codroipo- Passariano - Palmanova – Strassoldo
Aquileia – Grado
Res. Nat. Isola della Cona – Marina Julia

Stellplätze (gratis):	Lignano, Latisana, Palazzolo, Ariis, Codroipo, Palmanova, Ris Nat. Isola della Cona, Lido di Staranzano, Marina Julia
Stellplätze (Gebühr):	Villa Manin, Aquileia, Grado,
Campingplätze:	Lignano, Aquileia, Grado, Marina Julia
Besichtigen:	Zoo Punta Verde, Parco del Pappagalli, Res. Nat Valle Canal Novo, Ariis, Villa Manin, Palmanova, Strassoldo, Aquileia, Res. Nat. Valle Cavanata, Res Nat. Isola della Cona
Wandern:	Parco dello Rhisorgive, Res. Nat Valle Cavanata, Res. Nat. Isola della Cona
Baden:	Lignano, Grado, Lido di Staranzano, Marina Julia

Nur durch die Mündung des Tagliamento-Flusses getrennt, der gleichzeitig die Grenze zwischen Venetien und dem Friaul hier an der Küste zieht, befindet sich die östliche, friulische Schwester von BIBIONE auf einer kleinen Landzunge ausgestreckt: LIGNANO. Während die venetischen Badeorte oft mit billigem Pauschaltourismus in Verbindung gebracht werden, gelten LIGNANO und das weiter östlich gelegen GRADO als die kultivierteren, gehobeneren Badeorte. Zumindest teilweise ist dieser Ruf auch tatsächlich begründet. LIGNANO ist überdies der Badeort mit der höchsten österreichischen Urlauberdichte an der ganzen Adria, was man schnell an den vielen weiß-roten Nummernschildern erkennt. Nachdem wir BIBIONE verlassen haben, folgen wir wenig später den Wegweisern nach LIGNANO. Der Ort teilt sich in drei Teile: Ganz im Westen RIVIERA, da alle strandnahen Stellplätze hier jedoch mit

Immer geradeaus: Strandpromenade von Lignano

Verbotsschildern gepflastert sind, können wir uns den getrost sparen. In der Mitte liegt das mit einer zentralen Spiralstraße, die sich wie ein Schneckenhaus zur Mitte hin verjüngt, angelegte PINEDA. Ganz im Zentrum davon steht, an einem kleinen Platz, eine moderne Kirche. Der größte Teil und gleichzeitig touristischer Drehpunkt ist der östlich auf der Landzunge ringsum bis ans Wasser reichende Teil SABBIADORO. Wir fahren also am ersten großen Kreisverkehr in LIGNANO links ab. Kurz darauf erreichen wir links das große Parkareal vor dem Sportplatz. Gleich daneben liegen der Wasserpark „**Aqualandia**" und dahinter der Freizeitpark **„Gulliverlandia"** *(geöffnet Mai-Mitte Sep, Erw 18EUR, Kinder von 3-8 14EUR)*. Am Parkplatz stehen fast das ganze Jahr über Womos aus ganz Europa, wenn Sie wollen, gesellen Sie sich dazu.

(070) WOMO-Stellplatz: Lignano Pineda 1

GPS: N 45°40'25" E 13°06'01", Via Europa **max. WOMOs**: > 10 Plätze

Ausstattung/Lage: Mülleimer, teilweise beleuchtet, neben Wasser- und Vergnügungspark

Zufahrt: Am großen Kreisverkehr am Ortseingang links, nach ungefähr 1,5km auf der linken Seite.

Parkgebühr: kostenlos

Für einen U-Turn auf die andere Straßenseite müssen wir noch ein Stück weiter. Hier sind die Parkplätze des Lunaparks, gleich zu Beginn gibt es, neben einer Autowerkstatt, eine Entsorgungsstation. Auch diese Parkplätze sind als Stellplatz nutzbar, nur ist es hier abends lauter und tags weniger schattig...

(071) WOMO-Stellplatz: Lignano Pineda 2

GPS: N 45°40'42" E 13°06'35", Via Europa

max. WOMOs: > 10 Plätze

Ausstattung/Lage: Ver-/Entsorgung, Mülleimer, 2x Strom, vor dem Lunapark.

Zufahrt: Wie Stellplatz 1, nur 700m weiter.

Parkgebühr: kostenlos

Wenn Sie per pedes ans Meer wollen, liegen beide Plätze eher suboptimal, es sind 800-1000m bis zum Strand. Auch bis zur Hauptstraße mit Läden, Fußgängerzone, Juniorpark und dem grünen **Parco San Giovanni Bosco** samt nostalgischem Karussell ist es ein Stück. Für einen Tagesbesuch im Zentrum fahren Sie daher am besten die Landzunge entlang bis ganz nach Osten, passieren dabei linkerhand die großen Sporthafen-Anlagen, bis Sie auf die querlaufende, kopfsteingepflasterte

Anfang Juni: Vorsaison in Lignano

„Viale Italia“ treffen. Rechts kommen Sie nun zur Strandpromenade, die ab dem hier gelegenen Strandbad Nr.3 Richtung Westen befahren werden kann. Direkt an der Promenade dürfen keine Womos parken, in den kleinen Seitenstraßen aber sehr wohl. Für ein paar Stunden also eine ganz gute Möglichkeit, wenn Sie weitere Wege scheuen.

Der Strand ist auch in LIGNANO feinsandig und makellos. Ein paar liegestuhlfreie Abschnitte gibt es, der größte Teil ist aber auch hier mit Stühlen und Schirmen „dekoriert“. Das eigentliche Zentrum befindet sich ab der Viale Italia ein bis zwei Straßen nach hinten versetzt, beginnend an der Via Udine, über Via Tolmezzo, Via Venezia bis zur Viale Centrale. Etwa in der Mitte liegt vorgenannter Park. Die nächste Möglichkeit hier auch über Nacht unterzukommen, bietet der zentrale Campingplatz „Sabbiadoro“.

(072) WOMO-Campingplatz-Tipp: Sabbiadoro

GPS: N 45°40'55" E 13°07'34", Via Sabbiadoro.
Ortszentrum: Direkt im Ort gelegen. Zentrum schließt nach nur wenigen hundert Meter östlich an.
Zeiten: April bis Anfang Oktober **Ausstattung**: Privater Strand, Restaurants, Supermarkt, Sporteinrichtungen, Toiletten, Duschen, Pools, im Hochsommer mit Mindestaufenthalt **Zufahrt**: Von der großen Einfallstraße „Via Europa“ ca. einen Kilometer nach dem Lunapark rechts abbiegen. Ab hier ist der Campingplatz beschildert.

Am östlichen Ende der Strandpromenade führt die Straße am Hotel Atlantic wieder ins Landesinnere. Am ersten Kreisverkehr, kurz vor dem Campingplatz, fahren wir links auf die Viale Centrale. Immer geradeaus kommen wir quer durch PINEDA und erreichen nach Durchfahrt des Zentrums einen weiteren Stellplatz.

(073) WOMO-Stellplatz: Lignano Pineda 3

GPS: N 45°39'51" E 13°05'59", Corso dei Continenti
max. WOMOs: > 10 Plätze

Ausstattung/Lage: Mülltonnen, Querparker auf Schotter direkt an der Straße vor einem Waldgebiet, gegenüber Wohnbebauung. Im Sommer regelmäßig von Campern genutzt. Zum Strand ca. 600m
Zufahrt: Wie im Text beschrieben oder am 1. Kreisverkehr in LIGNANO rechts, dann 2x die erste Straße links. Nach ungefähr 600m auf der linken Seite.
Parkgebühr: kostenlos

Bevor wir LIGNANO wieder über die Hauptstraße in Richtung BIBIONE verlassen, bietet sich wenig später nach links beschildert, ein Abstecher in den wirklich schönen **Zoo Punta Verde** an. Hinter einem kleinen Yachthafen am Tagliamento erstreckt sich das hübsch angelegte Gelände und zeigt von A wie Affe bis Z wie Zwergpinguin alle möglichen exotischen Tiere *(geöffnet Ende Mär-Okt 9-18h, Erw 13EUR, Kinder von 3-11 10EUR)*. Davor befindet sich ein sehr großer Parkplatz, der auch als Übernachtungsplatz dienen kann **[74: N 45°39'35" E 13°04'02"]**.

Zoo Punta Verde: Neugierde auf beiden Seiten des Zauns?

Um die Lignanolandzunge zu verlassen, gibt es eigentlich nur einen sinnvollen Weg und somit nehmen wir von hier die große Ausfallstraße mit Fahrtziel LATISANA. Wir machen aber einen kleinen Umweg und achten 9km nach LIGNANO an einer Ampel auf ein kleines blaues Schild links nach GORGO. Am Ende der Dorfstraße geht es rechts am Tagliamento entlang. Nach einer langgestreckten Rechtskurve und unmittelbar vor dem Ortsendeschild von GORGO gibt es rechts und links der Straße

ein paar geschotterte Parkflächen [N 45°45'31" E 13°00'34"]. Betreten Sie das eingezäunte Gelände und gehen Sie ein paar Meter bergauf. Hier liegt der **Parco del Pappagalli**, Italiens erster Papageienpark. Ursprünglich als Auffangstation für durch den Zoll beschlagnahmte tropische Großvögel gedacht, hat sich das Gelände zu einer kleinen Oase entwickelt. Mehrmals täglich dürfen sich Aras, Loris und Kakadus zum Freiflug durch die Lüfte schwingen, rauschen dann abenteuerlich um die Köpfe der meist nur wenigen Besucher, bevor sie, laut zeternd, in einem Baum Platz nehmen. Kleinere Vertreter und andere Arten können in Volieren rund um das Gelände angesehen werden und in einer Aufzuchtsstation kann man zusehen, wie Babyvögel von Hand aufgepäppelt werden *(geöffnet Mai-Okt tägl. 9.30-19h, restl. Jahr Mo geschlossen und kürzere Zeiten, Erw 8EUR, Kinder von 3-10 5EUR, Senioren 6EUR)*.

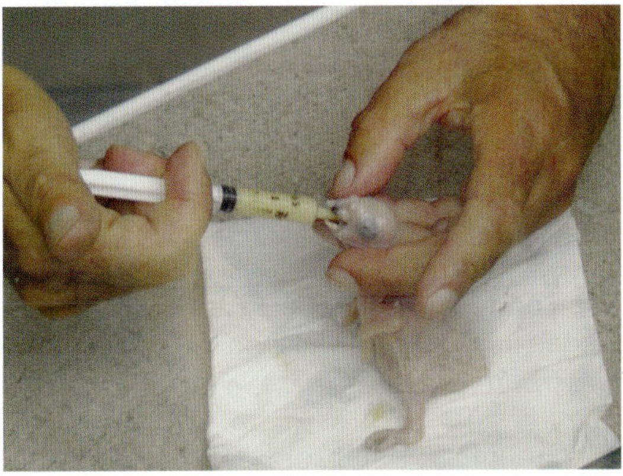

Weiter dem Tagliamento folgend, erreichen wir LATISANA: Der größere Ort bietet ein ganz ordentliches Zentrum, das war´s dann aber auch. Wenn Sie der Hauptstraße immer geradeaus folgen, kommen Sie zu einem Stellplatz.

(075) WOMO-Stellplatz: Latisana

GPS: N 45°46'54" E 12°59'35", Via Tempio. LATISANA
max. WOMOs: 5 Plätze
Ausstattung/Lage: Mülltonnen, Ver-/Entsorgung, direkt neben einem Supermarkt. Wäscherei (an der Hauptstraße angeschrieben) 800m entfernt. Hinter einem Wohnhaus, nicht gerade idyllisch gelegen. Ins Zentrum ca. 700m.
Zufahrt: Auf der Hauptstraße in LATISANA in nördlicher Richtung fahren, Nach einem Coop Markt links angeschrieben. Vor dem Sportplatz abbiegen.
Parkgebühr: kostenlos

Eins von vielen: Weingut nach Latisana

Wenig später wechseln wir nach rechts auf die Via G. Marconi in Richtung TRIESTE. An der Straße liegen einige Agriturismo-Betriebe (eine italienische Variante des Urlaubs auf dem Bauernhof, gemischt mit familiärem Pensionsambiente, die eine Art sanften Tourismus propagieren und sich in den letzten Jahren immer größerer Beliebtheit erfreuen), Ausflugslokale und Weingüter. Wir überqueren den Fluss Stella bei PALAZZOLO DELLO STELLA und biegen nach einem Weilchen rechts Richtung MARANO LAGUNARE ab.

(076) WOMO-Stellplatz: Palazzolo dello Stella

GPS: N 45°48'14" E 13°04'33", Via Roma, PALAZOLLO
max. WOMOs: > 5 Plätze
Ausstattung/Lage. Mülltonnen, am östlichen Ende des kleinen Ortes auf Schotter, in die Ortsmitte mit Lokalen und ein paar Geschäften 200m, ruhig, hübsch gelegen
Zufahrt: Von der Durchgangsstraße im Ort direkt vor dem großen Parkplatz (Wasserstelle) links abbiegen und die 2. Straße wieder links
Parkgebühr: kostenlos

Auch das dort gelegene Naturschutzgebiet ist bereits angeschrieben. Im Ort angekommen, suchen Sie sich entweder einen Parkplatz vorne am Wasser und durchstreifen die Gassen des hübschen Fischerdorfes oder folgen Sie weiter den braunen Schildern bis zum **Valle Canal Novo-Reservat** (Parkplätze in den Straßen direkt davor).

Das Schutzgebiet wurde errichtet, um Vögeln, Fischen und anderen Meeresbewohnern ein Habitat zu bewahren, in dem sie sich weitgehend ungehindert und natürlich entfalten kön-

Naturschutzgebiet Valle Canal Novo

nen, ohne durch Bauvorhaben oder wirtschaftliche Interessen vertrieben zu werden. Die alten Kanäle, die auch hier zur Trockenlegung der Sümpfe einst gezogen wurden, bilden ideale Grundvoraussetzungen. Vor allem Vogelliebhaber kommen auf ihre Kosten. Sing- und Höckerschwäne, Reiher und verschiedene Entenarten haben hier ihren Lebensraum. Im hübsch angelegten Gelände können zwei Observatorien über Holzstege erreicht werden, es gibt ein kleines Aquarium mit einheimischen Fischarten, außerdem ein Restaurant und einen Erlebnisbereich, in dem die Lebensweise vor vielen hundert Jahren hier an der Küste gezeigt wird. Ein Picknickareal ist auch vorhanden *(geöffnet Di-Fr 9-17h, Sa/So 9-20h, Aquarium nur So 14-17h, Erw 3,50, Senioren 2,50, Kinder bis 6 kostenlos)*.

Auf gleichem Weg zurück zur Hauptstraße und hier nochmals ca. 1,6km zurück, biegen wir dann rechts ab nach TORSA. Bis in

Marano Lagunare

Häufiges Bild: verlassene Häuser am Land

den Ort kommen wir aber gar nicht. Schon bald nachdem wir die Autobahn queren, fahren wir bei einer Tankstelle nach links Richtung ARIIS weiter und im Ort erneut links nach RIVIGNANO. Das alte Dorf kann einige einst schmucke Bauwerke vorweisen, die heute allerdings dem Verfall preisgegeben zu sein scheinen. Wir passieren die stattliche **Villa Savorgnan-Ottelio**. Hier stand einst das Schloss von ARIIS, auf dessen Grundmauern die Villa erbaut wurde. Leider kann sie nur von außen besichtigt werden. Der umliegende, wildromantische Park am Fluss ist aber geöffnet. Durch einen kleinen Torbogen direkt an der Straße zugänglich, ist er Teil einer berühmten Geschichte.

Am Stella

Romeo und Julia, Teil1

Luigi da Porto und Lucina Savorgnan lebten Anfang des 16. Jahrhunderts und entstammten verschiedenen Zweigen der wohlhabenden Savorgnan-Familie. Eine Liebe zwischen ihnen war daher unmöglich.
Sie sind die wahren Hauptpersonen des berühmten Shakespeare Dramas, dass von der bereits 1517 geschriebenen Novelle „Giulietta" inspiriert wurde. Autor war kein geringerer als Luigi da Porto selbst. Er schrieb die Geschichte in Erinnerung an seine tragische Verehrung von Lucina und widmete sie ihr.
Die Stoff wurde später mehrmals adaptiert. Doch erst 80 Jahre später, von Shakespeare aus dramaturgischen Gründen an einen anderen Ort versetzt, wurde daraus die größte Liebesgeschichte aller Zeiten – zwischen zwei jungen Leuten in Verona, aus den Geschlechtern Capulet und Montague. Schon in den 1960er Jahren konnte nachgewiesen werden, dass einige Teile der Handlung im Friaul spielten. Bis heute ist dies jedoch nur wenigen bekannt – Sie gehören nun dazu!
Ein Schuh wird daraus, wenn Sie an dem Namen der Villa hier in Ariis denken. Es ist der Sommersitz der Familie Savorgnan, in dem sich Luigi und Lucina immer wieder begegneten. Eine Gedenktafel erinnert daran.

Gleich danach überqueren wir den Stella erneut und können rechts der Straße an einem kleinen Gelände neben dem Fluss oder weiter hinten, auf einem größeren Parkplatz stehen. Auch hier kann man, entlang des Flusses, den nahen Wald **Bosco Planiziale di Ariis** ein wenig erkunden oder, gegenüber, das kleine **Aquarium** der friulanischen Fischereibehörde besuchen *(Geöffnet Apr-Okt Di-Fr 9-12 und 14-17h, Sa/So/Feiertags 10-13 und 15-19h, Nov-Mär kürzer, kostenlos)*.

(077) WOMO-Picknickparkplatz: Ariis

GPS: N 45°52'18" E 13°04'58", Via Chiesa
max. WOMOs: 2 Plätze, weiter hinten > 10 Plätze
Ausstattung/Lage: kleiner Naturplatz gegenüber dem Museum ohne Einrichtungen, dahinter großer Parkplatz mit überdachtem Picknickbereich, Toiletten, Wasser, nicht immer zugänglich
Zufahrt: Von der Durchgangsstraße in ARIIS Richtung RIVIGNANO unmittelbar nach der Brücke rechts abfahren
Parkgebühr: kostenlos

Über RIVIGNANO erreichen wir nach kurzer Fahrt die größere Kreisstadt CODROIPO. Der Ort ist nicht von unmittelbarem Interesse, folgen Sie aber den Schildern zur **Villa Manin** nach rechts. Ein Stück weiter können Sie nochmals rechts abbiegen zum **Parco delle Risorgive**, dem Quellenpark. In diesem kleinen Naturschutzgebiet kann man zwischen den Quellen und den teils unterirdischen Flussläufen wandern und picknicken. Zwei große Mühlen aus dem 15. Jahrhundert, die bis heute intakt sind, können außerdem bestaunt werden. Am Ende der Zufahrtsstraße liegt hinter einem Sportplatz am Waldrand ein kleiner Picknickparkplatz **[78: N 45°57'13" E 12°58'58"]**. Nur eine Abzweigung später ist die **Villa Manin** nach rechts im Ortsteil PASSARIANO ausgewiesen. 1,5km weiter weisen auffällige Schilder auf die zugehörigen Parkmöglichkeiten hin. Auch spezielle Womo-Stellplätze wurden hier eingerichtet.

Schöner Picknick-Spot: Im Quellenpark

Beeindruckende Anlage: Villa Manin

(079) WOMO-Stellplatz: Villa Manin

GPS: N 45°56'49" E 13°00'31", SP65

max. WOMOs: 8 Plätze
Ausstattung/Lage: Ver-/Entsorgung, Strom, Wasser, 150m bis zur Villa Manin
Zufahrt: Wie im Tourtext beschrieben, rechts der Hauptstraße.
Parkgebühr: Stellplatz kostenlos, Strom und Wasser mit Wertmünzen (1 Münze/8h), in allen Geschäften PASSARIANOS und im Touristshop am Parkplatz erhältlich.

Um das rückseitig erbaute Häuschen mit Informationsstelle herum gelangen wir zur imposanten Villa mit ihrem beeindruckenden „Vorgarten“. Im Sommer finden in dieser Traumkulisse regelmäßig Konzerte namhafter internationaler Künstler aus dem Pop, Rock aber auch Klassikbereich statt. Im linken Flügel ist ein Café untergebracht, rechts kommen Sie erst zur Kapelle, dann zur Waffen- und Kutschensammlung *(beide während der Öffnungszeiten kostenlos zugänglich)* und betreten dann durch den rechten Seiteneingang das Hauptgebäude. Die wechselnden Kunstausstellungen sind nur bei Interesse am jeweiligen Thema interessant, da das Gebäude bis auf zwei Räume, die Napoleon einst bewohnte, keine originalen Einrichtungsgegenstände mehr enthält. Den schönen, 18 Hektar großen Park auf der Rückseite kann man getrennt vom Inneren erkunden *(geöffnet Di-Do 10-18h, Fr-So 10-20h, Erw 8EUR, Senioren 6EUR, Kinder 5EUR, bis 5 Jahre kostenlos; Audioguides 5EUR, 2St. 7EUR; nur Park 1EUR)*.

Villa Manin

Ludovico I. aus dem venezianischen Adelsgeschlecht der Manin, ließ dieses Herrenhaus im 17. Jahrhundert hier erbauen. Später wurde es noch erweitert, bis es die heutigen, schlossgleichen Ausmaße besaß. Viele historische Ereignisse fanden hier statt. Der letzte Doge von Venedig residierte hier, gefolgt von Napoleon, der 1797 während seines Italien-Feldzugs hier wohnte und das Gebäude als Hauptquartier nutze. Sein Zimmer ist bis heute erhalten und der einzige möblierte Raum der Villa. Auch der „Friede von Campoformido", der große Teile des einst venezianischen Reichs am 17.10.1797 der österreichischen Monarchie der Habsburger zuordnete, wurde hier verhandelt, Die Familie Manin büßte in Folge an Macht und Einfluss ein, im 19. Jahrhundert verfiel die Anlage immer mehr, bis sie schließlich in den 1960er Jahren erst an eine öffentliche Einrichtung, später an die Region Friaul-Julisch Venetien überging.

Bevor wir uns zurück an die Küste aufmachen, wollen wir diesem italienischen Kulturheiligtum noch ein zweites folgen lassen. Dazu durchfahren wir die Portale links und rechts der Villenanlage, am nächsten Abzweig rechts Richtung RIVOLTO und dann, noch 23km, bis nach PALMANOVA. Die Stadt ist bis heute komplett innerhalb einer sternförmigen Befestigungsanlage gelegen. Wir nehmen das nächste, südliche Tor, dass mit einer Durchfahrtshöhe von 3,60m auch Alkovenmobilen die nötige Kopffreiheit bietet. Im Inneren der Stadt die erste rechts und immer den blauen Schildern GORIZIA nach. Direkt vor dem nordöstlichen Stadttor (Achtung „nur" 3,10m Durchfahrtshöhe), befindet sich rechts am Wall eine große Parkfläche, auf der sie weiter hinten auch ungestört die Nacht verbringen können

(080) WOMO-Stellplatz: Palmanova

GPS: N 45°54'22" E 13°18'54", Via Vallaresso
max. WOMOs: > 5 Plätze
Ausstattung/Lage: Mülltonnen, sonst keine Einrichtungen. Innerhalb der Stadtbefestigungen, direkt am Wall.
Zufahrt: Wie im Tourtext beschrieben
Parkgebühr: kostenlos

Palmanova

Ende des 16. Jahrhunderts entstand mit PALMANOVA eine wirklich außergewöhnliche Stadt. Als erste befestigte Planstadt in dieser Größenordnung überhaupt, war sie als wehrhafter Vorposten

Stimmungsvoll: die Piazza Grande

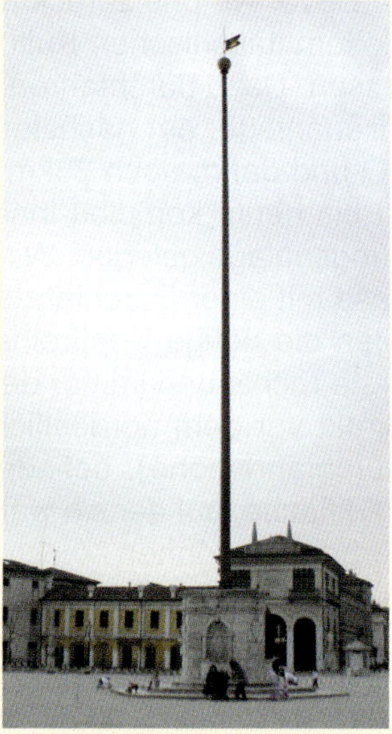

VENEDIGS gegen Angriffe der Österreicher ersonnen und umgesetzt worden. Die Stadt besitzt eine strikte Gliederung mit einem Hauptplatz in der Mitte und sich strahlenförmig entfernenden Straßen, die zu den 3 Toren und 6 Bastionen führen. Das schwerste Unterfangen war es jedoch, auch Anwohner hierher zu locken. Selbst Strafgefangene, denen man Amnestie und Land anbot, weigerten sich – alle rochen den Braten und die Gefahr, schlimmstenfalls als Kanonenfutter zu enden. Zu einem so gravierenden Angriff kam es zwar nie, doch blieb die Bevölkerung, einst mit 20.000 geplant, bis heute bei etwa 5000 und damit weit hinter den Erwartungen zurück. Auch wenn sich der optische Reiz so richtig nur von oben erschließt, sollten Sie in Richtung des großzügigen Hauptplatzes bummeln. Vor dem nordwestlichen Tor **Porta Udine** ist noch ein Stück des alten Aquäduktes erhalten. Gleich neben dem Stellplatz gelangen Sie auch auf den Befestigungswall und können ein wenig die Aussicht genießen oder die Ringanlagen begutachten.

Shoppingtraum nicht nur für Damen: Palmanova Outlet Village

Beim Verlassen von PALMANOVA achten Sie unbedingt auf ihre Fahrzeughöhe, am besten Sie nehmen dasselbe Tor wie bei der Einfahrt, dann sind Sie sofort „auf Kurs“ mit uns. In Richtung GRADO kommen wir direkt zurück ans Meer. Ist Ihnen zur Abwechslung nach shoppen? Nach nur 1000m können Sie

links ins Industriegebiet abfahren und, unübersehbar beschildert, das Palmanova Outlet Village erreichen. Die große Anlage bietet ca. 90 Shops vieler bekannter Markenartikler, vor allem aus dem Modebereich, die hier Discountpreise versprechen.

Keine 3km weiter bietet sich erneut ein Abstecher nach links an: hier liegt das kleine Dorf STRASSOLDO mit den beiden nebeneinander stehenden Burgen **Castello die Sopra** und **Castello di Sotto** (oberes und unteres Schloss). Die Anlage ist seit über 1000 Jahren im Besitz der gleichen Familie und mittlerweile werden einige Zimmer an Gäste vermietet. Nichts für uns, wir haben unser Zimmer ja dabei... Aber Sie können den Innenhof der Anlage inspizieren und, wenn Sie Glück haben, auch einen Blick in den Park mit der alten Reismühle werfen.

Unser nächstes Hauptziel wartet 10km weiter südlich auf uns: die Stadt AQUILEIA. Im Ort gibt es einen offiziellen Stellplatz. Wenn Sie woanders stehen wollen: Achten Sie genau auf Schilder mit möglichen Wohnmobilverboten, auch wenn diese nicht unmittelbar am Parkplatz stehen: die Stadt hat es sich leider zur Aufgabe gemacht, bei den vermeintlich schmarotzenden Campern, die sonst eh kein Geld da lassen, kräftig abzukassieren und hat die Polizia Comunale angewiesen, hier besonders genau hinzusehen. Geben Sie am besten keine Gelegenheit dafür oder fahren Sie gleich auf den Campingplatz „Camping Aquileia“ zu Beginn des Ortes links angeschrieben **[81: N 45°46’35” E 13°22’15”]**. AQUILEIA einfach links liegen zu lassen, kann trotzdem keine Lösung sein, dafür gibt es einfach zu viel zu sehen.

(082) WOMO-Stellplatz: Aquileia

GPS: N 45°45'56" E 13°22'09", Via Grandi **max. WOMOs**: > 10 Plätze

Ausstattung/Lage: Ver-/Entsorgung, Wasser, Toiletten, beleuchtet, 400m bis zur Basilika
Zufahrt: Auf der Hauptstraße von Palmanova kommend halb durch den Ort fahren, die Wohnmobilstellplätze sind dann nach rechts angeschrieben
Parkgebühr: Stellplatz 10€ pauschal für max. 24h

Aquileia

Heute ist der eigentliche Ort kaum der Rede wert. Gerade einmal 3500 Menschen leben hier. Das war vor 2000 Jahren ganz anders. 181 Jahre vor Christus bereits entstand eine erste Siedlung, 300 Veteranen ließen sich nieder. Durch die strategisch günstige Lage entwickelte sich der Ort rasant.

300 Jahre später lebten hier über 200.000 Menschen und machten Aquileia zu einer Metropole der damaligen Zeit. Die Stadt erhielt einen Gouverneurssitz, das Oberkommando der Kriegsflotte und bald darauf eine erste christliche Kirche. Um das Jahr 300 waren bereits römische Straßenbefestigungen und Häuser gebaut worden, die, massiv wie sie waren, bis heute in Überresten vorhanden sind. Diese kann man auf den großen Ausgrabungsfeldern hinter und vor der **Basilica di Santa Maria Assunta** in Augenschein nehmen. Die heutige, beeindruckend große Kirche wurde um das Jahr 1030 unter dem Patriarchen Poppo erbaut und bot, den Ausmaßen der Stadt angemessen, mehr als 10.000 Menschen Platz. Sie ist 65m lang, 30m hoch, wurde über der ersten Kirche erbaut und bezog einige alte Teile ein. Wenn Sie den Bau betreten, werden Sie heute über Laufstege geführt, denn vor ungefähr 100 Jahren fand man

Krypta der Fresken

unter dem Boden das alte, ursprüngliche Mosaik aus den Anfängen des Christentums und legte es frei. Viele ursprüngliche, verschlüsselte christliche Symbole wie Schildkröte und Hahn finden sich hier. Rechts des Altars kann man noch einen Blick in die **Krypta der Fresken** werfen. Dieser kleine Schrein ist über und über mit Deckengemälden und Fresken geschmückt. Skurrile Reliquien lagern in den Schaukästen. Am Eingang der Basilika lohnt linkerhand auch ein Blick in der **Krypta degli Scavi** *(geöffnet Mai-Okt 9-18h, Hochsommer bis 19h, restliches Jahr 9-16.30h, geschlossen Sa von 17.30-18.45h und So von 10-11.30h. Basilica kostenlos, Eintritt für die Krypten je 3EUR, Kinder bis 10 kostenlos)*. Hier wurden alte Fundamente, Häuser und Mosaike freigelegt. Außerhalb der Kirche ist noch das **Baptisterium** zu besuchen mit weiteren Relikten und Überbleibseln des Altertums. Außerhalb besteht noch die Möglichkeit, auf den **Glockenturm** zu steigen, um den Blick ringsum zu genießen *(geöffnet Mär-Sep 9.30-13.30h und 15.30-18.30h, Okt nur Sa./So., 2 EUR)* An die Kirche anschließend wurden römische Wohnhäuser frei gelegt. Weiter nordöstlich finden Sie, neben der Hauptstraße, noch die Ausgrabungen des **Forum Romanum**, des Hauptplatzes des antiken AQUILEIA sowie den alten Hafen. Auf der gegenüberliegenden Seite der Via Giulia Augusta stehen **Überreste** weiterer Häuser, eines Mausoleums und, etwas zurückversetzt, das **Sepolcreto** (*alle archäologi-*

Hahn, Schildkröte und Ziegenbock: christliche Symbole der Frühgeschichte

Krypta degli Scavi

schen Flächen kostenlos, geöffnet 8.30h bis Sonnenuntergang). Das kleine **archäologische Museum** in der Via Roma mit einer reichen Sammlung an römischen Objekten und Kunstgegenständen ist ebenfalls interessant *(geöffnet Di-Fr, Erw 4EUR)*. Für einen Rundgang mit genaueren und weitergehenden Informationen lohnt auf alle Fälle auch eine Tour mit einem Audioguide. Die Geräte erhalten Sie in der Touristeninformation des Ortes *(4EUR, in der Hauptstraße)*.
AQUILEIA, dessen Hafen inzwischen versandet war, verlor seine Bedeutung durch das Erblühen anderer Städte wie GRADO und CIVIDALE. Mit dem Aufstieg VENEDIGS war sein Schicksal besiegelt. Endgültig versank es in der Bedeutungslosigkeit, als 1751 das Patriarchat aufgehoben und die Erzdiözesen von UDINE und GÖRZ gegründet wurden.

Nur mehr ein Katzensprung ist es bis ans Wasser. Bald erreichen wir das Meer und fahren über einen Damm (direkt vorher zwei Campingplätze neben der Straße) nach GRADO. Der beliebte Ferienort liegt auf einer vorgelagerten Insel. Von allen nordadriatischen Küstenorten ist er der schickste. Durch seinen großen Yachthafen trifft sich hier schon mal der lokale und internationale Jet Set zu einer Stippvisite... es kann ja nicht immer nur MARBELLA, ST. TROPEZ oder PORTOFINO sein...

Wohnmobilfreundlich ist die Stadt leider nicht sonderlich: vom 16.03.-14.10. herrscht im gesamten Stadtgebiet Parkverbot für Womos. Immerhin wurde am östlichen Ortsende ein großer Stellplatz angelegt. Der lange Sandstrand bietet bestuhlte und freie, unbestuhlte Abschnitte, vor allem, wie praktisch, im Osten. Das Zentrum verfügt über eine Fußgängerzone, die sich vom Stadthafen bis fast ans Meer schlängelt und ganz adrett daher kommt. Ob es einem nun gefällt oder nicht: GRADO versprüht einen ganz eigenen Flair.

(083) WOMO-Stellplatz: Grado

GPS: N 45°40'54" E 13°24'44", Viale Italia
max. WOMOs: > 50 Plätze
Ausstattung/Lage: Ver-/Entsorgung, teilweise Plätze mit Strom, 100-300m zum Meer, ins Zentrum ca. 1,5km,
Mitte Juni bis Ende August verkehrt ein Bummelzug an der Strandpromenade und verbindet den Stellplatz in 45min mit dem Stadtkern. Die einfache Fahrt kostet 1EUR. Abfahrten 10-13h und 16-18.15h, letzte Rückfahrt 18.40h
Zufahrt: Auf der Hauptsraße den Ort fast komplett durchfahren. Rechts, mit Wohnmobilsymbol markiert, an einer Ampel Richtung Parkplatz Citta Giardino abbiegen. Am Ende links bis zu den Parkflächen beiderseits der Straße
Parkgebühr: Stellplatz incl. Strom 12€ pauschal für 24h, ohne Strom evtl. günstiger (war bei unserem letzten Besuch noch in Bau)

(084) WOMO-Campingplatz-Tipp: Punta Spin

GPS: N 45°41'42" E 13°27'07", Strada Provenciale 19
Ortszentrum: Bis ins Zentrum sind es etwa 6km. Pendelbusse fahren im Sommer.
Zeiten: April bis September **Ausstattung**: Privater Strand, Pools, Supermarkt, Restaurants und Bars, Animation, Sporteinrichtungen, im Hochsommer mit Mindestaufenthalt **Zufahrt**: Auf der Hauptstraße durch GRADO hindurch, danach auf der rechten Seite

Grado: Fußgängerzone, Strand und Kitesurfer

Gleich nachdem wir die Grado-Insel verlassen haben, zweigt nach rechts eine kleine Straße ab. Ein braunes Schild weist den Weg zum **Riserva Naturale Valle Cavanata**. Sofort wieder rechts geht es ins Gelände hinein und sie stehen vor dem Besucherzentrum des Naturschutzgebietes.

WOMO-Wandertipp: Riserva Naturale Valle Cavanata
Auf verschiedenen Wegen können Sie hier Wanderungen und Fahrradtouren entlang des Canale Averto unternehmen und dabei immer wieder Tierbeobachtungen machen. Genaue Informationen erhalten Sie im Besucherzentrum (geöffnet Mär-Sep Mo/Mi/Fr 9-12.30h, Sa/So/Feiertags 10-18h, Okt –Feb Di/Do 9-12h, So/Feiertags 10-16h).

Gleich noch ein Naturschutzgebiet, unser persönlicher Favorit, wartet nur wenige Kilometer dahinter auf Entdeckung: Nachdem wir den Isonzo überquert haben, fahren wir rechts Richtung MARINA JULIA und, 2,5km weiter, wieder rechts ins **Riserva Naturale Isola della Cona**. Der kleine Fahrweg ist ungeteert und auf den ersten 400m in miserablem Zustand. Der Regen hat hier ganz schöne Krater in der Piste hinterlassen, die wir nur mit viel Geschick, ständigen Ausweichmanövern und im Kriechgang umschiffen können. Danach bessert sich der Zustand und auch ein Teerbelag ist wieder vorhanden. Am Flussufer liegt hier ein großer Parkplatz mitten im Nirgendwo, der gerne von Fischern aus der Gegend die hier ihre Häuschen haben, angesteuert wird. Auch gegen eine Übernachtung spricht nichts **[85a: N 45°46'08" E 13°29'32"]**. Kurz danach macht der einzig mögliche Fahrweg einen Knick nach links

Riserva Naturale della Cona

und wir fahren zwischen den Mündungsadern des Isonzo auf einem Damm in Richtung Meer. Linkerhand bieten sich schon tolle Ausblicke. Kurz vor dem Besucherzentrum verbreitert sich der Weg und bietet erneut eine Stellplatzmöglichkeit. Aber Achtung: die hier ansässigen Mücken sind echte Vampire die sich durch jede noch so kleine Lücke zwängen, um nachts blutsaugend und nimmersatt über Sie herzufallen. Sie sollten also vorher checken, ob ihre Moskitogaze in einwandfreiem Zustand ist oder besser woanders nächtigen **[85b: N 45°45'26" E 13°29'55"]**.

Da später das Umdrehen schwer wird und die Äste teils weit in den Weg hineinhängen, lassen Sie das Fahrzeug am besten hier stehen und machen sich zu Fuß auf Richtung Isonzomündung und ins Naturschutzgebiet.

Riserva Naturale Isola della Cona

Gleich hinter einem kleinen Wall erreichen wir das einsam gelegene Besucherzentrum (Toiletten vorhanden). Hier lösen Sie ein Ticket und können sich dann auf den Weg machen – es lohnt sich. Ein Spielplatz für die lieben Kleinen hält uns nur kurz auf, auch die anschließende Bar mit Ausstellung im OG nimmt nur wenig Zeit in Anspruch. Sie müssen sich noch für eine Tour entscheiden: Gewappnet mit Plänen können Sie eine tolle Runde durch eine außergewöhnliche Landschaft drehen. Neben allerlei Wasserbewohnern, die auf verschiedenen Aussichtsposten beobachtet werden können, gibt es immer wieder spektakuläre Blicke über das aus einer anderen Zeit zu stammen scheinende Gebiet. Den paradiesischen Eindruck perfekt machen die weißen Camargue-Pferde, die hier ausgesetzt wurden und heute in friedlicher Koexistenz eine neue Heimat gefunden haben. Achtung: Leider haben wir erfahren, dass das bisherige Management kurz vor Drucklegung dieses Buches aus finanziellen Gründen sein Engagement beenden musste. Es verirrten sich einfach zu wenige Besucher hierher. Wie es mit dem Naturpark weitergeht ist daher im Moment leider ungewiss. Existieren wird er als Teil des **Riserva Naturale della Foce dell`Isonzo** weiter, in welchem Zustand wird sich zeigen...

Wenn wir den Holperweg wieder gut hinter uns gebracht haben, fahren wir auf der kleinen Straße einem Kanal folgend rechts weiter. Gleich die nächste kleine Kreuzung führt uns rechts, etwas unglücklich angeschrieben, zum LIDO DI STARANZANO. Abgesehen von einem geschlossenen Restaurant, Mülltonnen und großen, einsam gelegenen Parkflächen gibt es hier nur... einen ziemlich schönen Strand! Bei Ebbe zieht sich das Meer hier extrem weit zurück und Sie können auf Muschelsuche gehen. Kein schlechter Platz für ein paar ruhige Stunden **[86: N 45°46'01" E 13°31'19"]**. Eine Abfahrt weiter geht es nach MARINA JULIA ab. Das verschlafen wirkende kleine Nest, ist offiziell Ortsteil von MONFALCONE. Nur ein paar in die Jahre gekommene Apartmenthäuser, ein Campingplatz und wenige Geschäfte gruppieren sich um den schönen Kiesstrand. Am meisten los ist in der Mittagszeit, wenn die Angestellten aus dem nahen MONFALCONE die Siesta nutzen, um hier ein wenig zu relaxen. Gleich hinter dem Strand befindet sich ein großes schattiges Parkareal. Auch Liegestühle gibt es hier nur in wenigen, eigens abgetrennten Bereichen. Auf alle Fälle eine tolle Alternative zu den bekannten Badeorten weiter westlich.

Eine Schau: Lido Marina Julia

(087) WOMO-Stellplatz: Marina Julia

GPS: N 45°46'26" E 13°31'42", Via Giarette, MONFALCONE
max. WOMOs: > 10 Plätze

Ausstattung/Lage: keine, am Strand direkt davor Duschen und Toiletten (nachts manchmal geschlossen)
Zufahrt: Von der Hauptstraße zwischen GRADO und MONFALCONE angeschrieben. Nach rechts abzweigen und den Schildern folgen.
Parkgebühr: kostenlos

(088) WOMO-Campingplatz-Tipp: Villagio Albatros

GPS: N 45°46'39" E 13°31'37", Via Giarette 65, MONFALCONE
Ortszentrum: 150m bis ins „Zentrum" von MARINA JULIA, nach MONFALCONE ca. 5,5km
Zeiten: Mai bis September **Ausstattung**: Restaurant, Supermarkt, Pools, Sporteinrichtungen **Zufahrt**: wie Stellplatz zuvor, nur schon 200m weiter vorne an der Straße links

KARTE TOUR 7
10 km
N
SLO
Triest
Muggia
Bagnoli
Opicina
Grignano
Miramare
Sgonico
Rupingrande
Duino
Sistiana
Monfalcone
Marina Julia
Riserva Naturale del Monte Lanaro
Riserva Naturale del Monte Orsane
Riserva Naturale della Val Rosandra
Riserva Naturale della Foce dell'Isonzo
Isonzo
Biotopo
Giardino Botanico
Grotta Gigante
87
88
89
90
91
92
93
94
95
96
97
98
99
100
WC
S
V
E

Tour 7: (125 km / 1-3 Tage)

Sistiana – Miramare - Grignano – Triest – Muggia
Ris. Nat. Valle Rosandra – Grotta Gigante
Sconigo – Duino

Stellplätze (gratis):	Monfalcone, Miramare, Barcola, Triest, Bagnoli del Rosandra, Opicina, Grotta Gigante
Stellplätze (Gebühr):	Sistiana
Campingplätze:	Sistiana, Lazzaretto
Besichtigen:	Miramare, Grignano, Triest, Muggia, Grotta Gigante, Sconigo, Duino
Wandern:	Sistiana/Duino, Ris. Nat. Valle Rosandra
Baden:	Sistiana, Barcola

Tour 7 zieht sich entlang der nördlichen Adria-Ostküste durch einen kleinen Wurmfortsatz Italiens. Vor dem ersten Weltkrieg war die Gegend als österreichisches Küstenland bekannt, wurde dann aber im Zuge des Zusammenbruchs von Österreich-Ungarn von Italien annektiert. Nach dem 2. Weltkrieg richteten die Alliierten hier einen souveränen Staat ein: das Freie Territorium Triest. Es bestand von 1947 bis 1954. Da es zwei Zonen umfasste (Zone A war im Prinzip unsere Tour 7, südlich von MONFALCONE, Zone B die heutige Küstenregion Sloweniens und ein Stück Kroatiens), die von Anbeginn unter der Protektion verschiedener Mächte mit verschiedenen Ideologien standen, wurde das Experiment eines Vielvölkerstaates aus Italienern, Slowenen, Kroaten und Altösterreichern schließlich aufgegeben. Zone A ging „provisorisch" an Italien, Zone B an das damalige Jugoslawien. Erst 1975 wurde im Vertrag von Osimo die Aufteilung und Gebietszugehörigkeit endgültig bestätigt. Geschichtsträchtiger Boden also auf den wir uns begeben und ein ganz besonderes Stück Italien mit ganz eigener Vergangenheit...

Zunächst müssen wir die Industriestadt MONFALCONE hinter uns lassen. Von MARINA JULIA aus fahren wir die Stichstraße vom Meer zurück, dann rechts und wenig später, über eine kleine Brücke, nach links. Machen Sie hier erneut einen Abstecher nach rechts, kommen Sie an den neuen Hafen mit Picknickplatz und großem (Übernachtungs)-Parkplatz vor einem ehemaligen Campinggelände **[89: N 45°46'58" E 13°32'25"]**.

In MONFALCONE fahren wir nach großen Industrieanlagen schräg rechts weiter auf die Via dei Bagni und an den nächsten beiden Kreisverkehren jeweils geradeaus. Gleich nach

dem Hafenbecken zu unserer Rechten führt uns die Beschilderung Richtung TRIESTE weiter. Auch wenn MONFALCONE sonst keine Besonderheiten für uns bereit hält, einen offiziellen Stellplatz finden Sie 500m weiter, wenn Sie links den Schildern zum Parkplatz Palestro folgen **[90: N 45°48'18" E 13°32'32"]**.

Fahren Sie mit uns nun ein Stück weiter Richtung Süden. Links türmt sich das slowenische Karstgebirge auf, nur die äußersten Ausläufer hier an der Küste gehören zu Italien. Typisch für diese Landschaftsform sind steinige, oft unfruchtbare Gebirgszüge, in denen das Wasser ungehindert versickert und so große unterirdische Seen und Höhlen bildet. Wir bleiben vorerst auf der Küstenstraße, passieren DUINO (die Burgen heben wir uns für die Rückfahrt oder, alternativ, die folgende Wanderung auf) und biegen nach dem schön gelegenen Campingplatz Marepineta rechts ab nach SISTIANA. In ein paar großen Kurven fällt der Fahrweg auf Meeresniveau und unten sind ausreichend Stellplätze vorhanden.

(091) WOMO-Campingplatz-Tipp: Marepineta

GPS: N 45°46'22" **E** 13°37'29", SS 14, SISTIANA
Ortszentrum: Bis ins kleine Zentrum sind es ca. 800m
Zeiten: April bis Mitte Oktober **Ausstattung**: Strandzugang, Pool, Supermarkt, Basar, Restaurant/Bar , Sporteinrichtungen, Duschen und Toiletten
Zufahrt: Auf der Hauptstraße Richtung TRIEST direkt rechts der Straße in SISTIANA.

(092) WOMO-Badeplatz: Sistiana

GPS: N 45°46'14" E 13°37'52", Hafen von SISTIANA
max. WOMOs: > 10 Plätze
Ausstattung/Lage: Mülltonnen, Toiletten für Gäste der kleinen Bars dahinter. Der Parkplatz am Yachthafen bietet viele teils schattige Schrägparker und befindet sich direkt am Wasser.
Zufahrt: Wie im Text beschrieben.
Parkgebühr: 9-17.30 Uhr 1,50EUR/h oder 6,50 EUR Tagessatz, nachts frei

Am Südende liegt das leicht heruntergekommene Strandbad Castelreggio mit Sonnenplätzen auf Kies und Steinterrassen und Wasserzugang. Die Liegestuhlmiete ist obligatorisch (Tagessatz: 16EUR für 2 Liegen + Sonnenschirm). Auf der anderen Seite der Bucht kommen Sie nach ca. 300m zu einem schönen Kiesstand mit Steilküste im Hintergrund, der auch vom höher gelegenen Campingplatz genutzt wird. Die Parkplätze hier sind nur für PKWs erlaubt, bis hinzufahren bringt also nichts. Von hier startet oder endet auch der **Rilke-Weg**.

WOMO-Wandertipp: Der Rilke-Weg

Hier am nördlichen Ende der SISTIANA Bucht beginnt der Rilkeweg durch das Naturschutzgebiet **Falesie di Duino**. Benannt ist er nach dem Lyriker Rainer Maria Rilke, der Anfang des 20. Jahrhunderts viel Zeit im Schloss von Duino verbrachte und hier seine Duineser Elegien schrieb. Die Gedichte machten die Gegend um uns herum weltbekannt. Bis heute ist das Schloss im Besitz der Familie Thurn und Taxis und war seinerzeit Ort literarischer Treffen, an denen noch andere berühmte Persönlichkeiten wie Franz Liszt, Richard Strauss oder Mark Twain teilnahmen. Auch Erzherzog Franz Ferdinand von Österreich und Kaiserin Elisabeth (Sissi) waren hier zu Gast. Rilke liebte die Steilküste und brach regelmäßig zu Spaziergängen auf. Schon früh erhielt der Weg auf diesem Abschnitt seinen Namen, wurde zwischen 1987 und 2000 komplett gesichert und für die Öffentlichkeit gangbar gemacht. Vom gut ausgeschilderten, ca. 2km langen Weg bieten sich immer wieder tolle Blicke auf die Kliffe und die Bucht von TRIEST. Er endet unweit des Schlosses (mehr dazu am Ende der Tour). Neben dem Schloss steht auf einem Felsvorsprung noch die Ruine der alten Burg, malerisch über dem Wasser schwebend.

Strand von Sistiana

Barcola

Wieder an der Hauptstraße teilt sich alsbald die Fahrbahn. Wir nehmen auf alle Fälle den rechten Weg entlang der **Strada Costiere Miramare**, die als eine der schönsten Küstenstraßen Europas gilt und an mehreren Stellen die Möglichkeit bietet anzuhalten, um Erinnerungsfotos zu schießen. Nach zwei Tunnel sind wir im Ortsgebiet von GRIGNANO angekommen und Sie müssen die Augen gut offen halten, um nicht die Abfahrt rechts in einer Spitzkehre zum **Castello Miramare** (gelbes Schild) zu verpassen. Vor allem wenn sie später am Tag ankommen und vielleicht bis zum nächsten Tag warten möchten, um Schloss und Park zu sehen, empfehlen sich die Stellplätze hier am Zufahrtsweg. Sind diese besetzt, müssen Sie tags wohl oder übel den kostenpflichtigen Parkplatz ein Stück weiter nehmen (1h/3EUR, 2h/5EUR, 3h/10EUR).

(093) WOMO-Stellplatz: Miramare

GPS: N 45°42'04" E 13°43'10", Viale Miramar, GRIGNANO
max. WOMOs: 4 Plätze
Ausstattung/Lage: Keine Ausstattung. Kurz vor dem Zugang zum Schloss und Schlosspark. Direkt am Wasser. Unweit einige Restaurants und Bars links und rechts der Straße.
Zufahrt: Laut Tourenbeschreibung
Parkgebühr: kostenlos

Castello Miramare

Das Schloss liegt traumhaft auf einer kleinen Landzunge, umspült vom Meer, eingebettet in einen großen Park mit 2000 Pflanzenarten. Erbaut wurde es nach Plänen des deutschen Ingenieurs Karl Junker zwischen 1856 und 1860 im Auftrag Maximilians, dem Bruder von Kaiser Franz Joseph I.. Als er das Schloss verlassen hatte, um Kaiser von Mexiko zu werden (er sollte nie zurückkehren), ging es einige Zeit später in den Besitz des Herzogs von Aosta über, der sich als Pilot im 2. Weltkrieg einen Namen machte. Die Räume im Erdgeschoss sind mit Einrichtungsgegenständen Maximilians ausgestattet, die im Südflügel des ersten Stockes in der Neugestaltung des Herzogs belassen worden. Ein interessanter Kontrast ergibt sich dar-

Castello Miramare

aus. Seit 1955 ist das Schloss der Öffentlichkeit zugänglich. Im Park liegt ein kleineres Gebäude, **Casteletto** genannt. Hier hat der WWF seine Heimat, der das **Riserva Naturale Miramare**, ein Unterwasserschutzgebiet um das Schloss herum, verwaltet. Man kann sich über das Schutzgebiet informieren und geführte Tauchgänge buchen *(Park: Apr-Sep 8-19h, Mär/Okt 8-18h, Nov-Feb 8-17h, kostenlos. Schloss: ganzjährig 9-19h, Eintritt 6EUR. Casteletto des WWF: wechselnde Öffnungszeiten).*

Ab **Miramare** führt eine lange Strandpromenade bis ins Zentrum von TRIEST, an der alle 500m **Wasserstellen** installiert wurden. Im Zentrum des langgestreckten Ortes BARCOLA gibt es rechts einen großen Parkplatz, der häufig von Campern frequentiert wird **[94: N 45°40'56" E 13°45'07"]**.

Gleich danach fällt links, etwas erhöht von der Straße, der **Leuchtturm della Vittoria** auf. Er ist 69m hoch und sein Licht ist angeblich weltweit eines der hellsten. Sein ungewöhnlich breiter Sockel stammt von einer alten österreichischen Festung, auf dem er von 1923 bis 1927 erbaut wurde. Seit 1986 kann er auch erklommen werden *(geöffnet Apr-Sep Di-So 16-19h, Di/Fr auch 9-12h, Okt-Mär nur So/Festtage 10-15h, kostenlos).*

Die lange Strandpromenade ist ab hier der Sommerspot

Die Bucht von Triest

TRIESTS, an dem sich die Stadt trifft. Es gibt zwar keinen Sandstrand, aber damit hat man sich arrangiert und die Betonterrassen stattdessen als beste Möglichkeit für ein Bad im kühlen Nass angenommen. Der Übergang vom Grünen ins Zentrum, der mit 200.000 Einwohnern größten Stadt der ganzen Region, ist fließend. Und auch wenn sie, eingezwängt zwischen Bergen und Meer, voller Industriebauten recht laut und schmutzig daher kommt, hat sie einen gewissen Charme und richtig sehenswerte Ecken. Eine erste Vorstellung bekommen Sie gleich von der Uferstraße aus, wenn links von Ihnen die zum Meer offene **Piazza Unita Italia** auftaucht. Für eine Stadtbesichtigung ist am besten eine der zahlreichen, anschließenden Parkflächen rechts direkt am Hafen geeignet. Sie ersparen sich so ein anstrengendes Gekurbel durch die engen und steilen Straßen im Inneren [z.B. N 45°38'48" E 13°45'39"].

Ein etwas zweifelhafter, offizieller Stellplatz liegt, nicht gerade in der besten Gegend, weiter südlich.

(095) WOMO-Stellplatz: Triest

GPS: N 45°38'14" E 13°46'09", Via Karl Ludwig von Bruck, TRIEST
max. WOMOs: > 10 Plätze
Ausstattung/Lage: Ver-/Entsorgung vor der Schranke, Toiletten. Unterhalb einer Straßenbrücke gelegen, etwas dunkel und in einer eher unschönen Ecke der Stadt. Dafür sauber und kameraüberwacht

Zufahrt: Von der Uferstraße aus Richtung MONFALCONE kommend immer geradeaus dem Straßenverlauf folgen. Ca. 4km nach der Innenstadt ist der Platz schon angeschrieben. Direkt nach Unterführung einer alten eisernen Bahnbrücke geht es rechts ab, dann geradeaus bis zur Schranke.
Parkgebühr: kostenlos

Triest

Wenn man an die Städte Italiens denkt, fällt einem TRIEST nicht unbedingt als erste ein. Das liegt einerseits sicher daran, dass die Stadt hier, ganz im Osten, so isoliert liegt und man sie fast vergessen könnte. Andererseits ist sie nicht als Wiege der Kultur oder für überragende Schönheit bekannt. Trotzdem gibt es einiges zu sehen. Wir starten unseren kleinen Rundgang an der bereits genannten **Piazza Unita d`Italia**. Die meisten seiner Bauwerke ringsum, wie das imposante Rathaus, sind für italienische Verhältnisse recht neu und fast alle Anfang des 20. Jahrhunderts entstanden. Die einzige Ausnahme bilden das Denkmal von Karl dem VI., der Brunnen (er zeigt die vier bekannten Kontinente seiner Zeit) und der Palazzo Pitteri dahinter – sie stammen allesamt aus dem 18. Jahrhundert.

Triests Theater(reste) aus Römerzeit

Gleich links schließt sich die **Piazza Verdi** mit dem Opernhaus und der alten Börse an. Hinter diesem Gebäude befinden sich die wenigen verbliebenen Gassen der Altstadt, die erst in den letzten Jahren wieder renoviert wurden und einer ganzen Reihe kleiner Läden Heimat bieten. Am Ende erreichen Sie südlich die Via del **Teatro Romano** mit

Piazza Verdi

Piazza Unita D`Italia

dem gleichnamigen Bau bzw. den Überresten des Theaters aus römischer Zeit. Vom Theater aus nach rechts bis zu einem kleinen Platz und dann die Stufen hinauf, gelangen Sie zu den Kirchen **Santa Maria Maggiore** und der kleinen schlichten **Basilica San Silvestro** (die älteste Kirche der Stadt aus dem 11. Jahrhundert). Hinter den Kirchen kommen Sie rechts durch eine kleine Gasse zu einem Torbogen, der sich etwas verloren an eine Hauswand stützt. Was hier eher klein und unbedeutend wirkt, ist in Wahrheit das älteste Stück TRIEST, das noch steht:

es handelt sich um einen Teil der Stadtmauer aus dem 1. Jahrhundert v. Chr., die Kaiser Augustus erbauen ließ. Um zum Wahrzeichen TRIESTS, der Kathedralc von **San Giustino** (mit Mosaiken aus dem 5. Jahrhundert und begehbarem Glockenturm) zu gelangen, gehen Sie ein Stück Gasse zurück und dann rechts die Via della Cathedrale weiter bergauf.
Gleich neben der Kirche liegt das **Castello San Giustino**. Es wurde zwischen 1470 und 1630 von den Habsburgern erbaut. Eine Befestigung stand an dieser Stelle aber schon 2000 Jahre v. Chr.. In der Burg ist heute ein geschichtliches Museum untergebracht (Eintritt 4EUR).
Hinter der Burg rechts in die Via dei Castello und gleich wieder rechts in die Via delle

Castello San Giustino

Monarche gelangen sie nach einem Stück Weg zum Corso Italia. Nördlich der Straße liegt die Neustadt TRIESTS. Gehen Sie bis zum schönen **Canal Grande**. Südlich davon befindet sich die **Piazza del Ponte Rosso**, an der regelmäßig Markt gehalten wird. Nördlich des Kanals ist eine kleine China-Town entstanden, in der sie alle möglichen und unmöglichen Gegenstände käuflich erwerben können. An der Uferpromenade gehen wir zurück bis zur Piazza Unita, wo Sie gestartet sind. Wenn Sie wollen, können Sie zuvor beim erneuten kreuzen des Corso Italia noch einen Zwischenstopp im ältesten Kaffeehaus der Stadt Tommaseo (österreichische Kaffeekultur mit Tradition, hier bestellt man eine Melange, keinen Cappuccino...) oder,

Santa Maria Maggiore

fast daneben, im Buffet Da Pepi einkehren (Buffetts sind typisch Triest: volkstümliche „Schnellrestaurants“ in denen man, meist fleischlastige, Leckereien und Tafelwein oder Bier zwischendurch genießt). Oder sie laufen noch ein wenig durch die schönen Gassen südlich des Platzes im Stadtteil Giuseppino, bevor sie zu Ihrem Auto zurückkehren. Die Via Armando Diaz entlang, stoßen Sie so z.B. auf das 6-stöckige **Museo Revoltella** – zur Hälfte komplett eingerichteter Adelssitz aus dem 19. Jahrhundert, in den oberen Stockwerken voller, meist moderner, Kunst *(geöffnet Mi-Mo, 10-19h, Erw 6,50, Senioren/Kinder 4,50EUR)*.

Ob Sie von Triest noch weiter südlich bis zur slowenischen Grenze fahren sollten? Die Frage können wir Ihnen auch nicht wirklich beantworten. Es gib weder „Must-See“-Erlebnisse, noch Strände oder andere wichtige Sehenswürdigkeiten. Immerhin die kleine Stadt MUGGIA ist recht hübsch und eine Wanderung im **Riserva Naturale im Val Rosandra** bietet sich an. Entscheiden Sie sich dagegen, lesen Sie ab der **Grotta Gigante** auf Seite 134 weiter, die Sie auch direkt von hier aus Richtung OPICINA erreichen könnten.

Um schnell aus der Stadt heraus zu kommen, nehmen wir nun ein Stück weit die autobahnähnlich ausgebaute Schnellstraße, die Richtung Slowenien führt. Unterwegs an der Agip-Tankstelle befindet sich eine Entsorgungsstation für Wohnmobile [N 45°36'56" E 13°47'22"]. Die Ausfahrt MUGGIA ist angeschrieben. In Folge richten wir uns weiter nach den Schildern. In Höhe einer Gabelung, an der es nach S. BARBARA oder weiter nach MUGGIA geht, liegt rechts der Straße eine Art wilder Campingplatz. Zufahrt direkt hier oder nach der Brücke in Fahrtrichtung MUGGIA. Regelmäßig stehen dort viele Camper, ein kleiner Kiosk kümmert sich um die dringendsten kulinarischen Bedürfnisse **[96: N 45°35'58" E 13°46'49"]**.

Im Zentrum der kleinen Stadt angekommen, nehmen Sie am besten die Parkfläche gleich rechts, viel mehr

Möglichkeiten gibt es nicht [z.B. N 45°36'15" E 13°46'10"].

Achtung: die Durchfahrtshöhe beträgt kurz darauf an einem Torbogen nur 3,40m, wenn das nicht reicht, sollten Sie spätestens hier sowieso umkehren, auf den folgenden 500m ist sie einbahngeregelt.

Bummeln Sie ein wenig durch die Gassen. Auch wenn ein Großteil der Bauten im venezianischen Stil errichtet wurde, erinnert das Flair und der tief ins Innere eingeschnittene Hafen des lebendigen Ortes an einen istrischen Ort. Tatsächlich stand MUGGIA lange so stark wie keine andere Stadt unserer Tour unter slawischem Einfluss.

Nur noch wenige Kilometer sind es bis zur slowenischen Grenze. Immer am Meer entlang geht es noch um ein paar Kurven, dann sind wir auch schon da. Direkt vor den ehemaligen Zollanlagen haben sie am Campingplatz San Bartolomeo in LAZZARETTO zum letzten Mal Gelegenheit auf ein Bad im Meer und ein wenig Strandfeeling **[97: N 45°35'49" E 13°43'26"]** – oder sie fahren ein Stück weiter nach Slowenien ins Gebiet von PIRAN oder PORTOROZ (WOMO-Reihe Band 56).

Muggia

Keine 100m weiter nutzen wir die letzte Möglichkeit abzubiegen und lenken links Richtung CHIAMPORE. Sanft steigt die kleine Straße an und führt uns so ins bergige Hinterland hinauf. An der Gabelung am Ortschild CHIAMPORE wählen wir die linke Fahrbahn in Richtung eines braunen Wandererschildes. Zwischen Büschen und Häusern hindurch haben Sie nun links einen schönen Blick auf die Bucht von TRIEST. Links erreichen wir dann einen größeren Parkplatz, der zu einem Stopp einlädt [N 45°35'60" E 13°45'07"].

Unterwegs im Karstland

Wir sind nun im Gebiet von **Muggia Vecchia**, dem antiken Ableger der heutigen Küstenstadt. Einige Überreste neben der Kirche **Santa Maria Assunta** aus dem 12. Jahrhundert können hier besichtigt werden und Sie haben einen schönen Blick aufs Meer.

Die Straße senkt sich darauf erneut hinab an die Küste. Halten Sie sich rechts und Sie gelangen auf die Einfallstraße nach MUGGIA zurück, diesmal in gegensätzlicher Fahrrichtung, die wir schon zuvor gefahren waren. Für eine kleine Wanderung und zur Weiterfahrt machen wir einen Schwenk über das **Val Rosandra** im äußersten Südosten.

Da das schmale Stück Land hier von einer Vielzahl an Straßen durchzogen wird, laufen die auch mal gern übereinander hinweg oder man muss eine ganze Reihe Abzweigungen nehmen, um zum Ziel zu kommen. Daher müssen wir uns nun besonders konzentrieren: Nach einem Womo-Parkgelände und einer Brücke vor uns, führt der Straßenverlauf rechts ab, dann, am Kreisverkehr, links, den grünen Autobahnschildern nach, auf die Schnellstraße. Nach dem Tunnel bleiben wir auf den rechten Spuren Richtung Autobahn und nehmen dann die nächste Abfahrt „della Rosandra"/DOMIO/LACOISCE. Wir passieren den Parkplatz eines großen Fabrikgeländes in Front, danach nochmals ein Kreisverkehr, den wir nach links verlassen. Noch ungefähr 1000m, dann haben wir den kleinen Ort BAGNOLI DELLA ROSANDRA erreicht. Am besten parken Sie gleich rechts nach der Ortseinfahrt.

(098) WOMO-Wanderparkplatz: Bagnoli della Rosandra
GPS: N 45°36'44" E 13°51'31", BAGNOLI DELLA ROSANDRA
max. WOMOs: 10 Plätze
Ausstattung/Lage: Mülleimer, teilweise beleuchtet, ca. 200m bis in den Ortskern.
Zufahrt: Wie im Text beschrieben, nach der Ortseinfahrt gleich rechts.
Parkgebühr: kostenlos

WOMO-Wandertipp: Riserva Naturale Val Rosandra
Der Naturpark wurde 1996 gegründet und umfasst ein Gebiet von rund 750 Hektar. Es ist das Tal des Rosandra-Baches, der in Slowenien entspringt und sich hier tief ins karstige Gestein gegraben hat. Zu sehen gibt es un-

terwegs, je nach eingeschlagener Route, viele Höhlen, bis zu 30m hohe Wasserfälle, verschiedene Überreste aus der Römerzeit, Mühlen und die Ruinen eines kleinen Schlosses. Viele markierte Wanderwege ziehen sich durch das Gebiet. Informationen erhalten Sie im Visitor-Center gleich neben den Stellplätzen. Ein schöner Weg führt z.B. in den höher gelegenen Weiler BAGNOLI SUPERIORE (Einkehr in der Premuda-Berghütte möglich) und dann enlang des römischen Aquäduktes. Über eine kleine Brücke nach links gelangen Sie auf die Via della Acque, die zu einem Wasserfall führt. In den Gumpen unterhalb kann man an warmen Tagen auch prima ein Bad nehmen. Wenn Sie noch weiter möchten, können Sie über den „Weg des Salzes“ und den Berg „Cippo Comici“ mit kleiner Kirche bis nach BOTAZZO laufen und den Weg Nr. 17 nehmen, der Sie über eine kleine Buschenschänke direkt an der Staatsgrenze bis zu den Überresten des **Schlosses Mocco** führt. Über die Premuda-Berghütte geht es wieder zurück zum Ausgangspunkt.

Wir durchfahren BAGNOLI DELLA ROSANDRA und tuckern auf der kleinen, aber gut ausgebauten Straße immer am Hang entlang. Auch an der ersten größeren Abzweigung behalten wir unsere Fahrtrichtung nach BASOVIZZA bei. Wenig später stoßen wir auf eine größere Querstraße, der wir nach TRIESTE links bergab folgen. Wir durchfahren einige Außenbezirke der Stadt und folgen wenig später, nach dem Ortsendeschild, der Wegweisung Richtung OPICINA. 5km weiter, gleich zu Beginn vor einem Kreisverkehr, befindet sich rechterhand ein Parkplatz, der gern von Womofahrern genutzt wird **[99: N 45°40’58” E 13°46’60”]**. Passend zur Lage bedeutet OPICINA im Keltischen „Felsen“. Das spannendste an dem Vorort

Schöner Blick: die Küste ist hier immer ganz nah

ist die Möglichkeit, von hier mit einer historischen Trambahn bis ins Zentrum TRIESTS zu gelangen. Die Schienen verlaufen gleich neben der Straße. Am Kreisel, der uns als nächstes erwartet, orientieren Sie sich an den Schildern in Richtung

„posta“ und „mercato“. Wenn der Ort hinter uns liegt, hat uns die öde Weite eines Karstplateaus umfasst. Steinig und nur mit wenigen Büschen und Sträuchern durchzogen, ist die Ebene auch landwirtschaftlich kaum mit befriedigenden Erträgen zu nutzen. Nur einige Industriebauten „zieren“ die Szenerie. Dann noch die Autobahn, unter der wir hindurch brausen und es geht rechts ab Richtung BORGO GROTTA GIGANTE. Nun den Wegweisern zur Grotte folgen und Sie gelangen zu einer kleinen Parkfläche vor dem Zentralgebäude über der Höhle.

Grotta Gigante
Die Grotte ist ein wahres Superlativ – selbst im Guiness Buch der Rekorde ist sie als größte Einraumschauhöhle der Welt eingetragen. 150 Stufen führen hinab in die Tiefe (und am Ende wieder nach oben). In der Haupthalle angekommen, liegt ein wirklich riesiger Raum vor einem: 99m hoch, 76m breit und 168m lang würde er auch als Flugzeughangar gute Dienste tun. Wären da nicht die abertausenden an Stalagmiten und Stalaktiten, die vom Boden herauf bzw. von der Decke hinab wachsen. Der größte von allen, die Rüdigersäule, misst ganze 12 Meter! Entstanden ist der riesige Raum durch Wasser, das durch die poröse Oberfläche in das Gestein einsickerte und hier Hohlräume bildete. Mit der Zeit sind die Böden immer brüchiger geworden und am Ende zu einem einzigen großen Hohlraum kollabiert. Interessant ist, dass dieses Phänomen noch nicht am Ende ist: viele der schmucken Häuschen mit Pools, die über der Grotte erbaut wurden, haben, darüber sind sich die Geologen einig, nur eine begrenzte Lebensdauer: Der Tag wird kommen, an dem auch die Decke der Höhle so instabil wird, dass sie einstürzt. Aber keine Angst bei Ihrem Besuch, weder heute noch morgen

ist das der Fall wurde uns versichert. Selbst bei einem Erdbeben ist man in der Höhle sogar sicherer als draußen. Auch für Höhlenmuffel lohnt sich der Besuch, die Ausmaße sind wirklich atemberaubend... *(geöffnet außer Mo täglich 10-18h, Jul/Aug auch Mo, Apr – Sep Führungen halbstündlich, sonst stündlich. Erw 11EUR, Senioren/Kinder 9EUR, Kinder von 3-5 1EUR)*

Vom Parkplatz der Grotte fahren wir nach links weiter. Hier stoßen wir auf einen weiteren, schattigen Parkplatz, der sich auch prima für eine Rast eignet **[100: N 45°42'34" E 13°46'02"]**. Ab hier orientieren Sie sich an den Schildern Richtung SCONIGO und, sobald vorhanden, **Carsiana**. Unter diesem Namen wurde ein botanischer Garten angelegt, der Ihnen die Flora dieses besonderen Landstrichs auf mehreren angelegten Wegen näher bringen soll *(geöffnet Mai-Mitte Okt Di-Fr 9.30-13.30, Sa/So/Feiertags 10-13 und 15-19h)* [N 45°43'57" E 13°44'23"]. Um noch ein wenig die Karstlandschaft zu erkunden, fahren wir das kleine Stück bis SCONIGO zurück.

Wenn etwas wächst , dann vor allem Wein... und ein paar Oliven

Osmize

Unterwegs fallen uns die vielen Rebstöcke ins Auge, die überall wachsen – da muss es doch auch was zu Trinken geben... Und tatsächlich: Auf braunen, mit Weintrauben gekennzeichneten Schildern sind immer wieder Weinkeller angeschrieben, die oft speziellere und regioaltypische Rebsorten wie Kamja, Malvasia Istriana, Vitkovska, Spomin oder Terrano anbauen und verarbeiten. Ähnlich wie in Südtirol gibt es im Karstland auch die Tradition der Buschenschänken, genannt Osmize. Der Name kommt aus dem slowenischen und bedeutet „Acht" – genau so viele Tage durften die Schänken im Jahr nur öffnen. Heute sind es mindestens 10, in vielen Osimze-ähnlichen Lokalen auch deutlich mehr. Traditionell ist die Auswahl zwischen September und Oktober am größten, doch irgendeine Osmiza hat fast immer gerade „Saison“ und öffnet ihre Tore, nicht nur zur Verkostung des Rebensaftes. Man kann hier auch bei einem zünftigen Mahl schlemmen und lokale Spezialitäten wie Bohnen-Krautsuppe, Gnocchi oder verschiedene Wurst- und Fleischwaren genießen (z.B. bei Fabec Nranc in MALCHINA oder Danilo Lupinc in PREPOTTO) Genaue Öffnungszeiten erfragen Sie am besten bei den Einheimischen – die sind in der Regel noch genauer informiert als die Touristenbüros in TRIEST oder sonst wo an der Küste...

Weiter über SALES lassen wir PREPOTTO links liegen, dann nach PRECENIGO und MALCHINA bis kurz vor CEROGLIE. Hier bleiben wir dann aber auf dem immer noch schmalen Hauptfahrweg und gelangen nach DUINO – noch einmal zurück an die Küste. Um das **Schloss von Duino** zu besichtigen, parken Sie am besten links der Straße auf dem angelegten, markierten Platz [N 45°46’24” E 13°36’28”] (Übernachtung nicht gestattet, sollte er voll sein, versuchen Sie ihr Glück entlang der Straße, auf keinen Fall aber bis ganz hinunter ans Meer fahren, dort gibt es praktisch keine Wendemöglichkeit, da meist alles zugeparkt ist).

Schloss von Duino

Castello di Duino

Bereits im Text zum **Rilke-Weg**, der hier beginnt, haben wir die Vergangenheit des Schlosses kurz angeschnitten. 18 der geschichtsträchtigen Säle sind heute der Öffentlichkeit zugänglich und man kann sie ohne Führung durchwandern. Sehenswert ist, unter anderem, die große Treppe des Ge-

Schloss von Duino: vom Sistiana aus

bäudes, ein weiteres Bauwerk Palladios. Das 200 Jahre alte Klavier diente schon Franz Liszt und von den Türmen hat man einen schönen Blick auf die Küste. Erwähnenswert ist außerdem der große, üppig blühende Garten und der Bunker, den die deutsche Kriegsmarine 1943 erbauen ließ – immerhin mit einem 400qm großen Saal in 18m Tiefe.
Zuletzt schrieb das Schloss in der Nachkriegszeit Geschichte: hier hatte die Regierung des freien Territoriums Triest ihren Sitz (siehe Einleitung Tour7) *(geöffnet Mitte-Ende Mär 9.30-16.30h, Apr-Mitte Okt 9.30-17h, Mitte Okt bis Anfang Nov 9.30-16h, Dienstag immer Ruhetag, Erw 8EUR, Senioren 5EUR, Kinder 7-16 3EUR)*.
Gleich neben dem Schloss stehen noch die Ruinen der alten Burg, um die sich eine Sage rankt: Einst soll ein niederträchtiger Mann seine brave Ehefrau von den Klippen gestürzt haben. Doch hatte sie nichts getan, was solch eine Tat hätte rechtfertigen können. Eine höhere Macht erbarmte sich ihrer (oder was man in der Sage dafür hält..) und ließ die Frau zu einem Felsen werden, bevor sie unten aufschlug. Die Seele der „weißen Dame“ soll bis heute keine Ruhe gefunden haben und noch immer da sein – zumindest sind einige Duineser davon überzeugt, dass sie ab und an ruhelos in der Nähe der Ruine umherirrt...

Hier spukt`s angeblich: die alte Burg

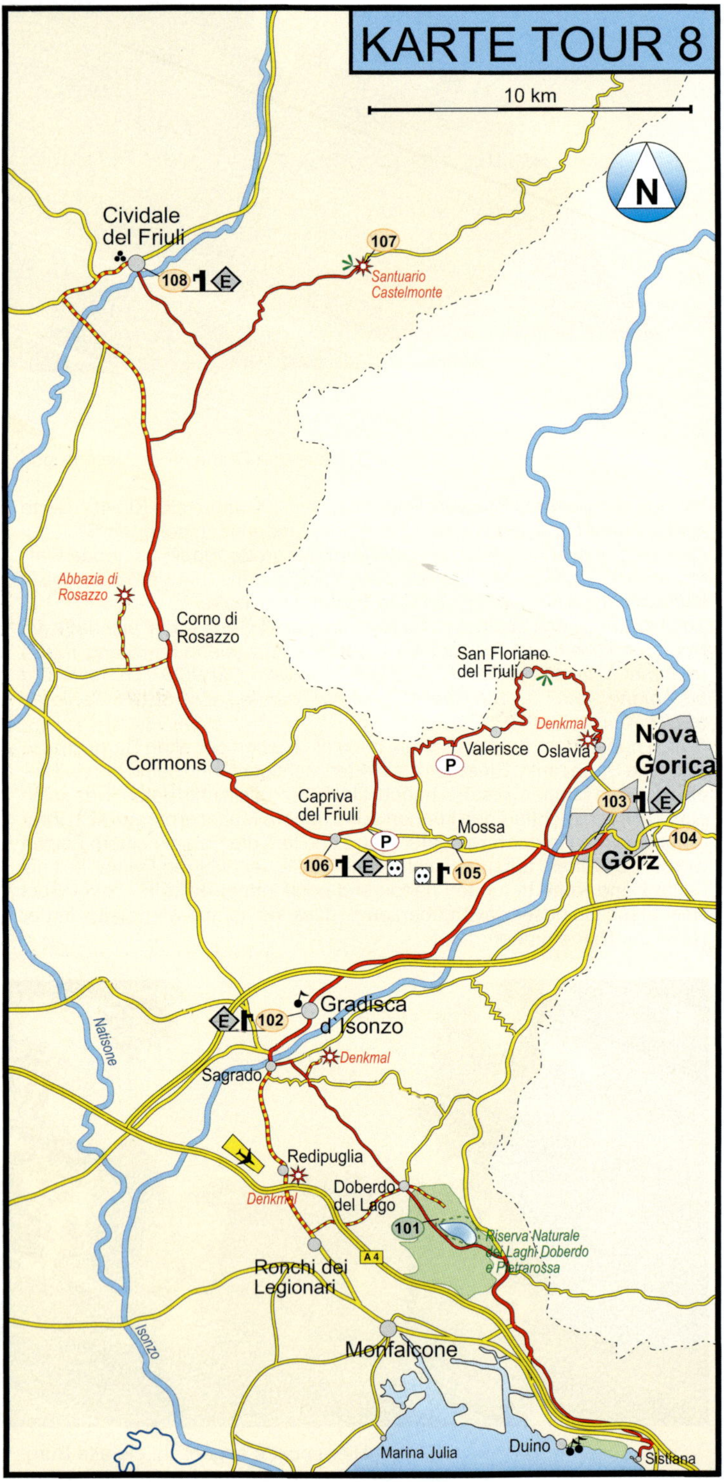
KARTE TOUR 8
10 km
N
Cividale del Friuli
108
107
Santuario Castelmonte
Abbazia di Rosazzo
Corno di Rosazzo
San Floriano del Friuli
Denkmal
Valerisce
Oslavia
Nova Gorica
Cormons
103
Capriva del Friuli
Mossa
104
Görz
106
105
Gradisca d'Isonzo
102
Natisone
Sagrado
Denkmal
Redipuglia
Denkmal
Doberdo del Lago
101
Riserva Naturale dei Laghi Doberdo e Pietrarossa
A 4
Ronchi dei Legionari
Isonzo
Monfalcone
Marina Julia
Duino
Sistiana

Tour 8: (115 km / 1-3 Tage)

Res. Nat. Gradina – Gradisca D`ìsonzo – Gorizia
S. Floriano – Capriva del Friuli - Cormons
Abbazia di Rosazzo – Castelmonte – Cividale del Friuli

Stellplätze (gratis):	Res, Nat. Gradina, Gradisca, Gorizia, Mossa, Capriva del Friuli, Castelmonte, Cividale del Friuli
Besichtigen:	Gradisca D`Isonzo, Görz, Cormons, Abbazia di Rosazzo, Castelmonte, Cividaledel Friuli
Wandern:	Res. Nat. Gradina

Die kürzeste Tour dieses Buches zieht sich, ganz im Osten unserer Region, durch die bedeutendsten Weinanbaugebiete des Friaul, das Collio und die Colli Orientali. Als Weinliebhaber werden Sie hier sicher deutlich länger als 1-3 Tage verweilen wollen. Die Menge an Weinkellern, die zur Verkostung laden, ist riesig. Doch auch wenn Sie mit solch alkoholhaltigem Traubenmost nichts anfangen können, gibt es einiges zu sehen: mit GORIZIA und CIVIDALE liegen zwei außergewöhnliche Städte auf dieser Tour, die Sie nicht verpassen sollten.

Wir starten in DUINO und fahren auf der Hauptstraße ein Stück Richtung MONFALCONE, bis nach ca. 1km rechts eine Spur nach GORIZIA abzweigt. Noch einmal hinein in die Karstberge, gelangen wir ins Dorf JAMIANO. Hier biegen wir links auf eine kleine Nebenstraße ab, die uns zum **Lago di Doberdo** führt. Durch das hochgewachsene Buschland ist vom See rechterhand nichts zu sehen. Käme nicht nach einer Weile eine „Trattoria Al Lago“ ins Bild – wir hätten ihn glatt verpasst. 500m weiter erreichen wir eine Parkfläche zwischen den Büschen

(101) WOMO-Wanderparkplatz: Riserva Naturale Gradina

GPS: N 45°50'07" E 13°32'54", Lago di Doberdo
max. WOMOs: > 5 Plätze
Ausstattung/Lage: keine Einrichtungen, gleich neben dem See im Naturreservat.
Zufahrt: Wie im Tourtext beschrieben, rechts der Straße nach der Trottoria Al Lago.
Parkgebühr: kostenlos

WOMO-Wandertipp: Riserva Naturale Gradina

Das Schutzgebiet hier wird oft auch mit seinem offiziellen Namen „**Riserva Naturale Laghi di Doberdo e Pietrarossa**“ bezeichnet und umfasst die Karstregion rund um die im Namen genannten zwei Seen.

Am Lago Doberdo

Das außergewöhnliche an den Karstseen ist, dass sie ihren Wasserstand über das Jahr hinweg extrem verändern, da sie in der Trockenzeit praktisch ausdörren. Wenn die unterirdischen Karstflüsse nicht selbst genug Wasser führen, wird kein neues Wasser in den See zur Oberfläche transportiert. So entsteht in der Regel 2x im Jahr ein Wechsel zwischen Hochwasser und Trockenperiode. Vom Stellplatz in Seenähe können Sie entweder 50m die Straße zurück gehen und hier einen Weg zum See nehmen oder am nördlichen Ende des Platzes rechts, an einem Gebäude vorbei, den See erreichen. Mehrere Wege ziehen sich ums Ufer des dicht bewachsenen Gewässers. Je nach Wasserstand stehen auch viele Büsche und Bäume „bis zum Hals“ im Nass. Allen voran die Schwarzpappeln, die den hier heimischen Beständen an Spechten ein Zuhause bieten. Das ungewöhnlichste Tier, das in dieser gegensätzlichen, aus kargen Steppen und Feuchtzonen gebildeten Umgebung ein Zuhause gefunden hat, ist der aus Nordafrika eingewanderte Goldschakal. Aber auch Wildkatzen und Iltisse fühlen sich in der mit vielen kleinen Höhlen durchzogenen Karstlandschaft wohl. Die größte Chance auf Begegnungen tierischer Art rund um den See haben Sie in der Dämmerung. Eine ganze Reihe markierter Wanderwege durchzieht das weitläufige Schutzgebiet. Informationen dazu erhalten Sie im **Gradina-Besucherzentrum** mit angeschlossenem kleinen Museumsteil und schönem Blick auf den *See (geöffnet Sa/So, im Sommer 9-13h und 17-20h, im Winter 10-18h)*. Es ist im folgenden Ort DOBERDO DEL LAGO nach rechts angeschrieben,

Der erste Ort nach dem See ist DOBERDO DEL LAGO. An der Gabelung bei Ortsbeginn haben Sie nun die Qual der Wahl: nach rechts gelangen Sie weiter ins Zentrum und können kurz zuvor wiederum rechts zum **Gradina-Besucherzentrum** abbiegen (siehe Kastentext).

Nach links kommen Sie in einen Vorort von MONFALCONE, fahren hier an der Gabelung Richtung „Aeroporto“, Flughafen, und kommen so nach REDIPUGLIA. Hier befindet sich das größte Kriegerdenkmal Italiens, das, schon 1938 eröffnet, an die 100.000 Gefallenen der Isonzoschlachten im 1. Weltkrieg erinnert.

Oder Sie fahren geradeaus und dann, an der folgenden Kreuzung, Richtung SAGREDO, weiter durch die einsame Karstebene. An der dann folgenden Gabelung nach einigen Kilometern bietet sich rechts die Möglichkeit zu einem Abstecher zum **Museo San Michele** auf dem gleichnamigen Berg –

eine weitere Kriegsgedenkstätte *(geöffnet Apr-Sep Di-Sa 8.30-12h und 13.30-16h bzw. 14.30-17h am So, Sep-Mär Mo-Sa, gleiche Zeit)*. Nach links kommen wir in SAGREDO an (achten sie auf die Beschilderung zuvor, höhere Wohnmobile über 2,50m müssen die Umfahrung links für LKWs nehmen), treffen an der Hauptstraße auf die REDIPUGLIA-Variante und überqueren den Isonzo nach GRADISCA D`ISONZO.

(102) WOMO-Stellplatz: Gradisca D`Isonzo

GPS: N 45°53'09" E 13°29'44", Via Trieste **max. WOMOs**: 5 Plätze

Ausstattung/Lage: Ver-/Entsorgung, Mülleimer, beleuchtet, neben einem Supermarkt, dahinter ein kleiner Park. 600m ins Zentrum.

Zufahrt: Der Beschilderung ins Zentrum von GRADISCA folgen, hier linkerhand an der Hauptstraße.

Parkgebühr: kostenlos

Über die Via Trieste erreichen wir das Zentrum. Wer nur kurz als Zwischenstopp durch die kleine Altstadt bummeln möchte, findet auch direkt am Hauptplatz ausreichend Parkmöglichkeiten (gegen Gebühr).

Gradisco D´Isonzo

Das großzügige Ensemble mit dem Theater an der Frontseite und den weiten Grünanlagen macht was her und lässt die Innenstadt größer erscheinen. Tatsächlich beschränkt sich der Stadtkern auf zwei parallel verlaufende Straßen ab hier. Die Venezianer gründeten die Stadt als Vorposten gegen die Türken. Doch schon wenige Jahre später fiel sie an Österreich und verblieb lange im Habsburger Reich. Das spiegelt sich, wie so oft in

Castello in Gradisca

Theater und Fußgängerzone von Gradisca

der Gegend, in der Bebauung nieder. Ganz am Ende der Fußgängerzone gelangt man zum alten Castello, das leider nicht zu besichtigen ist und ziemlich verwildert wirkt.

Die Straße, die uns nach GRADISCA brachte, fahren wir einfach weiter geradeaus und sind schon am Weg nach GORIZIA bzw. Görz, wie der deutschsprachige Name der Stadt, die wie viele andere in der Gegend lange Zeit zu Österreich gehörte, lautet. Der Weg ist überall bezeichnet und erst, wenn Sie schon im bebauten Gebiet sind, biegen Sie einmal rechts Richtung Zentrum ab. Wir überqueren den Isonzo und gelangen in einen Kreisverkehr. Für einen eher kurzen Aufenthalt empfiehlt sich ein Parkplatz direkt im Zentrum. Dazu nehmen Sie die letzte Ausfahrt Richtung „Ospedale". Am zweiten, kleinen Kreisel rechts halten und nun bis auf Weiteres immer geradeaus. Auch zu den Übernachtungsplätzen gelangen Sie auf diesem Weg. Der erste ist nach einer Weile links durch ein Entsorgungszeichen für Womos markiert. Anschließend durchfahren wir eine Brücke und nehmen danach dreimal in Folge die erste Straße nach rechts. Hat alles geklappt, sind Sie nun in der Via Santa Chiara und erreichen auf der linken Seite die Einfahrt zu einem Hof mit Parkmöglichkeiten *(kostenlos, nach 19.30 allerdings geschlossen und werktags zwischen 13.30 und 19.30h max. 90min)* [N 45°56'49" E 13°37'19"]. Weitere Stellplätze für einen Tagesstopp gibt es, wenn Sie statt in die Via Santa Chiara einzubiegen, noch ein Stück geradeaus fahren, dort entlang der Straße oder nach einem kleinen Park rechts abbiegend, auf dem Platz an der Via F. Petrarca (mit Parkuhr/ Parkschein) [N 45°56'41" E 13°37'12"].

Am Isonzo bei Gorizia

(103) WOMO-Stellplatz: Gorizia 1

GPS: N 45°56'46" E 13°37'00", Via Virgilio
max. WOMOs: > 10 Plätze
Ausstattung/Lage: Ver-/Entsorgung, gekennzeichneter Teil eines Parkplatzes, zentrumsnah (ca. 500m), an Rand eines kleinen Wäldchens.
Zufahrt: Wie im Text beschrieben am 1. Kreisverkehr nach dem Isonzofluss immer Richtung „Ospedale" bis nach links der Stellplatz in die Via Oriani angeschrieben steht.
Parkgebühr: kostenlos

(104) WOMO-Stellplatz: Gorizia 2

GPS: N 45°56'43" **E 13°37'55",** Via Pompeo Giustiniani
max. WOMOs: > 10 Plätze
Ausstattung/Lage: Parkplatz ohne Einrichtungen, beleuchtet, ruhig, hinter dem Schlossberg, ca. 80m vor der Grenzlinie nach Slowenien.
Zufahrt: An der Abzweigung zum Stellplatz Nr. 1 einfach weiter geradeaus und immer auf der Straße bleiben, bis Sie abbiegen müssen. Hier links fahren und am Kreisverkehr die erste rechts, dann sofort wieder rechts Richtung TRIESTE fahren (Via Corsica). Nun immer geradeaus um den Schlossberg herum. Nach 700m rechterhand.
Parkgebühr: kostenlos

Gorizia

Das alte Görz, auf italienisch GORIZIA, ist heute eine Doppelstadt auf beiden Seiten der Grenze. Ursprünglich gab es nur den inzwischen kleineren Teil auf italienischer Seite. Nach 1945 entstand die Neustadt, NOVA GORICA unter Tito auf der Seite Sloweniens. Durch die lange Jahre geschlossenen Grenzen und die isolierte Randlage ganz im Osten Italiens war GORIZIA fast etwas in Vergessenheit geraten. Seit 2004 Slowenien der EU beigetreten ist, ändert sich das langsam aber stetig. Als Grafschaft stand die Stadt lange Zeit unter österreichischem Einfluss und kam erst nach dem ersten Weltkrieg zu Italien. Mitten in der Kampfzone der Isonzoschlachten war sie in den Jahren zuvor praktisch entvölkert und schwer in Mitleidenschaft gezogen worden.
Von der Via Santa Chiara aus gehen wir in südöstlicher Richtung auf die große **Piazza della Vittoria.** Rechts hinten kommen wir in die kleine Fußgängerzone der Via Rastello und stoßen auf den ehemaligen, heute kleineren Hauptplatz **Piazza di Cavour**. Rechts von uns befin-

Piazza della Vittoria

det sich der Dom. Nach links gelangen wir durch die Viale G. D`Anunzio in die befestigte Oberstadt mit dem **Castello**, das einst vom Grafen von Görz erbaut wurde *(geöffnet Di-So 9.30-13h und 15-19.30h, Okt-Mär nur bis 17.30h, Eintritt 3,50EUR)*. Gleich daneben steht die mit rund 800 Jahren älteste Kirche GORIZIAS, **Santo Spirito.** Vom Burgberg hat man einen schönen Blick auf die Umgebung, auch die historisch wertvollsten Gebäude befinden sich hier. Zurück in der Unterstadt liegt links von uns die Piazza San Antonio mit dem auffälligen laubengesäumten Bauwerk des **Palazzo Lantieri**. Gleich gegenüber im **Piazza Strassoldo** verbrachten einst die letzten Bourbonenkönige Frankreichs, Ludwig der XIX. und Heinrich der V. ihre letzten bzw. einige Jahre, nachdem sie in Folge der Julirevolution in den 1830er Jahren Frankreich verlassen mussten. Westlich von hier erstreckt sich die heutige Zentralstadt mit vielen Geschäften, Cafés und Restaurants im Wesentlichen zwischen Via Roma und Corso G. Verdi. Von letzterer gelangen Sie in nördlicher Richtung auch zurück zu Ihrem Parkplatz.

Die Stadt verlassen wir auf dem gleichen Weg wie zuvor bei der Ankunft. Am großen Kreisverkehr nehmen wir den Abzweig über den Isonzo zurück, dann hinter der Brücke unmittelbar rechts abfahren und erst dem Schild Richtung S.FLORIANO, nach einer Unterführung weiter dem nach OSLAVIA folgen. Links der Straße erhebt sich schon wenig später das **Mahnmal von Oslavia**, die dritte große Kriegsgedenkstätte in der Gegend. Parkplätze sind leider kaum vorhanden. Am ehesten am kleinen Rondell unterhalb. Sie können ab hier die Stufen zur Gedenkstätte emporsteigen. Der festungsähnliche Bau besteht aus Mittelturm, Krypta und drei Seitentürmen. Im Inneren liegen die Grabnischen namentlich bekannter österreichischer

Landschaft im Collio

wie italienischer gefallener Soldaten sowie drei große Beinhäuser für die Unbekannten in den Seitentürmen. Die Leichname wurden aus allen Kriegerfriedhöfen der umliegenden Hochebenen exhumiert und hierher gebracht *(geöffnet Apr-Sep Di-Sa 9-11.30h, So 9-13h, Okt-Mär Mo-Sa 8.30-12h und 13.30-17h)*.

Ab jetzt gilt für viele Kilometer: Weinberge soweit das Auge reicht.

Das Collio und die Colli Orientali

Wein, Wein und nochmals Wein – das ist es, um was sich hier in der Gegend fast alles dreht. Und es sind wirklich Dutzende Weingüter, die allesamt gute bis sehr gute Produkte, allesamt D.O.C.-Standard, hervorbringen. Einige Kellereien haben ihr Hauptaugenmerk auf Weißweine gelegt, andere produzieren auch Rot- und Rosé- sowie Schaumweine und in zugehörigen Destillerien Grappa und andere Brände. Teilweise sind auch Gaststätten, meist mit wechselnden Öffnungszeiten, angeschlossen. Natürlich finden Sie auch anderswo auf unseren Touren tolle Weingüter, doch keine andere Tour ist so stark vom Rebensaft geprägt wie diese. Daher der Tipp: Lassen Sie sich gerade hier eine Weinprobe nicht entgehen, wenn Sie etwas dafür übrig haben. Die genauen Öffnungszeiten und Angebote der hiesigen Weingüter erfahren Sie am besten im Internet unter **www.mtvfriulivg.it** oder bei den hiesigen Touristeninformationsstellen.

Immer der slowenischen Grenze folgend, am äußersten italienischen Rand entlang, kommen wir bei herrlichen Ausblicken weit ins Land hinein, durch die Orte LENZUOLO, SAN FLORIANO, BUCUIE und VALERISCE.

Die Weinbaubetriebe beidseits des Weges überschlagen sich fast mit ihren Angeboten – ein Hinweisschild jagt das andere, viele öffnen allerdings nur nach vorheriger telefonischer Anmeldung ihre Türen.

Bei [N 45°58'04" E 13°34'03"] stoßen wir auf einen Picknickplatz und fahren über GIASBANA Richtung MOSSA. Ab der Gabelung biegen wir rechts ab nach CAPRIVA. Am Weg dorthin taucht erneut ein schöner Picknickplatz bei [N 45°57'21" E 13°32'27"] auf.

(105) WOMO-Stellplatz: Mossa

GPS: N 45°56'44" E 13°32'43", Strada Statale 409

max. WOMOs: 4 Plätze

Ausstattung/Lage: Wasser, Strom, Mülleimer, Picknickbänke, nachts ruhig

Zufahrt: An der Gabelung nicht Richtung CAPRIVA, sondern ein Stück Richtung MOSSA fahren. Dann, nach ca. 1,1km, direkt vor der Trattoria Bianch (gelbes Haus), rechts abbiegen.

Parkgebühr: kostenlos

(106) WOMO-Stellplatz: Capriva del Friuli

GPS: N 45°56'48" E 13°30'43", Via degli Alpini

max. WOMOs: 12 Plätze

Ausstattung/Lage: Ver-/Entsorgung, Strom, Mülleimer, Picknickbänke, in Ortsrandlage an einem Boccia-Feld mit kleiner Bar. Schöne Trattoria nur ein kleines Stück die Straße hinab. Ins kleine Zentrum ca. 600m, nachts ruhig

Zufahrt: Wie im Text beschrieben bis zur Via degli Alpini, dann nach einer kleinen Brücke links

Parkgebühr: kostenlos

Nach einem kleinen See geht es nach links weiter und wir fahren durch eine lieblich anmutende Landschaft mit Feldern, Zypressen und Buschwerk, die ein wenig an die Toskana erinnert, weiter geradeaus, über das große Gut RUSSIZ und direkt danach links in die Via degli Alpini. Am Ende der Straße links gelangen wir nach CAPRIVA DEL FRIULI hinein. Der kleine Ort bietet bis auf ein paar Geschäfte an der Hauptstraße und diverse Weingüter aber nicht viel Nenneswertes. Rechts geht es stattdessen weiter ins größere CORMONS. Dabei passieren wir links das eindrucksvolle, 1000 Jahre alte **Castello Di Spessa** in dem einst schon Casanova zu Gast war. Heute ist es ein Golfhotel mit angeschlossenem Platz. Auch eine Osteria und eine Weinkellerei beherbergt das Anwesen.

An einer Bahnlinie nochmals rechts, erreichen wir wenig später CORMONS. Außer an Markttagen (immer freitags) parken Sie für einen Rundgang am besten am großen Stadtparkplatz: Geradeaus bis es nicht mehr geht, dann rechts, an der Gabelung gleich danach links halten, noch zweimal jeweils die erste Möglichkeit wieder links und „schon“ sind sie da [N 45°57'36" E 13°28'19"]! Das sympathische 7000-Einwohner-Städtchen mit viel altösterreichischem Flair ist das Zentrum der Collio-Weinregion und im **Palazzo Locatelli** am Hauptplatz können Sie in der größten Enoteca der Gegend kontrollieren, ob wirklich alle Weine des Collio angeboten werden.

Schöne Lage: Castello Di Spessa

Verlassen Sie den Parkplatz auf der entgegengesetzten Seite von der aus Sie eingefahren sind, rechts, über die Via G. Zucco und am Ende einmal links, einmal rechts, erreichen Sie die Strada Statale 35. Hier wechseln wir vom Collio-Gebiet in die Colli Orientali Weinregion. Zwei Abstecher haben wir vor der nächsten Stadt CIVIDALE noch eingeplant: ob Sie beide mitnehmen oder nicht, bleibt Ihnen selbst überlassen.

Gleich zu Beginn des Ortes CORNO DI ROSAZZO können Sie links Richtung MANZANO abzweigen und dann, nach etwa 1,8km, wieder rechts zur **Abbazia di Rosazzo**. Dieser stille und schön gelegen Ort kann auf eine fast 1200 Jahre alte Geschichte zurück blicken. Kirche und Abtei sind das ganze Jahr über zugänglich, auch Rosengarten und Weinkeller verdienen Beachtung *(geöffnet tägl. 9-12h und 15-18h).*

Noch ein Stück weiter die Hauptstraße entlang können wir dann in SPESSA ALTA rechts ab Richtung PREPOTTO fah-

Die Klosteranlage von Castelmonte

ren. An der nächsten Gabelung dann schon wieder links nach CIVIDALE. Für einen Abstecher zum wunderbar gelegenen **Santuario Castelmonte** müssen wir nun aber noch einen Umweg in Kauf nehmen und rechts die kleine Straße Richtung CIALLA hinaufkurbeln. Erst noch flach, später zunehmend ansteigend, kommen wir auf schmalem Asphaltstreifen erst in den Bergort mit kurzer Engstelle (notfalls mit angeklappten Außenspiegeln passieren), dann, nach einigen weiteren Kurven, am Ende rechts auf eine größere Straße, die uns zum Kloster führt. Direkt unterhalb befindet sich eine riesige Stellfläche **[107: N 46°05'36" E 13°31'08"]**. Das Kloster geht vermutlich auf frühzeitliche Befestigungsanlagen zurück. Von hier sollte die Stadt CIVIDALE vor den häufigen Angriffen von Hunnen, Goten oder Awaren gewarnt werden. Erst im späten 6. Jahrhundert wurde wohl auch ein Kloster gegründet. Die heutige Anlage mit der hochverehrten schwarzen Madonnenstatue geht auf das Jahr 1479 zurück. Im Komplex befinden sich auch eine kleine Gastwirtschaft sowie ein Andenkenladen und eine Pension. Man hat einen tollen Blick auf die umliegenden Täler.

Zurück geht es erst einmal wie gehabt, dabei bleiben wir aber diesmal stur geradeaus, bis wir CIVIDALE DEL FRIULI erreichen und fahren am Ende der Straße links. Die beste Parkgelegenheit für Womos ist der offizielle Stellplatz, egal ob Sie nur einige Stunden oder über Nacht bleiben wollen.

Am nächsten Kreisverkehr rechts in die Via Europa abbiegen und dann immer Richtung TARCENTO. Wir überqueren den Fluss Natisone und biegen danach an der nächsten großen Kreuzung rechts Richtung „Slowenia“ ab. Linkerhand finden sich hier auch Parkplätze, die Sie eventuell ansteuern können. Nach 800m rechts mit Wohnmobilsymbol in die kleine Via Peribola abzweigen, nochmals links, dann gleich wieder rechts und Sie haben es geschafft!

Im Tal wartet schon Cividale

(108) WOMO-Stellplatz: Cividale del Friuli

GPS: N 46°05'40" E 13°26'11", Via della Mura
max. WOMOs: 10 Plätze
Ausstattung/Lage: Ver-/Entsorgung, Mülltonnen, direkt östlich vor der Stadtmauer gelegen, keine 200m ins Zentrum
Zufahrt: wie im Tour-Text beschrieben
Parkgebühr: kostenlos

Cividale del Friuli

Kaum eine zweite Stadt Italiens hat eine derart bewegte Geschichte wie diese. Vor Urzeiten als keltische Siedlung gegründet, bekam sie schon 49 v. Chr. von Julius Cäsar die Stadtrechte verliehen. Er nannte die Stadt Forum Julii – woraus sich im Lauf der Jahrhunderte die Abkürzung Friuli ableitete und der ganzen Region ihren Namen gab. Nach Roms Untergang war sie mal Teil des Ostgotischen Reiches, mal gehörte sie zu Byzanz bis 568 die Langobarden einfielen und ein eigenes Herzogtum mit CIVIDALE als Hauptstadt gründeten. Später gehörte die Stadt mal zur karolingischen Mark Friaul, mal zur Grafschaft Verona. Sie unterstand dem Patriarch von Aquileia und wurde im 15. Jahrhundert Teil des venezianischen Reiches – doch auch das sollte es noch nicht gewesen sein. Österreicher, unterbrochen von einem kurzen französischen Intermezzo, waren bis 1867 die Herren von CIVIDALE, bis schlussendlich Italien den Zuschlag bekam. Die beeindruckendsten und geschichtlich prägendsten Spuren, die mit dem Namen der Stadt bis heute verbunden werden, haben die Langobarden hinterlassen. Nicht weil sie das gesamte Stadtbild bis heute so deutlich geprägt hätten. Doch liegt ihre Kultur bis heute so im Dunklen und es sind nur so wenige Überreste ihrer Herrschaft in Norditalien vorhanden, dass die wenigen hier von ganz besonderem Interesse sind.
Gleich vom Stellplatz aus in Richtung Fluss und dann rechts erreichen wir die Rückseite des **Tempietto Langobardo**. Der kleine Gebetstempel stammt aus dem 8. Jahrhundert und damit eigentlich aus byzantinischer

Zeit. Doch stand er im Königsviertel der Langobarden und so wird heute angenommen, dass er auch von ihnen als Sakralbau genutzt wurde. Heute ist er Teil des kleinen Klosterkomplexes **Santa Maria in Valle**. *(geöffnet Mo-Sa 9.30-12.30h und 15-18.30h, So bis 19.30h, Winterhalbjahr nur bis 17 bzw. 18h, Erw. 2,50EUR, Kinder frei)* Um hineinzugelangen müssen wir noch ein Stück rechts und dann durch das hier liegende Stadttor gehen. Der Eingang befindet sich dann linkerhand. Wenn Sie Ihren Besuch hier abgeschlossen haben, lassen Sie sich gegen Pfand (Ausweis o.ä) den Schlüssel für das **Hypogäum** geben. Ein Stück weiter entlang der Straße liegt der unscheinbare Eingang links. Sperren Sie auf und gehen sie die groben Steinstufen nach unten. Der Zweck dieser in den Stein gehauenen Höhlen ist bis heute nicht endgültig geklärt: vielleicht wurden sie schon von den Kelten als Grabkammern genutzt, später von den Römern und Langobarden womöglich als Gefängnis. Vergessen Sie nicht, das Licht zu löschen und wieder abzusperren, bevor sie den Schlüssel zurückbringen. Dann, weiter entlang der Ringstraße, können Sie links über die wichtigste Brücke und das Wahrzeichen der Stadt gehen: die **Teufelsbrücke**. Sie wurde im 15. Jahrhundert erstmals erbaut und später immer wieder zerstört und neu aufgestellt, zuletzt 1918, nachdem sie ein Jahr zuvor im Krieg gesprengt worden war. Ihr Name geht wohl auf den Fels zurück, auf dem der Mittelpfeiler ruht – der Teufel selbst soll ihn hier ins Wasser geschleudert haben. Den besten Blick haben Sie vom gegenüberliegenden Ufer links. Hier befindet sich eine kleine Aussichtsterrasse. Zurück in der Stadt gehen wir nun von der Brücke aus gerade hinein zum **Piazza del Duomo** mit dem **Palazzo Pretorio**, an der rechten, hinteren Seite – wohl ein weiterer Entwurf aus der Feder Palladios. Heute ist das **Archäologische Nationalmuseum** hier untergebracht. Es besitzt Abteilungen, die nach den einzelnen Dynastien gegliedert sind: im Erdgeschoss vom alten Rom über Byzanz bis zu den Karolingern, das Obergeschoss befasst sich mit der langobardischen Zeit *(geöffnet Mo. 8.30-13.30,*

Tempietto Langobardo

Di-So bis 19h, Eintritt 4EUR). Der große **Dom Santa Maria Assunta** hat einen interessanten, 1000Jahre alten Altaraufsatz zu bieten und vor allem das von innen zugängliche **Museo Cristiano.** Hier können unter anderem ein Langobardenthron, -taufbecken sowie Fresken und andere bildhafte Darstellungen der alten Zeit besichtigt werden *(geöffnet Mi-So 10-13h und 15-18h, im Winter nur Sa/So, Erw. 5EUR).* Laufen Sie unbedingt noch ein wenig durch die mittelalterlich geprägten Gassen. Kehren Sie ein und lassen Sie sich ein wenig treiben – es lohnt sich...

Langobarden

Weder ist eindeutig geklärt woher sie kamen, noch wohin sie gingen. Die Langobarden sind die großen Unbekannten der europäischen Geschichte. Vermutlich sind sie ein germanischer Stamm gewesen, der ursprünglich am unteren Elbufer siedelte. Ihr Name leitet sich wohl tatsächlich von ihrer Haartracht ab: die als Langbärte Bezeichneten wurden zu den Langobarden. Erste gesicherte geschichtliche Erwähnungen dieses „besonders wilden und unangepassten Stammes" datieren um das Jahr 0. Über 150 Jahre verschwinden sie danach wieder aus der Geschichtsschreibung und tauchen dann plündernd im römischen Reich wieder auf. Im 6. Jahrhundert halfen sie die Ostgoten aus Norditalien zu vertreiben und ließen sich später mit ca. 150.000 Mann hier nieder. Neben CIVIDALE wurde vor allem das Gebiet zwischen Lago Maggiore und Gardasee von Ihnen bevölkert. Ihre Hauptstadt wurde PAVIA. Sie hatten ihre eigene Kultur und ihre eigene Sprache, die aber mit der Zeit immer mehr mit der römischen verschmolz. Um das Jahr 1000 war die Sprache wohl ausgestorben, nur wenige Fragmente sind heute noch bekannt und auch die Spuren dieses einst so erfolgreichen Stammes verlieren sich. Ob sie in andere Volksgruppen aufgingen oder einfach ausgerottet wurden, weiß bis heute niemand.

Hypogäum

Tour 9: (190 km / 3-5 Tage)

Udine – Attimis – Grotta di Villanova – Tarcento
Colloredo di Monte Albano – Fagagna – San Daniele
Spilimbergo – Grotta Pradis di Sotto
Res. Nat. Lago di Cornino – Gemona – Bordano
Lago Tre Croci – Venzone

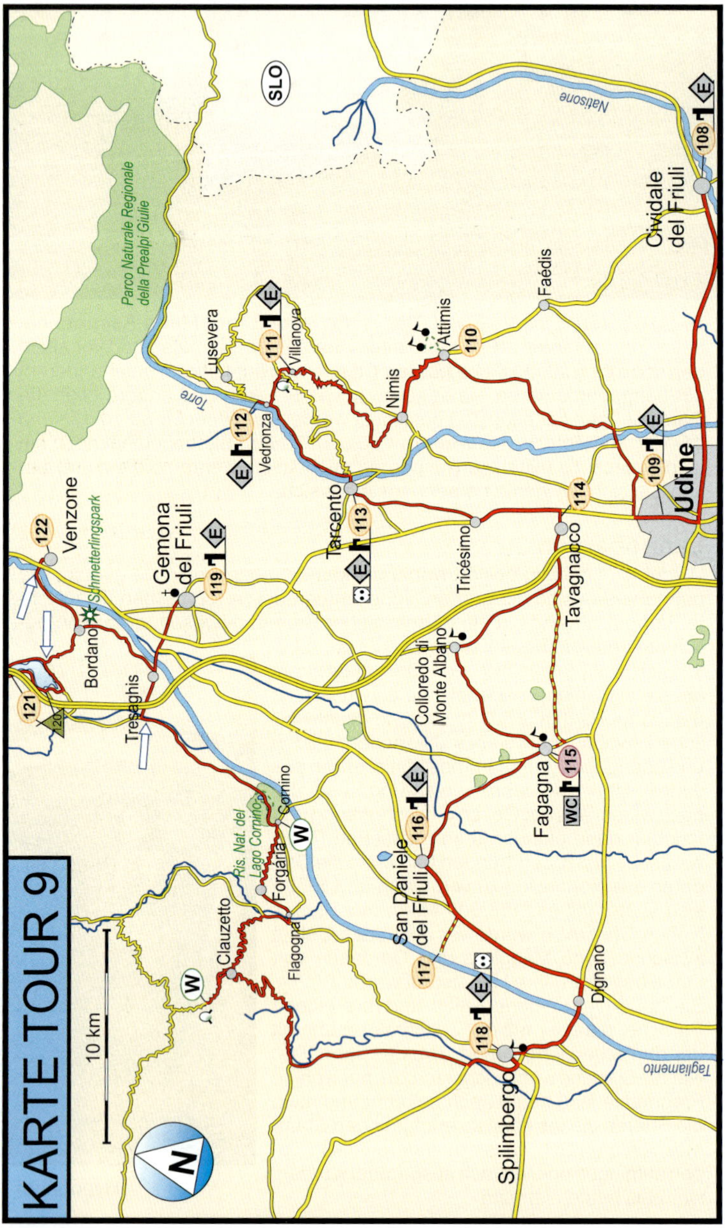

Stellplätze (gratis):	Udine, Attimis, Vollanova, Vedronza, Tarcento, Tricesimo, Fagagna, San Daniele del Friuli, Villanova, Spilimbergo, Gemona, Lago di Cavazzo, Venzone
Campingplätze:	Lago di Cavazzo
Besichtigen:	Udine, Grotta di Villanova, Tarcento, Fagagna, San Daniele, Spilimbergo, Gemona, Bordano, Venzone
Wandern:	Attimis, Grotta Pradis di Sotto, Res. Nat. Lago Cornino, Bordano
Baden:	Tagliamento, Lago Tre Croci

Von CIVIDALE nach UDINE zu kommen, stellt keinerlei Problem da. Die mit etwa 100.000 Einwohnern zweitgrößte Stadt der Region ist prima ausgeschildert und nach rund 15km auf großen, gut ausgebauten Straßen erreichen wir die Hauptstadt des Friaul. Für eine Besichtigungstour nehmen Sie am besten den zentralen Parkplatz an der Piazza I Maggio [N 46°03'59" E 13°14'10"].

Haben Sie unterwegs keine großen Schlenker gemacht, kommen Sie über die SS54 in die Stadt. Erst nach einer Total-Tankstelle, neben der die Parkplätze „Tribunale" und „Venerio" zum Abbiegen nach links an der nächsten Ampel angeschrieben stehen, nehmen auch wir die Abzweigung ins Zentrum. Etwas kompliziert: im Abbiegen müssen Sie hinter dem Platz die linke Straße (Viale della Vittoria) wählen. Nach weiteren 400m erreichen Sie das Parkareal. Plätze finden Sie ringsum.

Udine

Nicht nur Hauptstadt, auch Einkaufsmetropole Nummer eins für die Menschen der Region und des benachbarten Auslands ist UDINE. Die Stadtrechte erhielt der Ort schon 1223 durch Berthold von Andechs, dem damaligen Patriarchen in AQUILEIA. 200 Jahre später kam es zu VENEDIG und blieb auch unter Herrschaft der Serenissima, bis Napoleon und kurz darauf die Österreicher kamen. Heute findet sich hier ein bunter Mix aus Moderne und Tradition. Ein Stadtrundgang gestaltet sich recht kompakt, alle wichtigen Gebäude befinden sich westlich von unserem Ausgangspunkt im Umkreis von wenigen hundert Metern. Durch die kleine Gasse rechts vom Burghügel betreten wir die Altstadt. Erst immer geradeaus, dann, an einer kleinen Piazza rechts und sofort wieder links, in die repräsentative Via Mercato einbiegen. Die von Laubengängen und Geschäften gesäumte Straße führt uns gleich zu Beginn zum Hauptplatz, der **Piazza della Libertá**. Der stark vom venezianischen Einfluss geprägte Platz wird rechts von der **Loggia del Lionelli** gesäumt. Auffällig ist die mit roten und weißen Steinen gestaltete Innenfläche des offenen Erdgeschosses.

Piazza San Giacomo

Gegenüber steht die **Loggia San Giovanni**. Unter all den Statuen fehlt, natürlich auf der höchsten Säule, auch der Markuslöwe nicht.

Links vom Gebäude können Sie zum Castello aufsteigen. Eine Sage erzählt, der Hunnenkönig Attila habe den Berg im Jahr 452 durch seine Soldaten auftragen lassen um das brennende AQUILEIA, soeben von ihm geplündert, in der Ferne besser sehen zu können. Zu Hilfe nahmen sie ihre Helme, die sie immer wieder füllten. Wahr oder auch nicht, ist der Untergrund anscheinend nicht der stabilste. Bei allen nennenswerten Erdbeben im Umkreis bekamen die Bauten am Hügel immer große Schäden ab. Der Hauptteil des heutigen Schlosses stammt aus dem 16. Jahrhundert. Im Inneren sind mehrere Museen untergebracht. Das renommierteste ist zweifelsohne die **Galleria d`Arte Antica** mit Bildern z.B. von Tiepolo, Pordenone, Canaveggio und Grassi *(geöffnet Di-So 10.30-19h, Okt-Apr nur bis 17h, Eintritt 5EUR – wenn Sie wollen, können Sie auch einen Museums-pass für alle Udineser Ausstellungen erstehen, der Sie in der Summe deutlich billiger kommt)*. Schön von hier oben und dazu völlig gratis ist die Aussicht bis hinauf in die Alpen. Der goldene Erzengel Gabriel, oben auf dem Dach des Turms, gilt als Wahrzeichen der Stadt. Zurück am Hauptplatz und nur wenige Meter weiter geradeaus in der Via Vittorio Veneto, stehen wir am mächtigen Turm des Doms **Santa Maria Annunziata**. Auch hier gibt es Gemälde von Tiepolo zu sehen. Der Venezianer wurde in seiner frühen Schaffensphase vom Bischof von Udine geholt, um in der Stadt zu wirken. Dem Dom ist auch ein kleines Museum mit kirchlicher Kunst angeschlossen. Direkt vis-à-vis des Haupt-

Loggia del Lionelli

Dom

eingangs des Doms beginnt die Fußgängerzone, nur ein Stück weiter in der Via B. Stringher. Wir gelangen zur **Piazza XX Settembre**. Von Montag bis Samstag finden hier täglich verschiedene Märkte statt. Am Ende rechts und dann immer geradeaus durch eine lebhafte Ladenstraße, stehen wir bald an der **Piazza San Giacomo**, einem italienischen Platz wie aus dem Bilderbuch, mit namensgebender, kleiner Kirche **San Giacomo** im Hintergrund und einem 700 Jahre alten Brunnen, erbaut von Giovanni da Udine, in der Mitte. Am besten überqueren Sie den Platz und gehen dann noch ein wenig in den kleinen Straßen spazieren, bevor sie geradeaus über die Piazza Liberta wieder zum Auto zurückkehren.

(109) WOMO-Stellplatz: Udine

GPS: N 46°04'52" E 13°13'23", Via Chiusaforte
max. WOMOs: > 10 Plätze
Ausstattung/Lage: Ver-/Entsorgung, Mülleimer, in der Nähe des Krankenhauses, im nördlichen Teil der Stadt gelegen, ca. 2km entfernt vom historischen Zentrum. Großer Parkplatz mit Rasengittersteinen, eher zweckmäßig als schön, nachts relativ ruhig.
Zufahrt: Auf unserer Einfallstraße von CIVIDALE immer geradeaus, bis nach rechts das „ospidale" angeschrieben steht. Der Straße folgen und am ersten Kreisverkehr die letzte Ausfahrt, erneut Richtung Krankenhaus, wählen. Nach dem Gebäudekomplex rechts in die Via Chiusaforte einfahren. Der „Parcheggio libero via Chiusaforte" ist hier auch angeschrieben. Nach etwa 600m links.
Parkgebühr: kostenlos

Nordöstlich von UDINE ist das Land grün, bergig und dünn besiedelt. Wir fahren ins kleine Dorf ATTIMIS weiter, einst Stammsitz des Grafen zu Attimis. Vom Innenstadtparkplatz nehmen wir zurück wieder die Straße von der wir kamen. Dann, am zweiten Kreisverkehr, nehmen wir die erste Ausfahrt, bleiben hier aber sofort auf der linken Spur unbeschildert entlang der Via Monte Grappa. An der ersten Ampel links und nun ein-

In den Bergen nahe Villanova

fach immer geradeaus, lassen wir die Stadt bald hinter uns und fahren durch flaches Terrain auf die nahen Dolomiten zu. Nach einem Weilchen ist unser Ziel dann auch schon durch Schilder gekennzeichnet, denen wir nur mehr folgen müssen. Kaum haben wir das Hügelland erreicht, sind wir auch schon in der kleinen Gemeinde angekommen. An der Kreuzung im Ort wechseln wir nur auf die andere Seite des Flusses Malina, hier leiten uns braune Wegweiser zum **Museo dei Castello Attimis**. Am rotweißen, letzten Haus auf der linken Seite sind wir da. Parken können Sie am besten rechts vor der Schule [N 46°11'24" E 13°18'42"].

Im Museum können Sie Fundstücke aus den neun umliegenden Burgen, heute allesamt Ruinen, betrachten *(geöffnet Sa/So 10-13h und 15-18h, Erw 3,60EUR Senioren und Kinder/ Jugendliche ab 6 2,60EUR)*. Sie erhalten hier auch Informationen zur Burgenwanderung von ATTIMIS, die aus unserer Sicht größere Attraktion. Gleich am angegebenen Parkplatz befindet sich eine Infotafel zum Weg, der Sie gleich an zwei Burgen und einigen anderen Besonderheiten des Hügels im Hintergrund vorbei führt. Um bis zum Anfang nicht erst eine ganze Ecke durch den Ort laufen zu müssen, fahren Sie doch gleich zum eigentlichen Beginn der Rundwanderung. Erst zurück zur Hauptstraße, dann links und vor der Kirche wieder links. Dahinter liegt ein ruhiger Parkplatz neben einem ehemaligen Militärgelände, der auch für eine Übernachtung nicht schlecht ist **[110: N 46°11'10" E 13°18'35"]**. Hier geht der gut markierte Pfad ab. Besonders schön ist er im Frühjahr, wenn überall entlang des Weges Wildblumen sprießen.

Zu einem noch versteckteren Ziel fahren wir jetzt. Die Straßen werden noch kleiner und kurviger, bleiben aber recht gut befahrbar. In nordöstlicher Richtung auf der SS356 bis NIMIS, hier ein kurzes Stück nach rechts und dann, vor einem Kruzi-

fix, links ab zur **Grotta Nuova di Villanova**. Fast dschungelartig zugewuchert ist der Hang im Sommer. Wir bekommen nach einer Weile kaum mehr etwas zu Gesicht von der Aussicht, die sich eigentlich bieten muss – die Straße steigt jedenfalls stetig an. Oben in VILLANOVA lichtet sich der Wald und an der T-Kreuzung fahren wir rechts. Es geht ein Stück hinab und eine Serpentine später hart nach rechts zur Grotte. Auch ein Stellplatz ist hier oben angeschrieben, der sich sowohl für einen Kurzbesuch als auch für eine Übernachtung eignet. Auf dem Parkplatz vor der kleinen Trattoria sind Sie mit ihrem Wohnmobil jedenfalls ausdrücklich willkommen.

(111) WOMO-Stellplatz: Grotta di Villanova

GPS: N 46°15'21" E 13°17'00", Villa Nuova 6, LUSEVERA
max. WOMOs: 4 Plätze
Ausstattung/Lage: Ver-/Entsorgung, Mülleimer, Picknickbänke, gleich neben einer kleinen Trattoria am Berg gelegen.
Zufahrt: wie im Tourtext beschrieben
Parkgebühr: kostenlos

In der Tropfsteinhöhle werden zwei verschiedene Touren angeboten, über die Sie im kleinen Informationsbüro neben dem Parkplatz genau informiert werden. Neben der regelmäßig stattfindenden Touristentour werden auch Klettertouren durch die Höhle auf unbefestigten Wegen angeboten. *(Standardtour: ca. 1h15min, Mär-Jun+Sep 10-12h und 14-18h, Jul/Aug 10-18h, Okt/Nov 10-12h und 13.30-16.30h, Erw 8EUR, Kinder 6EUR, Höhlentour: ob und wann diese Tour stattfindet am besten telefonisch erfragen unter 0432 78 79 15).*

Wenn Sie aus dem Parkplatz ausfahren, halten Sie sich rechts. Langsam geht es nun wieder abwärts, an einer Gabelung nehmen sie den linken Weg. Durchs Örtchen LUSEVERA und am Ende über ein paar Serpentinen, finden wir uns dann im Val Torre wieder. Links geht es weiter nach TARCENTO.

(112) WOMO-Stellplatz: Vedronza

GPS: N 46°16'17" E 13°15'33", SS646
max. WOMOs: 6-8 Plätze
Ausstattung/Lage: Ver-/Entsorgung, Picknickbänke, uneinsehbar im Grünen neben einem Sportplatz gelegen, wenn nicht gerade Fußball gespielt wird. Recht einsam vor eindrucksvoller Bergkulisse.

Zufahrt: Von der Bergstraße aus LUSEVERA kommend nicht links, sondern rechts abbiegen. Kurz nach Ende des Ortes, kommt der Sportplatz links in Sicht. Hier abbiegen, am Ende des Platzes befindet sich die Stellfläche mit Erduntergrund.
Parkgebühr: kostenlos

Etwas unübersichtlich ist dann nach rechts, über den Fluss, die kleine, für LKWs gesperrte Brücke zu erreichen. Auf der anderen Seite steuern Sie auf die Kirche zu, müssen sie rechts umfahren und halten sich gleich danach links. Nun immer dem bogenförmigem Straßenverlauf nach. Hinter einem kleinen Platz geht es links in eine Einbahnstraße, auf der gegenüberliegenden Seite ist dies auch durch ein Wohnmobilsymbol etwas unglücklich beschildert. Die anfangs ziemlich enge Gasse wird nach unten hin breiter und endet genau am schönen Stellplatz oberhalb des Flussufers. Da kaum ein Parkplatz besser für eine kleine Erkundungstour geeignet ist, sollten Sie so oder so hierhin steuern.

Bei Tarcento

TARCENTO wurde Anfang des letzten Jahrhunderts „Perle des Friauls" genannt, da das Klima hier besonders mild ist, die Lage schön und sich viele wohlhabende Familien entlang des Wasserlaufs niederließen. Wenn Sie vom Stellplatz nach links am Fluss entlang gehen, können Sie noch einige der prunkvollen Gründerzeithäuser, teils im

schweizer Stil erbaut, sehen. Viel mehr Spektakuläres bietet TARCENTO nicht, aber an der Brücke links hinauf machen Sie mit einer gemütlichen Runde durch die kleine Fußgängerzone hinter der Kirche sicher auch nichts falsch.

(113) WOMO-Stellplatz: Tarcento

GPS: N 46°12'52" E 13°13'30", Via Sottocolle Verzan
max. WOMOs: 7 Plätze
Ausstattung/Lage: Ver-/Entsorgung, Strom, Picknickbänke, in einem angelegten kleinen Park direkt am Fluss, ruhig.
Zufahrt: Wie im Tourtext beschrieben.
Parkgebühr: kostenlos, Strom 60ct/1h

Das nächste Teilstück ist, zumindest auf den ersten Kilometern, etwas ereignislos. Vom Stellplatz zurück, dann links in die erste größere Straße, Via Portobello, und am Ende wieder links fahren Sie ein ganzes Stück bis zu einer Kreuzung im Örtchen TRICESIMO. Hier nach links auf die Hauptstraße weiter in Richtung UDINE. Wir kommen jetzt wieder recht nah an die Stadt heran und durchfahren ein großes Industriegebiet, in dem es von Lebensmitteln über Elektroartikel bis zu Kleidung so ziemlich alles zu kaufen gibt – bei Bedarf decken Sie sich ein, erst Tour 13 bietet wieder ähnlich urbane Annehmlichkeiten. Wir verlassen die Straße nach rechts Richtung FAGAGNA, direkt vor einer großen Eurosparfiliale. Sollte es schon spät sein, Sie aber am morgen noch die eine oder andere Besorgung machen wollen, befindet sich gleich dahinter ein zweckmäßiger Stellplatz für alle (Not)-Fälle **[114: N 46°07'45" E 13°13'20"].** Nach der Autobahnunterführung bietet sich noch ein kleiner Schwung nach rechts an, statt direkt bis FAGAGNA durchzubrettern. Am Kreisverkehr von PAGNACCO ist COLLOREDO DI MONTE ALBANO angeschrieben. Das Dorf, auf einem Hü-

Colloredo di Monte Albano

gel gelegen und von einer großen Burganlage beherrscht, bietet einfach einen tollen Anblick wenn man darauf zufährt, für uns ist das den kleinen Umweg wert. Besichtigen kann man die stattliche Anlage zur Zeit leider nicht, nur der Turm ist zeitweise aufgesperrt. Durch das Erdbeben von 1976 schwer in Mitleidenschaft gezogen, ist sie noch immer nicht wieder komplett hergestellt.

Auch sonst ist die Gegend hier voller alter Schlösser, viele bis heute bewohnt. Wenn Sie Interesse haben, dann fahren Sie einfach einmal links und rechts der Straße einem der braunen Schilder nach, die auf

Burgberg von Fagagna

andere nahe Castelli verweisen. Zu besichtigen ist allerdings keines von ihnen, zumindest nicht spontan. Nur mit Voranmeldung und in der Regel nur für größere Gruppen werden die Tore aufgesperrt.

Vor dem Castello links sind wir wieder auf dem richtigen Weg nach FAGAGNA und kommen so, über die SP100, auch schon auf der idealen Strecke im Ort an: kurz vor Beginn, bei [N 46°07'38" E 13°05'10"] hat man vor einigen Jahren begonnen, Weißstörche wieder anzusiedeln. Auf einem kleinen Stück Straße, neben einer Projektstation, haben die Tiere inzwischen auf fast jedem Schornstein und Strommast Quartier bezogen und lassen sich von uns in keiner Weise stören. Ein Anblick, der in Zentraleuropa so selten geworden ist, dass sich nicht nur Kinder diebisch über die unerwartete Abwechslung freuen. Weiter geradeaus erreichen Sie den gar nicht mal so kleinen Ort, der ursprünglich aus mehreren Dörfern bestand, die mit der Zeit zusammenwuchsen. Es gibt einige schöne Straßenzüge und auch zum Castello am Berg kann man hinauf fahren oder laufen.

(115) WOMO-Stellplatz: Fagagna

GPS: N 46°06'57" E 13°04'44", Via Asquini, FAGAGNA
max. WOMOs: > 5 Plätze
Ausstattung/Lage: Mülleimer, schattiger Parkplatz an einem Freizeitgelände gleich außerhalb FAGAGNAS. Auf dem kleinen Hügel direkt daneben gibt es Picknickplätze, Spielplatz, Toiletten und Wasser.
Zufahrt: Wenn Sie in den Ort einfahren, biegen Sie von der Hauptstraße, vor einem Zebrastreifen, rechts in die Via Asquini Richtung MADRISIO ab (Achtung, Schilder nur von der anderen Seite gut zu lesen). Am Ende der Straße linkerhand.
Parkgebühr: kostenlos

Erst zurück Richtung „Storchenstraße“, biegen wir schon ein wenig früher links nach SAN DANIELE DEL FRIULI ab. Ein großer Name eilt der Stadt voraus. Kaum ein Supermarkt in Norditalien, wo der San-Daniele-Schinken nicht mit ganz oben auf der Hitliste steht.

San-Daniele-Schinken

Nichts für Vegetarier, ist er für passionierte Fleischliebhaber eine ganz besondere Delikatesse. Der luftgetrocknete Schinken hat sein ganz eigenes, würzig-süßliches Aroma durch die Lage der Stadt: Feuchtwarme Luftmassen aus dem Süden und die trockene, kalte Luft aus den Alpen treffen sich hier und sorgen für beste Reifebedingungen. Mehr als 30 Betriebe haben SAN DANIELE zur Schinkenstadt Nr. 1 gemacht. Nur wenige, ausgewählte Schweinerassen sind zugelassen, die Tiere müssen bei der Schlachtung mindestens 9 Monate alt sein und auch die hochwertige Fütterung wird streng überwacht. Während der bei uns gängigere Parmaschinken im größeren Stil, immerhin fast 2,5 Millionen Schinken pro Jahr, exportiert wird, bleiben 85% der Produktion aus SAN DANIELE im eigenen Land – das macht den Schinken im Export besonders teuer: „nur“ 2,8 Millionen Schinken werden überhaupt hergestellt und sind in verschiedenen Qualitätsstufen erhältlich. Ob hier oder woanders – probieren sie ihn mal – die Topware schmilzt geradezu auf der Zunge. Jedes Jahr im August wird ein großes Schinkenfest in SAN DANIELE gefeiert. Dann wandeln sich die Gassen zu langen Tafeln und Einheimische wie Gäste treffen sich zum Festmahl.

Nach der Ortseinfahrt erwartet uns rechts ein guter Stellplatz. Wir machen uns zu Fuß auf nach oben in den Ort. Was dann kommt ist – leider ein wenig enttäuschend. Die Stadt kann uns nicht so recht überzeugen, die wenigen schöneren Straßenzüge halten den Vergleich mit anderen, in denen wir bereits waren, nicht stand. Der Dom **San Michele Arcangelo** am Hauptplatz ist ganz imposant und hat einige Kunstschätze zu bieten, ein paar Prosciutterien laden zur Verkostung ein, aber das war`s dann auch schon. Unser Aufenthalt fällt entsprechend kurz aus.

(116) WOMO-Stellplatz: San Daniele del Friuli

GPS: N 46°09’22” E 13°00’47”, Via Udine **max. WOMOs**: > 10 Plätze

Ausstattung/Lage: Ver-/Entsorgung, Mülltonnen, beleuchtet, schöner, asphaltierter Übernachtungsplatz unterhalb der Altstadt.

Zufahrt: Auf der Einfahrtsstraße von FAGAGNA kommend rechterhand Richtung Innenstadt, beschildert.

Parkgebühr: kostenlos

Bevor wir nun weiter nach Norden Richtung Dolomiten düsen, wollen wir noch die kleine Stadt SPILIMBERGO westlich des Tagliamentoflusses besuchen.

Vom Stellplatz nach rechts ausfahren und gleich an der

Kreuzung danach links weiter. Erst wenn wir SAN DANIELE schon hinter uns gelassen haben und mitten durch die Felder fahren, geht eine Straße rechts nach VILLANOVA bzw. Vilegnove ab, die wir nehmen.

Die furlanische Sprache

Bestimmt ist Ihnen schon aufgefallen, dass in der ganzen Provinz Udine viele Orts- und Hinweisschilder zweisprachig ausgewiesen sind. Neben italienisch wird bis heute von über 600.000 Menschen furlanisch (oder auch friulisch) als Alltagssprache genutzt. Erste Zeugnisse gehen bis ins 13. Jahrhundert zurück und schon damals existierte die Sprache selbständig neben dem Lateinischen, zu dem sie aber recht große Parallelen aufweist. Doch auch Worte aus dem Deutschen, Slawischen, Venezianischen und sogar Französischen finden sich im Wortschatz wieder. Seit 2004 werden alle Wegweiser die zur Erneuerung anstehen, zweisprachig angebracht, ca. 45% sind bereits installiert. Auch in den Schulen wird furlanisch, als Wahlfach, wieder unterrichtet.

Castello uind Dom in Spilimbergo

An der nächsten Ampel biegen wir links ein, um nach SPILIMBERGO weiterzufahren. Geradeaus kommen Sie dagegen an den Tagliamento-Fluss und finden hier ruhige Stellplätze hinter einem Freizeitgelände, direkt am Wasser **[117a: N 46°08'07" E 12°56'57"] [117b: N 46°08'36" E 12°56'59"]**.

Im nächsten Kreisverkehr ist SPILIMBERGO dann auch schon beschildert. Kaum angekommen, bleiben wir ganz rechts Richtung Zentrum. Nach einer großen Linkskurve sehen wir den offiziellen Stellplatz der Gemeinde. Um nur einen Stadtbummel zu machen, gibt es aber eine zentralere Möglichkeit, direkt vor dem Castello. Dazu die übernächste Straße rechts ab und am kleinen Platz rechts halten. Am Ende stehen sie auf der großen Piazza neben dem Dom, vor Ihnen das Schloss [N 46°06'38" E 12°54'17"]. Sie können einen Blick in den Innenhof werfen. Ein Restaurant ist im hinteren Teil untergebracht, sonst ist es in Privatbesitz. Die Kirche **Santa Maria Assunta** ist eine Stippvisite wert. Unter anderen hat Pordenone hier gewirkt. Ein Stück die Straße zurück haben Sie sicher schon das Stadttor gesehen. Dahinter liegt die kleine, aber feine Fußgängerzone mit Cafés und einigen Geschäften.

(118) WOMO-Stellplatz: Spilimbergo

GPS: N 46°06'29" E 12°54'19", Via Udine
max. WOMOs: 8 Plätze
Ausstattung/Lage: Ver-/Entsorgung, Mülltonnen, Strom, beleuchtet, rechts der Einfahrtsstraße, ganz OK von der Lage her
Zufahrt: Wie im Tourtext beschrieben
Parkgebühr: kostenlos

Nach den kulturellen Eindrücken ist uns nun wieder nach Natur, vielleicht auch einen Sprung ins Wasser wagen? Kein Problem, beides erwartet Sie auf den nächsten Streckenabschnitten. Auf der SR464 Richtung MANIAGO verlassen wir die Stadt nach Nordwesten. Doch schon kurz danach wechseln wir rechts nach TRAVESIO und CLAUZETTO hinein in die Berge. In TRAVESIO ist rechts auch schon die **Grotte Pradis** vermerkt. Auf kurvenreicher, schmaler Strecke geht es ein ganzes Stück hinauf, ähnlich wie zuvor bei der Grotte hinter UDINE. Dann, rechts, mitten im Wald, gibt es einen Parkplatz. Der Eingang ist gegenüber gelegen [N 46°14'45" E 12°53'18"]. Die vermeintliche Grotte ist mehr eine Schlucht und besteht aus 4 Teilen. Es gibt, etwas erhöht, ein Museum, rechts der Kasse eine große Höhle mit Marienstatue, in der auch Messen abgehalten werden. Links, schräg vor der Kasse, geht es eine ganze Men-

Grotte Pradis

ge Stufen hinab bis zum Fluss, der sich tief in den Fels gegraben hat und bizarre Formationen auswusch. Sie können auch recht weit in eine kleine Höhle hineinkraxeln, wenn Sie wollen. Schlussendlich können Sie noch direkt neben der

Kasse einen kleinen Rundgang oberhalb der Schlucht machen. Im Spätsommer blühen hier Unmengen Alpenveilchen. *(geöffnet Apr-Jun So/Feiertags 10-18h Museum 10-12h und 15-18h, Jul Sa/So 10-19h Museum 10-12h und 16-19h, Anf Aug-Mitte Aug täglich 10-19h Museum 10-12h und 15-19h, Mitte Aug bis Ende Aug Mo-Fr 11-17h, Sa/So 10-19h Museum Mo-Fr 14-17h Sa/So 10-12h und 16-19h, Sep/Okt So/Feiertags 11-17h, Museum: 14-17h, Erw 3,50EUR, Kinder 2EUR)*. Bis CLAUZETTO geht es auf gleichem Weg zurück. Dann nehmen wir aber, gleich bei den ersten Häusern, den Fahrweg nach rechts hinauf und schieben unser Womo über VITO D`ASIO und CA-

Lago di Cornino

SIACCO bis nach FLAGOGNA voran. Zurück im Tal biegen wir links über den Fluss. Unser Ziel, der **Lago di Cornino**, ist hier auch schon nach rechts angeschrieben. Aber Achtung: Die maximale Durchfahrtshöhe ist, wegen einer nahen Gleis-

Gleich neben dem Lago di Cornino: die Tagliamentoebene

unterführung, mit optimistisch gerechneten 3m angegeben. Wenn Ihnen das nicht reicht, nehmen Sie den Weg nach links über FORGARIA, auch hier führt eine Ausschilderung bis zum Naturschutzgebiet am See weiter, ohne die Bahn zu kreuzen.

Die Parkplätze am **Riserva Naturale Regionale Lago di Cornino** sind leider etwas knapp bemessen, am besten bleiben wir schon vor der kleinen Brücke rechts stehen [N 46°13'33" E 13°01'13"]. Nur ein paar Schritte sind es noch bis zum Besucherzentrum. Eine der Hauptaufgaben des Parks ist die Ansiedlung und Erhaltung von Gänsegeiern. Hier, begrenzt zwischen dem Tagliamento im Osten und den Felswänden der karnischen Alpen im Westen, bietet dieses Gebiet ideale Voraussetzungen für die großen Vögel. Mehrere Spazierwege führen zum See selbst, der mit seinem smaragdgrünen Wasser fast zu leuchten scheint. In einer größeren Runde geht es dann am Tagliamento entlang und über einen Aussichtsberg zurück. Im unteren Bereich der Felsen befinden sich die Nester und Aussichtspunkte der Greifvögel – mit etwas Glück kann man sie auch tatsächlich erspähen. Die Chance, einen Geier von ganz nah zu sehen, haben Sie spätestens bei einem abschließenden Besuch im Infocenter. In einigen Volieren sind, unter anderem, auch Geier zu sehen. Ein Fernrohr ist direkt auf die Brutplätze der frei lebenden Exemplare gerichtet *(Besucherzentrum geöffnet Di-Do 10-12h und Sa/So 10-12h und 13.30-16.30h)*.

Wir wollen nun weiter nach GEMONA DEL FRIULI. Ein-

fach der Straße folgend, erreichen wir bald eine Abzweigung nach rechts, die uns ans Ziel führt. Noch 7km sind es von hier. Gleich dahinter, an der Brücke über den kleinen Fluss Palar, befinden sich große Kiesbänke, die bei schönem Wetter von Einheimischen zum Baden genutzt werden. Unmittelbar nach der Brücke rechts finden sie Parkmöglichkeiten [N 46°17'06" E 13°03'42"]. In BRAULINS am Kreisverkehr erneut rechts, diesmal über den großen Tagliamento, stehen wir wenige hundert Meter später bereits an einer Ampel in GEMONA, die uns über die Hauptverkehrsader SS13 bringt. Einen idealen Parkplatz, gleich unterhalb der Altstadt, finden wir immer geradeaus, dann am Kreisverkehr links und an der Einmündung zur größeren Via Dante Alighieri rechts. Dann sofort links, den Berg hinauf Richtung „ai duomo" und bei nächster Gelegenheit wieder links. Nur Momente später sehen Sie links den Parkplatz.

(119) WOMO-Stellplatz: Gemona del Friuli

GPS: N 46°16'36" E 13°08'13", Via Dante Alighieri, GEMONA
max. WOMOs: >10 Plätze
Ausstattung/Lage: Ver-/Entsorgung, Mülleimer, Bänke, beleuchtet, gleich unterhalb des Stadtkerns
Zufahrt: Wie im Tourtext beschrieben
Parkgebühr: kostenlos

GEMONA DEL FRIULI und das Erdbeben von 1976

Am rechten oberen Ende gelangen Sie, anfangs recht steil bergauf, ins Zentrum von GEMONA. Nach rechts, entlang der Via Giuseppe Bini, erreichen Sie den Dom. Unterwegs gibt es auf der rechten Seite ein Dokumentationszentrum zum Erdbeben von 1976. Überall im Ort findet man bis heute Spuren und Zeugnisse dieser Jahrhundertkatastrophe. Das Unglück

begann am Abend des 6.Mai 1976, als die Erde über eine Minute mit Stärke 10 zu beben begann. Das Epizentrum lag gleich hier, am anderen Ufer des Tagliamento, bei TRASAGHIS und war bis nach Slowenien und Österreich zu spüren. Fast 1000 Menschen kamen ums Leben, 45.000 wurden mit einem Schlag obdachlos und viele Gebäude teilweise oder ganz zerstört. Auch der Dom von GEMONA **Santa Maria Assunta**, den Sie nun gleich erreichen, wurde schwerst beschädigt. Nur die Grundmauern standen noch. Heute ist davon kaum mehr etwas zu sehen. Nur die Pfeiler im Inneren blieben auch nach dem Wiederaufbau etwas schief. Erst 10 Jahre später, 1986, konnte hier wieder eine Messe stattfinden.
Doch zurück ins Jahr 1976! Was keiner ahnen konnte: das sollte es noch nicht gewesen sein. Am 11. September und am 15. September desselben Jahres kam es zu weiteren Erdstößen der Stärken 7, 8 und erneut 10. Viele bereits beschädigte Gebäude stürzten nun vollends ein. Weitere 30.000 Menschen verloren ihr Hab und Gut. Anhand von Fotobeispielen wird allerorts anschaulich verdeutlicht, wie es um den Vorher-, Nachher- und heutigen Istzustand vieler Gebäude steht. Die meisten historischen Häuser wurden wieder aufgebaut. Das Castello, ein Stück höher gelegen, ist noch immer nicht ganz wiederhergestellt.

Zurück auf gleichem Wege bis hinter den Tagliamento, biegen wir diesmal rechts nach BRAULINS ab. Am Ende des Ortes rechts liegt ein schöner Parkplatz mit Bade-Fluss-Zugang [N 46°17'13" E 13°05'43"].

Drei Kilometer weiter in BORDANO ist das **Casa delle Farfalle** die größte Sensation [N 46°18'49" E 13°06'27"]. In mehreren Gewächshäusern sind, nach Kontinenten geordnet, hunderte Schmetterlinge, aber auch andere Tiere wie Echsen, Schlangen, Säugetiere und Fische zu sehen. Interessante Informationen zur Farbgebung im Tierreich und „krabbelnde Schmuckstücke" runden das Angebot ab. Vor der Tür sind Picknickplätze und ein Spielplatz installiert *(geöffnet: Mär/Okt 9.30-12h und 14-16h, Apr-Sep 9-30-12h und 14-17.30h. Erw 8EUR, Senioren und Kinder von 4-12 6EUR)*.

Der Pfad der Schmetterlinge

Im Schmetterlingshaus gibt es für 2EUR auch die Broschüre zum Schmetterlingspfad, der von BORDANO, vorbei am **Monte San Simeone**, bis an den **Lago di Cavazzo** (auch Lago Tre Comuni genannt) und zurück führt. Auch Teilstücke des recht umfangreichen, mehrstündigen Weges kann man in Angriff nehmen. Der entomologische Pfad führt durch die intakte Natur rund um den Berg, wo über 100 Tagfalter und fast 550 Nachtfalterarten heimisch sind.

Weiter bis zum **Lago di Cavazzo**, dort biegen wir in INTERNEPPO links ab. Bald kommt rechterhand ein schönes, großes Bade- und Freizeitgelände in den Blick. Das Parken für Wohnmobile ist hier leider überall verboten. Nur an der Straße in Höhe des Spielplatzes finden sich eventuell einige unreglementierte Plätze. Als Alternative stehen zwei Campingplätze auf der anderen Seite des Sees zur Verfügung. Fahren Sie nach dem Freizeitgelände gleich rechts und dann im kleinen Weiler links zwischen den Häusern hindurch, weg vom See. Vor der Autobahnquerung wieder rechts, stehen Sie kurz darauf an den beiden direkt nebeneinander liegenden Plätzen.

(120) WOMO-Campingplatz-Tipp: Camping Lago3Comuni

GPS: N 46°19'33" E 13°03'48", Via Tolmezzo, ALESSO
Ortszentrum: Bis auf einige Häuser am See und eine Trattoria kein Ort in der unmittelbaren Umgebung. Der Platz liegt direkt am Wasser. Recht ruhig, nur die nahe Autobahn hört man etwas, je nach Windverhältnissen.
Zeiten: Apr-Sep **Ausstattung**: Ver-/Entsorgung, Strom, sanitäre Anlagen, Bar, Surfschule
Zufahrt: Wie im Tourtext beschrieben.

Wir können unsere Runde um den schönen, aber das ganze Jahr über recht kalten See, vervollständigen, wenn wir die

kleine Straße einfach weiter fahren. Am nördlichen Ende, kurz vor einem Stromumspannwerk, zweigt rechts noch eine Piste nach unten. Hier, direkt am Ufer unterhalb der Autobahn, kann man frei stehen. Achten Sie nur vorsichtshalber auf den Untergrund, der je nach Pegelstand und Wetterlage in Ufernähe weich werden könnte **[121: N 46°20'27" E 13°04'09"]**. Kurz danach führt die Straße rechts zurück nach INTERNEPPO.

Falls Sie Tour 10 auslassen wollen, können Sie hier auch direkt geradeaus nach TOLMEZZO weiterfahren. Wir aber steuern zurück bis BORDANO und dann im Ort (Achtung, die Beschriftung ist eigentlich nur von der anderen Fahrtrichtung aus lesbar) links weg nach VENZONE. Das schmale Sträßchen läuft durch üppiges Grün, bis es nach der Siedlung PIOVERNO rechts über den Tagliamento führt. Unmittelbar vor der Brücke führt links ein Ministräßchen zum Ufer. Alternativ können Sie gleich nach der Brücke links parken [N 46°20'06" E 13°08'07"]. Hier wie da finden Sie schöne Badeplätze auf den Kiesbetten. Am erwähnten Parkplatz auf der Ostseite können Sie auch auf einen Aussichtshügel steigen. Bei den spärlichen

Kiesbank am Tagliamento: Unendlich viel Platz

Überresten einer Festung haben Sie einen guten Blick auf die mittelalterliche Stadt direkt vor uns.

(122) WOMO-Stellplatz: Venzone

GPS: N 46°20'08" E 13°08'24", Via del Ponte, VENZONE
max. WOMOs: >10 Plätze
Ausstattung/Lage: keine Einrichtungen, einfacher Erdplatz an einem kleinen Fluss, direkt am Beginn der Altstadt von VENZONE.
Zufahrt: Nach der Tagliamento-Überquerung links abbiegen und kurz darauf scharf rechts dem Parkplatzschild nach ins Zentrum von VENZONE. Nach einer kleinen Brücke gleich auf der rechten Seite. Alternativ stehen 30m weiter nach links weitere Plätze auf dem Stadtparkplatz zur Verfügung.
Parkgebühr: kostenlos

Venzone

Ähnlich wie GEMONA wurde auch das nur wenige Kilometer entfernt liegende VENZONE beim Erdbeben von 1976 schwerst beschädigt. Heute sind die mittelalterlichen Gassen wieder komplett hergestellt und lassen sich schön durchschreiten. Entlang der Via Mistruzzi können Sie am Hauptplatz, mit dem auffälligen Rathaus, einen Schwenker nach rechts machen. Die ehemalige **Kirche San Giovanni Battista** wurde als Mahnmal im zerstörten Zustand belassen und vermittelt live einen Eindruck, wie einst alles aussah. Die kleine Gasse nach links können Sie nun neh-

men und kommen so zum wieder aufgebauten, großen **Dom Sant*Andrea.** Damals völlig zerstört, wurde er unter Verwendung vieler Originalteile bis 1995 neu errichtet. Gleich daneben in der kleinen **Krypta San Michele** gibt es Morbides zu sehen: Für einen Jeton im Wert von einem Euro (in

allen umliegenden Bars und Geschäften erhältlich), kann man unten fünf von insgesamt vierzig Mumien anschauen, die zwischen dem 17. und 19. Jahrhundert unter der Kirche gefunden wurden. Einige waren nach dem Beben aus den Trümmern der Kirche gezogen worden und erstaunlicherweise fast unversehrt geblieben. Dass die Leichname Jahrhunderte in so gutem Zustand überdauerten, liegt an einem Schimmelpilz, der die Leichen dehydriert, konserviert und ihnen eine pergamentartige Oberfläche gibt. Am kleinen Platz neben dem Dom gibt es ein paar Cafés, die dazu einladen, in dieser besonderen Kulisse noch etwas zu verweilen. Nehmen Sie sich auf alle Fälle noch etwas Zeit, um ein wenig vom Flair der alten Stadt mitzunehmen bevor Sie sich zurück zum Fahrzeug begeben. VENZONE wurde nicht von ungefähr vor einigen Jahren zum italienischen Nationaldenkmal erklärt...

Tour 10: (180 km / 2-6 Tage)

Albatal – Pontebba – Valbrunatal
Santuario Monte Lussari – Tarvisio – Laghi di Fusine
Cava del Predil – Lago del Predil – Sella Nevea
Resiatal – Tolmezzo

Stellplätze (gratis):	Malborghetto, Ugovizza, Camporosso, Laghi di Fusine, Lago del Predil, Sella Nevea, Saletto, Lischiazze, Tolmezzo
Stellplätze (Gebühr):	Valbruna, Tarvisio
Besichtigen:	Pontebba, Sant. Monte Lussari Tarvisio, Cava del Predil, Tolmezzo
Wandern:	Albatal, Valbrunatal, Tarvisio, Laghi di Fusine, Lago del Predil, Sella Nevea, Resia-Tal
Baden:	Lago del Predil

Nachdem VENZONE hinter und liegt, fahren wir für einige Kilometer einfach immer geradeaus nach Norden, oder, genau genommen, Nordosten. Wir wollen in den äußersten oberen Zipfel Italiens, ins Dreiländereck mit Österreich und Slowenien. Die größte Stadt dieser Gegend ist der Einkaufsort TARVISIO, in dem viele Reisende die letzte Chance nutzen, noch italienische Güter zu kaufen, bevor es nach Hause geht. Fürs Erste folgen wir einfach immer den Schildern dorthin.

Neben uns fließt nun nicht mehr der Tagliamento, sondern der Fella-Fluss. Schon bald müssen Sie sich entscheiden, ob Sie den Expressweg auf der gut ausgebauten SS13 wählen, die mit Fluss und Autobahn hier im engen Tal stetig über-, unter- und nebeneinander her meandert, oder uns durch das stille und schroffe Seitental, das **Val Alba**, folgen. Beide Wege treffen sich in PONTEBBA wieder.

Für die Alba-Tal-Variante nehmen wir die MOGGIO UDINESE-Abzweigung nach links und überqueren den Fluss. Der kleine Ort existiert, als äußerster Vorposten, schon seit der Römerzeit. Größte Sehenswürdigkeit ist das etwas erhöht gelegene Kloster im Ortsteil MOGGIO DI SOPRA, jedoch kein Umweg den man machen muss. Wenn Sie vorhaben im **Val Alba** zu wandern, lohnt aber ein Abstecher links zum Touristeninformationsbüro, wo Sie entsprechende Tipps und Kartenmaterial erhalten können (Via Traversigne im Palazzetto Liberty, Parkplätze direkt davor) [N 46°24'38" E 13°11'42"].

Nach den letzten Häusern schlängelt sich die gute Straße neben der Alba flussaufwärts. Rechts führt bald ein handtuchbreites Sträßchen nach PRADIS DI SOPRA und in das unberührte

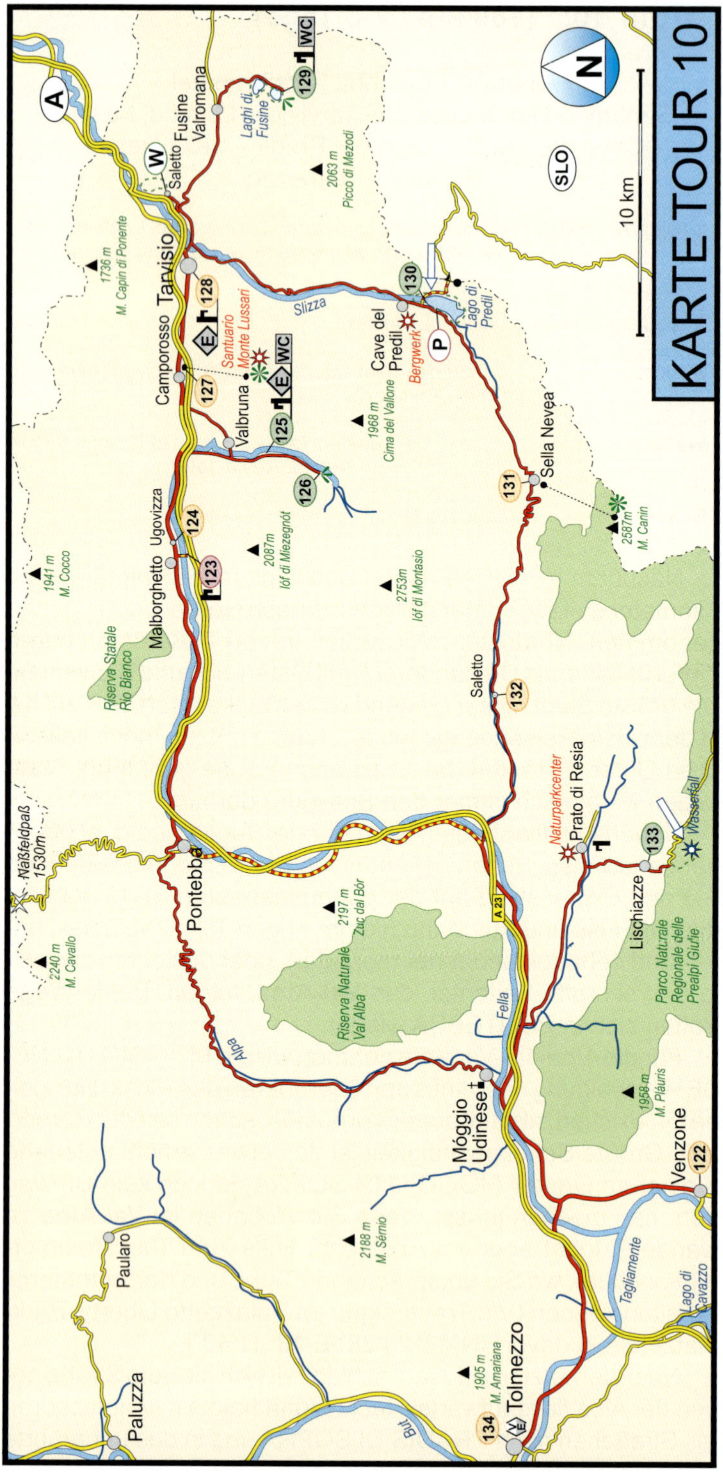
KARTE TOUR 10
N
10 km
A
SLO
Tarvisio
Camporosso
Saletto
Fusine Valromana
Laghi di Fusine
2063 m Picco di Mezodi
1736 m M. Capin di Ponente
Santuario Monte Lussari
Slizza
Cave del Predil
Bergwerk
Lago di Predil
Valbruna
1968 m Cima del Vallone
Sella Nevea
2587 m M. Canin
Malborghetto
Ugovizza
2087m Iôf di Miezegnòt
2753m Iôf di Montasio
1941 m M. Cocco
Riserva Statale Rio Bianco
Saletto
Naßfeldpaß 1530m
Pontebba
2240 m M. Cavallo
2197 m Zuc dal Bôr
Riserva Naturale Val Alba
Naturparkcenter
Prato di Resia
Wasserfall
Lischiazze
Parco Naturale Regionale delle Prealpi Giulie
A 23
Fella
Alpa
Móggio Udinese
1958 m M. Pláuris
Venzone
Paularo
2188 m M. Sérnio
Tagliamente
Lago di Cavazzo
Paluzza
1905 m M. Amariana
Tolmezzo
But
W
WC
E
P
122
123
124
125
126
127
128
129
130
131
132
133
134

Riserva Naturale Val Alba. Mit Wohnmobilen über Kastenwagenmaß oder geringer Motorisierung ist dieser Abstecher aber nicht zu empfehlen. Die Landschaft wirkt zunehmend wild und rau. Nur vereinzelt liegen noch ein paar kleine Weiler an den Hängen links und rechts. Wir fragen uns, wie abgeschieden es hier im Winter ist oder erst vor einigen Jahrzehnten gewesen sein muss, als es keine moderne Infrastruktur gab...

Irgendwann lassen wir den Fluss rechts unter uns zurück und kommen nach einigen Wald- und Hangkilometern in AUPA heraus. Der Ort klebt förmlich am Hang. Eine Art Hochalm tut sich direkt danach vor uns auf. Nach einem letzten schmalen Stück Weg erreichen wir PONTEBBA. Um ins Zentrum oder zurück auf die Hauptstraße zu gelangen, müssen wir die Bahnlinie kreuzen. Die enge Unterführung ist aber nur 3,25m hoch. Biegen Sie im Zweifelsfall nach links ab und dann immer rechts halten, so kommen Sie erst an der Abzweigung zum landschaftlich schönen Naßfeldpass Richtung Österreich vorbei und bald darauf durch eine zweite 3,80m hohe Durchfahrt die für fast jedes Womo-Kaliber passend sein dürfte. Wenn Sie sich ein wenig die Füße vertreten wollen, ist der Ort dafür ganz gut geeignet. Vor allem mittwochs, wenn morgens Markt ist, herrscht ein buntes Treiben.

Knapp 9km weiter liegt neben der Straße MALBORGHETTO mit einigen historischen Gebäuden. Auf der anderen Seite der Straße befindet sich ein schöner Picknickplatz. Über UGOVIZZA kommen wir zu einer Abfahrt rechts, die uns ins landschaftlich schöne, von Bergen umrahmte **Valbruna-Tal** führt. Gleich zwei für Womos freigegebene Stellplätze erwarten uns hier.

(123) WOMO-Stellplatz: Malborghetto

GPS: N 46°30'19" E 13°26'33", MALBORGHETTO
max. WOMOs: ca. 5 Plätze, hinter dem Sportplatz gegebenenfalls auch noch mehr
Ausstattung/Lage: Wasser, Spielplatz, überdachte Picknickbänke, neben einem Sportplatz, schön gelegen mit Bergen und Fluss im Hintergrund
Zufahrt: in Höhe MALBORGHETTO an der Hauptstraße nach rechts mit braunem Piktogrammschild angeschrieben (Fußball, Angeln, Boccia, Spielplatz, Picknick, Quelle), dann links dem Parkplatzsymbol nach.
Parkgebühr: kostenlos

(124) WOMO-Stellplatz: Ugovizza

GPS: N 46°30'35" E 13°28'23", UGOVIZZA
max. WOMOs: ca. 5 Plätze
Ausstattung/Lage: Spielplatz, Mülleimer, kleines Cafe 50m weiter, Parkfläche am Ende einer kleinen Seitenstraße im Grünen am südlichen Ortsrand.
Zufahrt: In UGOVIZZA unmittelbar nach der Brücke rechts über den Fluss und nach den Häusern wieder links abbiegen.
Parkgebühr: kostenlos

(125) WOMO-Wanderparkplatz: Valbruna 1

GPS: N 46°28'50" E 13°29'30", Valbruna-Tal
max. WOMOs: > 10 Plätze
Ausstattung/Lage: Ver-/Entsorgung, Mülltonnen, Toiletten, Imbisshütte, Teil eines großen Wanderparkplatzes am Beginn des Valbruna-Tals.
Zufahrt: Nach UGOVIZZA rechts abbiegen Richtung VALBRUNA, nach ungefähr 3km auf der linken Seite markiert.
Parkgebühr: Parkautomat

(126) WOMO-Wanderparkplatz: Valbruna 2

GPS: N 46°27'23" E 13°28'10", Valbruna Tal
max. WOMOs: ca. 5 Plätze
Ausstattung/Lage: Mülltonnen, Picknickbänke, ganz am Ende der Straße am Fluss und direkt vor den Gipfeln und am Beginn zahlreicher Wanderwege gelegen.
Zufahrt: Wie Stellplatz Valbruna1, nur noch weiter ins Tal hinein.
Parkgebühr: Parkautomat

Vom Tal können wir ein wenig abkürzen und kurz vor Ende rechts durch VALBRUNA fahren, so kommen wir, schon ein Stück weiter, zurück zur Hauptstraße. Ein Ort vor TARVI-

Santuario Monte Lussari

SIO, in CAMPOROSSO, erwartet uns ein weiterer schöner Abstecher. Folgen sie links den Schildern mit Bergbahnsymbol zum **Monte Lussari**. Hier kann man nicht nur wandern oder im Winter Ski fahren. Am Gipfel befindet sich mit dem gleichnamigen **Santuario Monte Lussari** eine in windiger Höhe erbaute, kleine Wallfahrtskirche. Sie ist seit jeher das Ziel Gläubiger aus allen angrenzenden Ländern. Der Überlieferung nach erschien hier einst die Mutter Gottes. Rund herum haben sich mehrere Gasthäuser angesiedelt. Ein richtiges kleines Dorf ist entstanden, der Ausblick ist fantastisch und Sie können mit der Bergbahn hinauf fahren... oder wenn Ihnen das lieber ist und Sie sich von vorbeirauschenden Gondeln nicht

demoralisieren lassen, natürlich auch laufen. Im Übrigen spricht nichts dagegen, den Gondelparkplatz auch für eine Übernachtung zu nutzen **[127: N 46°30'25" E 13°32'05"]**.

Nur einen Katzensprung weiter erreichen Sie auch schon TARVISIO. Wenn Sie nur für einen kurzen Einkaufsaufenthalt verweilen, nehmen Sie den Parkplatz im Zentrum hinter der Markthalle am „Supermercato" [N 46°30'11" E 13°34'58"], anderenfalls empfiehlt sich der gut ausgestattete Stellplatz am Ortsbeginn.

(128) WOMO-Stellplatz: Tarvisio

GPS: N 46°30'13" E 13°34'19", Via Armando Diaz
max. WOMOs: 13 Plätze
Ausstattung/Lage: Ver-/Entsorgung, Mülleimer, beleuchtet, recht schöne, ruhige Lage am hintersten Ende eines gepflasterten Großparkplatzes, kleiner Spielplatz mit Picknickbank direkt daneben am Fluss.

Zufahrt: Am Ortsbeginn von TARVISIO rechts angeschrieben hinter dem Hotel Edelhof.
Parkgebühr: Parkautomat, 60ct./h

Tarvisio

Tarvisio hat, aus aktueller Sicht, seine beste Zeit hinter sich. Seit den 1950er Jahren hatte sich hier ein großer Markt, Fetzenmarkt genannt, entwickelt, der Anrainer aus Österreich und Slowenien mit Kleidung und anderen Gebrauchsartikeln versorgte, als es dort wenig gab oder einfach Bedarf an günstigen Waren herrschte. In den 90ern kamen vor allem andere Osteuropäer dazu, die hier ihre Einkäufe machten. In den letzten Jahren ist, gerade wochentags, der Trubel sehr deutlich zurückgegangen. Einige Geschäfte mussten schließen und auch wenn dem Markt erst vor Kurzem ein eigenes, modernes Gebäude spendiert wurde, um das Stadtbild aufzubessern und das Einkaufserlebnis gepflegter zu gestalten, kann man sich darin an manchen Tagen fast verlassen fühlen. Das Angebot beschränkt sich weitestgehend auf Kleidung, Accessoires und Schuhe in mannigfacher Ausführung.

TARVISIO ist in eine Ober- und eine Unterstadt geteilt, Entlang zweier Hauptstraßen zieht sich die Ortsmitte. An der unteren, durch die auch der meiste Verkehr läuft, befinden sich einige auf Touristen gemünzte Geschäfte, Supermärkte und der große Kleider-Markt, unübersehbar

auf der rechten Seite.
Biegt man nach links zu einem Schwenker auf die obere Hauptstraße, wirkt TARVISIO deutlich gepflegter, hat hier einige Geschäfte für den täglichen Bedarf, einen recht schönen Hauptplatz und gegenüber ein großes Touristeninformationsbüro zu bieten. Westlich der Stadt ist einer der niedrigsten Übergänge des Alpenkamms möglich. Mit nur rund 800m war diese Gegebenheit zur Überwindung der Berge schon vor tausenden von Jahren ein guter Grund zu siedeln. Belegt sind Funde die bis ins 6. Jahrhundert vor Chr. reichen. Später schufen die Römer hier einen Außenposten und für Jahrhunderte gehörte TARVISIO bzw. Tarvis dann zum vornehmlich deutschsprachigen, österreichischen Gebiet. Wirklich viel historisch Sehenswertes gibt es nicht, einen Zwischenstopp ist der Ort aber wert. Falls Sie hier unsere Tour nach Norden hin verlassen und noch Lust auf ein Stück italienisches Lebensgefühl haben: In der Via Dante Aligheri gibt es eine ausnehmend gute Pizzeria, von der sich manch südlicher gelegenes Pendant eine Scheibe abschneiden kann... (untere Hauptstraße, im Bereich der mit max. 2m Durchfahrtsbreite markiert ist, am besten vorher rechts der Hauptstraße folgen und dann am gegenüberliegenden Flussufer parken. Eine kleine Fußgängerbrücke zurück ist hier vorhanden).

Markt in Tarvisio

WOMO-Wandertipp: Slizzaschlucht

Ein kleine Wanderung durch eine Klamm gefällig? Fahren Sie von TARVISIO ein Stück Richtung slowenische Grenze bis zum Ortsteil BOSCO-VERDE. Links geht, an einem großen hölzernen Kruzifix, ein kleines Sträßchen ab – braune Schilder kündigen schon den „Sentiero della Slizza“ an. Die Straße bis zum großen Parkplatz rechts durchfahren. Von hier ein Stück zurück gehen und nach rechts gelangt man erst zu einem Kriegerdenkmal (Picknickbänke ringsum). Ab hier Abstieg in die Schlucht. Unten angekommen links halten. Der Weg führt dann, ohne dass Sie sich verlaufen können, wieder nach oben und am Ende links zurück zum Auto.

Panorama an den Laghi di Fusine

Ein kurzer Abstecher führt uns zu den **Laghi di Fusine** kurz vor der slowenischen Grenze. Dazu von der unteren Hauptstraße den braunen Schildern um ein paar Ecken herum folgen. Nach einigen Kilometern rechts ab (Durchfahrtshöhe 3,80m – also recht komfortabel) führt ein Sträßchen leicht ansteigend bis vor die Felswände des 2000m Massivs des Picco di Mezzodi. Am Ende erwartet uns ein großer Wanderparkplatz in wunderbarer Natur, die beiden Seen liegen direkt vor uns.

WOMO-Wandertipp: Rings um die Laghi di Fusine

Der hübsche Weg „2 Laghi" führt in gut 90min. beschildert rings um die Seen. Für längere Bergtouren in die hinter ihnen liegende Mangartgruppe folgen Sie, idealerweise samt Wanderkarte, der Forststraße im Hintergrund. Eine einfachere Tour mit Einkehrmöglichkeit führt, genau auf diesem Weg, beispielsweise zum bewirtschafteten **Rifugio Zacchi** *(Zeiten beachten)*. Biegen Sie nach einer Weile in den Weg 512 ein. Er führt gewunden über Stock, Stein und Bäche bis zur Hütte. Zurück erst auf einem Stück Forststraße, dann auf den Weg 51 Richtung Alpe Vecchia bis zum Weg 517. An der nächsten Abzweigung Richtung Alpe di Tamer und über die Alpe del Lago zurück zum Ausgangspunkt.

(129) WOMO-Wanderparkplatz: Laghi di Fusine
GPS: N 46°28'24" E 13°40'11", Laghi di Fusine
max. WOMOs: > 10 Plätze
Ausstattung/Lage: Wasser, Toiletten, Snackbar, Mülleimer, Picknicktische, wunderschöner Platz zwischen Bergen und See, im Sommer viel als Übernachtungsplatz genutzt, sonst meist recht einsam.

Zufahrt: Von TARVISIO Richtung slowenische Grenze, dann angeschrieben rechts weg bis zum Ende der Asphaltstraße.
Parkgebühr: kostenlos

Um die Tour fortzusetzen, fahren wir ein Stück Richtung TARVISIO zurück. Diesmal jedoch lenken wir nach der Brücke über den Fluss Slizza links ab nach CAVE DEL PREDIL (früher Raibl). 13km folgen wir dem stillen Tal bis wir zu der alten Bergwerkssiedlung kommen. Ende des 19. Jh. wurde der Abbau forciert und einige tausend Menschen zogen hierher, von denen die meisten nach der Stilllegung der Bleigrube 1991 wieder das Weite suchten. Weniger als

500 sind heute übrig. Hauptattraktion ist das alte Bergwerk mit dem **Kaiser Franz Erbstollen**, der besichtigt werden kann.

Ein Museum zur Geomineralogie ist angeschlossen. Eine Besonderheit ist ein mehrere Kilometer langer Stollen, der ursprünglich als Versorgungsschacht gedacht wurde. Weiter ausgebaut durchlief er das gesamt Massiv und wurde später zum Tunnel ohne Wiederkehr. Per Bahnlinie wurden im 1. Weltkrieg auf diesem Weg quer durch den Berg mehr als 600.000 österreichische Soldaten an die Isonzo-Front gebracht *(Bergwerk geöffnet Di-So 9.30-13.00h und 14.30-18.30h, Stolleneinfahrt 10.30-15h, Erw. 11EUR, Senioren und Kinder von 6-14 8EUR, nur Bergwerk Erw 8EUR, ermäßigt 6EUR)*.

Nur 1km weiter liegt links der Straße ein anderer schöner Bergsee, der **Lago del Predil**. Wir nehmen zur Weiterfahrt die Straße rechts herum Richtung SELLA NEVEA. Wenn Sie möchten, können Sie aber auch noch ein kurzes Stück nach links zur Grenze fahren. Ein Picknickplatz ist bei [N 46°25'38" E 13°34'09"] eingerichtet, nur 200m vor dem ehemaligen Schlag-

baum liegen auf der rechten Seite die Ruinen der alten österreichischen Grenzfeste.

Am nördlichen Ende des Sees gibt es ausreichend Parkflächen neben dem Restaurant „Chalet al Lago“ (auch Übernachtung erlaubt) **[130: N 46°25’37” E 13°33’58”]**, Im Sommer existiert auch eine Badeanlage (das Wasser bleibt aber stets sehr „erfrischend“), Ruderbootverleih und ein Spielplatz.

WOMO-Wandertipp: Am Lago del Predil

Auf einem wunderbaren, einfachen Weg rund um den See kann man sich ein Bild der Moränenlandschaft ringsum machen, unterwegs an einigen Stellen sogar baden und ohne allzu große Anstrengung die Bergwelt der karnischen Alpen genießen (Dauer ca. 2 Stunden).

Während der Seepassage bieten sich weitere Picknickmöglichkeiten entlang des Ufers. Einige Haarnadelkurven müssen noch bezwungen werden, dann liegt der bekannte Wintersportort SELLA NEVEA unterhalb des **Monte Kanin** vor uns. Im Sommer eher ruhig, finden Sie große Parkflächen an der Bergbahn und vor allem am benachbarten, etwas höher gelegenen Großparkplatz, auf denen Sie frei stehen können **[131: N 46°23’16” E 13°28’23”]**. Eine Fahrt nach oben via Gondel macht hier Sinn. Nicht nur eine tolle Aussicht und viele alpine Wandermöglichkeiten locken, auch ein Gasthaus ist vorhanden und, unweit des Gipfels, ein schöner botanischer Lehrpfad, der **Bila Pec**, den Sie sich nicht entgehen lassen sollten.

Der höchste Punkt der Karnienrunde ist damit passiert, die Straße schwingt sich wieder herab in wärmere Gefilde und wir kommen gut voran. Der **Canale di Raccolana**, das Tal durch das Sie nun fahren, ist nur dünn besiedelt. Kurz hinter dem kleinen Weiler SA-

Monte Kainin Massiv bei Sella Nevea

LETTO findet sich rechts am Fluss eine kleine Schotterpiste, die nach 100m endet. Wenn Sie Lust auf einen Stellplatz im Nichts haben und Ihnen der Sinn nach etwas Einsamkeit ist, sollten Sie hier ihr Lager aufschlagen.

(132) WOMO-Stellplatz: Saletto

GPS: N 46°24'07" E 13°22'05", Salita al Promontorio
max. WOMOs: > 5 Plätze
Ausstattung/Lage: Keine Einrichtungen, Schotterplatz zwischen Wald und Fluss, von der Straße fast uneinsehbar.
Zufahrt: Wie im Tourtext beschrieben.
Parkgebühr: kostenlos

Am Ende des Tals kreuzen wir die Autobahn und biegen dann links ein, zurück auf die Hauptstraße Richtung UDINE.

Ein weiteres, wildes Bergtal wartet nur wenig später noch auf seine Erforschung. Wenn Sie mitkommen wollen, dann biegen Sie mit uns beim Wegweiser RESIUTTA nach links ab. Direkt vor der Brücke nach links öffnet sich das Tal und wir folgen diesmal dem Fluss Resia, der Ort und Tal gleichermaßen seinen Namen gab. Wir befinden uns auf der nördlichen Seite des „**Parco regionale naturale Prealpi Giulie**" oder einfacher: Naturpark julische Voralpen. Wenn Sie sich näher über die hiesige Natur, Wege und Freizeitmöglichkeiten informieren wollen, fahren Sie an der Abzweigung ca. 6km nach Beginn der Straße links bis PRATO DI RESIA. Das Infocenter des Parks (geöffnet Mai bis Sep) am kleinen Hauptplatz Piazza

Teglio gegenüber der Kirche, gibt viele interessante Tipps und Hintergrundinformationen über die Gegend.

Am Weg zum Barman-Waserfall

WOMO-Wandertipp: Im Naturpark Julische Voralpen

Der 1996 gegründete Park hat sowohl landschaftlich als auch als Heimat einer vielfältigen Flora und Fauna seinen Reiz. Über 1200 verschiedene Pflanzenarten, mehr als 40 davon endemisch (also nur hier vorkommend) sprechen für sich. Auch große Säugetiere wie Reh, Hirsch, Gams und Wildschwein sind hier zu Hause, in den letzten Jahren wurde die Präsenz von Wildkatze, Luchs und Braunbär wieder nachgewiesen. Das Symboltier des Tals ist das Steinhuhn. Ein Kuriosum des Resiatals ist die ethnische Besonderheit seiner Bewohner. Bis heute werden hier Traditionen und ein Sprachdialekt gepflegt, der auf einer sonst ausgestorbenen archaisch-slawischen Vergangenheit gründet. Neben unzähligen Wandermöglichkeiten verlaufen auch verschiedene Themenwege rund um die Ortschaften.

Eine schöne Kurzwanderung mit Erfrischung am Ende erreichen Sie, wenn Sie an der Abzweigung, die wir vorher nach links oben nahmen, rechts bleiben. Sie kommen nach LISCHIAZZE. Am Ende des Dorfes links liegt ein kleiner Wanderparkplatz. Von hier können Sie den Weg gegenüber nehmen und zum **Barman-Wasserfall** laufen, der im Sommer ein angenehmes Bad in den Gumpen darunter verspricht.
Noch viel weiter können Sie auf markierten Wegen in den Naturpark eindringen, je nach Lust, Laune, Zeit und Kondition.

(133) WOMO-Wanderparkplatz: Lischiazze

GPS: N 46°20'55" E 13°17'30", LISCHIAZZE
max. WOMOs: 3 Plätze
Ausstattung/Lage: Keine Einrichtungen, Wanderparkplatz direkt an der kleinen, wenig befahrenen Straße.
Zufahrt: Wie im Tourtext beschrieben.
Parkgebühr: kostenlos

Würden Sie die Straße weiter geradeaus fahren und am Ende rechts, träfen Sie auf die Straße nach TARCENTO (Tour 9). Um unsere Tour in Richtung Dolomiten fortzusetzen, fahren wir aber aus dem Resiatal zurück bis zur großen Haupttrasse und da links. Ein Stück weiter teilt sie sich, Richtung UDINE, von hier kamen wir ursprünglich, und Richtung TOLMEZZO – zu unserem nächsten Ziel. Gleich die erste Ausfahrt an der die Stadt angeschrieben steht, verspricht den Weg ins Zentrum. Hier aber noch nicht abbiegen – außer Sie haben dringenden Entsorgungsbedarf, denn direkt nach der Abzweigung finden Sie links der Straße einen Womo-Händler, der diesen Service anbietet [N 46°23'21" E 13°01'37"]. Erst wenn die Straße sich teilt, links Richtung „Austria“ und rechts nach „TOLMEZZO“ nehmen wir die Abfahrt. Am ersten Kreisverkehr links ab, am zweiten rechts, und wenn wir geradeaus auf eine für unsere Richtung gesperrte Einbahnstraße stoßen, biegen wir erneut nach links. Sie sehen jetzt schon den großen Parkplatz, zentrumsnah und kostenlos.

(134) WOMO-Stellplatz: Tolmezzo

GPS: N 46°24'26" E 13°00'32", Via Giovanni Giordani
max. WOMOs: > 10 Plätze

Ausstattung/Lage: Mülleimer, sonst ohne Einrichtungen, am hinteren Teil eines größeren Parkplatzes, ins Zentrum ca. 200m.
Zufahrt: Wie im Tourtext beschrieben.
Parkgebühr: kostenlos

Tolmezzo

Die 11.000 Einwohnerstadt ist das Zentrum der Region Karnien. Entgegen vieler anderer Orte, die wir auf den letzten Touren durchfahren haben, war TOLMEZZO stets unter italienischem Einfluss – dafür aber bis ins 17. Jahrhundert mehrheitlich deutschsprachig. Schon seit dem Jahr 1000 gehörte es zum Gebiet des Patriarchen von AQUILEIA, 1258 bekam es das Marktrecht und nur 17 Jahre später die Stadtwürde verliehen. Als eigenständiges Landgericht war die Stadt danach lange Zeit mit VENEDIG verbunden. Mitte des 19. Jahrhunderts fiel sie dann dem Königreich Italien zu.
Seit jeher pflegte man gute Beziehungen zu den Städten jenseits der Alpen, zum Beispiel in den Raum MÜNCHEN. Dieser Umstand war nicht zuletzt der außergewöhnlich guten Lage als Handelsstadt geschuldet – der Plöckenpass über den

südöstlichen Kamm der Alpen liegt nur wenige Kilometer entfernt. Auch die alten Römer wussten das schon und schufen die Via Augusta Julia, eine wichtige Handelsstraße, die TOLMEZZO in den Wegverlauf einbezog. Für einen Stadtrundgang sollten sie unbedingt einen Wochentag außerhalb der Mittagszeit wählen, dann wirkt der sonst lebhafte Ort noch leerer als andere Städte und die Bürgersteige werden geradezu hochgeklappt. Gehen Sie vom Parkplatz ein Stück die Straße zurück und dann links in die Via della Cooperativa. Auf der linken Seite geht es nun über das Parkdeck des Coop-Marktes weiter und durch eine kleine Ladenpassage (direkt davor gibt es links sehr leckeres Gelato...).

Sie stehen nun in der Via G. Matteotti und sind schon „mittendrin" im **Borgàt** – der historischen Altstadt. Nach rechts und nach dem kleinen Platz weiter rechts haltend, treffen wir laubenbeschattet auf den Hauptplatz Piazza XX Settembre mit dem **Duomo San Martino**. Gehen Sie ruhig noch ein Stück weiter entlang der Mauer neben der Straße, bei der Überreste der einstigen Befestigung aufgegriffen wurden. Durch die kleine Via Oscura oder spätestens an der Ampel links ab, treffen wir auf die Via Roma – die zentrale Haupt- und Geschäftsstraße mit Kopfsteinpflaster und mittelalterlicher Anmutung vieler Gebäude. Ganz am Ende stoßen wir wieder auf den kleinen Platz vom Anfang. Nach rechts geht hier die Via della Vittorio ab. Hier befindet sich, schon in Sichtweite, das Ethnografische Museum der Stadt mit einer durchaus sehenswerten Sammlung zum Leben in den karnischen Alpen von ehemals bis heute *(Di-So geöffnet 9-13h und 15-18h, Eintritt 4EUR)*. Im modernen Gebäude, mit den beiden Säulen davor, gleich links daneben, ist die Touristeninformation untergebracht. Zurück gehen Sie am einfachsten durch die Passage vom Beginn.

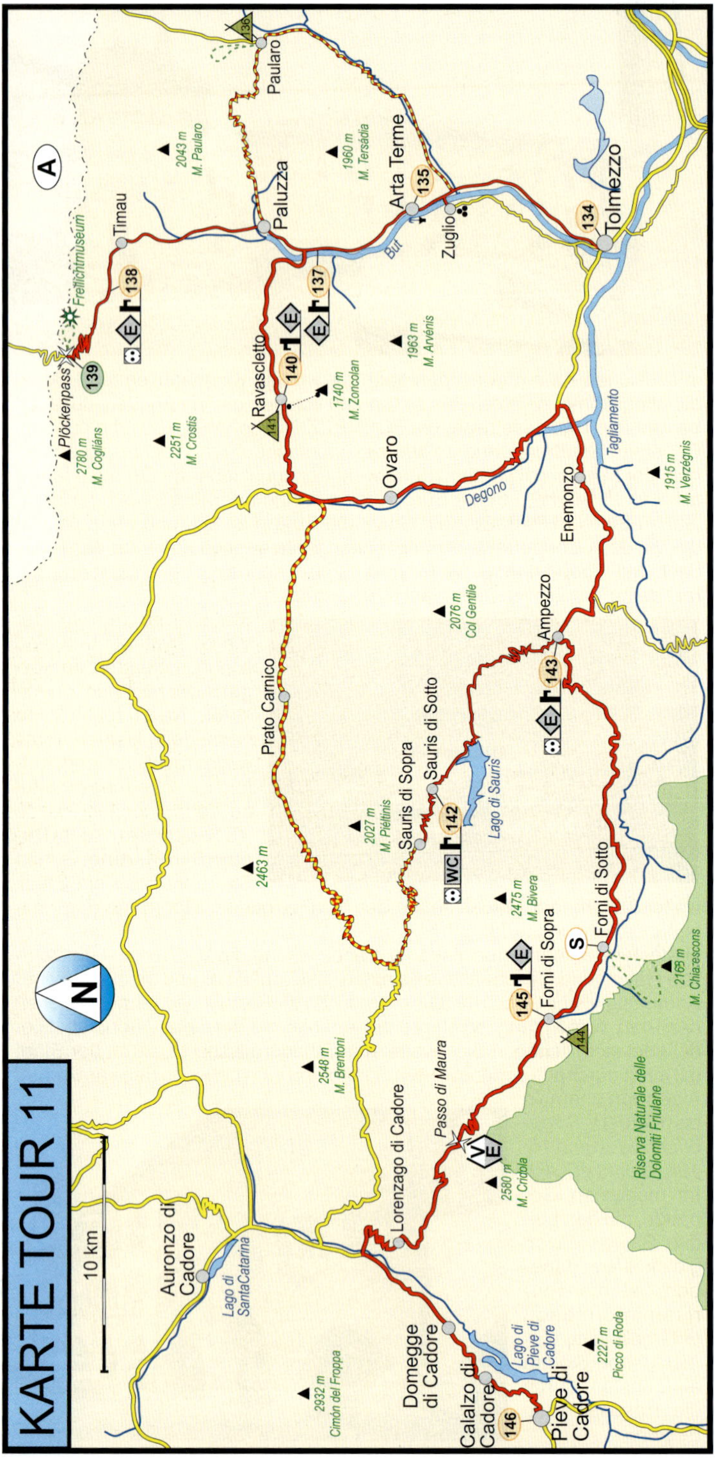
KARTE TOUR 11
N
A
10 km
Plöckenpass
Freilichtmuseum
Timau
Paluzza
Paularo
Arta Terme
Zuglio
Tolmezzo
But
Ravascletto
Ovaro
Degono
Enemonzo
Tagliamento
Ampezzo
Prato Carnico
Sauris di Sopra
Sauris di Sotto
Lago di Sauris
Forni di Sotto
Forni di Sopra
Passo di Maura
Lorenzago di Cadore
Auronzo di Cadore
Lago di SantaCatarina
Domegge di Cadore
Calalzo di Cadore
Pieve di Cadore
Lago di Pieve di Cadore
Riserva Naturale delle Dolomiti Friulane
2780 m M. Coglians
2251 m M. Crostis
2043 m M. Paularo
1960 m M. Tersàdia
1740 m M. Zoncolan
1963 m M. Arvènis
1915 m M. Verzégnis
2076 m Col Gentile
2027 m M. Piéltinis
2463 m
2475 m M. Bivera
2163 m M. Chiarescons
2548 m M. Brentoni
2580 m M. Cridola
2932 m Cimòn del Froppa
2227 m Picco di Roda
134
135
136
137
138
139
140
141
142
143
144
145
146
E
V
S
WC

Tour 11: (275 km / 2-6 Tage)

Zuglio – Arta Terme – Paularo – Timau – Plöckenpass
Ravascletto – Sauris – Forni di Sopra – Piave di Cadore

Stellplätze (gratis):	Arta Terme, Plöckenpass, Paluzza, Ravascletto, Sauris, Pieve di Cadore,
Stellplätze (Gebühr):	Timau, Ampezzo, Forni di Sopra
Campingplätze:	Paularo, Ravascletto, Forni di Sopra
Besichtigen:	Zuglio, Timau, Sauris, Pieve di Cadore
Wandern:	Paularo, Plöckenpass, Ravascletto,
Baden:	Arta Terme

Den Weg, der über PALUZZA zum Plöckenpass führt, gleichzeitig die Grenze zu Österreich, finden Sie ab TOLMEZZO bestimmt. Bald liegt die Stadt hinter uns und unser erster Halt rückt näher. Nach links geht eine Brücke über den But nach ZUGLIO. Schon vor unserer Zeitrechnung stand hier eine Römerstadt, **Julium Carnicum**, die wohl auf Cäsar zurückgeht. Die Lage ergab sich einerseits aus strategischen Gründen hinter dem Pass, der in den „barbarischen Norden" führte und andererseits den Annehmlichkeiten wegen, die unterirdische, heiße Thermalquellen hier zu bieten haben.

Auf Karniens größtem Ausgrabungsfeld können Sie Reste des Forums mit Tempel, einer Kirche und natürlich des Thermalbades in Augenschein nehmen. Wenn Sie sich eingehender mit den Funden aus römischer und sogar prähistorischer Zeit be-

Julium Carnicums Überreste in Zuglio

Arta Terme

fassen möchten, können Sie das im kleinen Museum am Platz in ZUGLIO tun. *(Ausgrabungen eingezäunt aber unter freiem Himmel, nur von außen oder nach Voranmaldung mit Führung, Museum Mär-Mai Fr/Sa 9-12h und15-18h, Jun-Sep Mi/Do 9-12h Fr/Sa/So 9-12h und15-18h, Okt-Feb Fr/So 9-12h, So auch 15-18h, Erw. 3EUR, Kinder 6-12 2EUR)*

Die alten Thermalquellen der Römer sprudeln auch heute noch. Nur hat sich das Badegeschäft ein wenig nach Norden verschoben und wird nun in ARTA TERME zelebriert. Der Ort schließt an der Hauptstraße fast nahtlos an ZUGLIO an. Ein wenig verblasst wirkt der Kur-Charme, doch wurde erst vor wenigen Jahren der Thermenkomplex neu angelegt. Um zum öffentlich zugänglichen Bad zu gelangen, fahren Sie im Ort links von der Hauptstraße hinab zur Therme. Gleich dahinter befindet sich ein großer Parkplatz.

(135) WOMO-Stellplatz: Arta Terme

GPS: N 46°28'**38**" **E 1**3°01'**01**",
max. WOMOs: > 10 Plätze
Ausstattung/Lage: Großer Parkplatz direkt neben dem Thermengebäude, Mülleimer, sonst keine Einrichtungen. Als Stellplatz für Gäste geduldet.
Zufahrt: Wie im Tourtext beschrieben
Parkgebühr: kostenlos

Sie können hier verschiedene Heilbehandlungen buchen, z.B mit Fango oder eine Balneotherapie. Wenn Sie einfach nur den müden Knochen ein wenig Relaxzeit im Heilwasser gönnen wollen, geht das hier aber auch *(geöffnet für Badebetrieb: täglich von 15-19h, Erw 8EUR, Jugendliche 5EUR, Kinder von 4-11 3EUR)*.

Zwei Möglichkeiten für die Fortsetzung des Weges stehen nun zur Auswahl – entweder auf der Hauptstraße direkt weiter Richtung PALUZZA oder ein Stück zurück bis kurz vor ZUGLIO und dann links in einem Halbkreis über PAULARO weiter. Die zweite Variante macht dann Sinn, wenn Ihnen die Gegend hier gefällt und sie gerne noch eine Runde drehen möchten. Von PAULARO aus gibt es einige schöne Wanderungen. Im Ort ist

Paularo vom Lanzenpass aus

das **Mozartina** ganz interessant, wenn Sie sich für alte Musikinstrumente interessieren. Auf drei Stockwerken sind Orgeln, Cembalos, Klaviere und Zupfinstrumente aus 4 Jahrhunderten zusammengetragen worden und für die Besucher großteils auch zugänglich und sogar nutzbar *(im Ort angeschrieben, Via J. Linussio 24, die wechselnden Öffnungszeiten können erfragt werden unter 0433 70162, kostenlos, N 46°32'06" E 13°06'57")*. Im Ort stehen auch einige interessante Palazzi, die den karnischen, alpenländisch geprägten Baustil mit dem italienischen zu kombinieren scheinen. Im Südosten liegt ein schöner Campingplatz.

(136) WOMO-Campingplatz-Tipp: Paularo

GPS: N 46°31'28" **E** 13°07'26", Via Sartori Notalo
Ortszentrum: Südlich des Dorfes am Fluss gelegen, ungefähr 700m bis ins Zentrum
Zeiten: Apr-Sep. **Ausstattung**: Strom, Wasser, Entsorgung, Sanitäranlagen, Waschmaschinen, im zugehörigen Freizeitgelände Minigolf, Bar, Spielplatz, verschiedene Sporteinrichtungen. **Zufahrt**: Direkt nach dem Ortsschild von PAULARO beschildert („camping") rechts abbiegen und weiter rechts halten. Nach ca. 500m links

WOMO-Wandertipp: Rund um Paularo

Für ausführliche Hinweise zu Wandertouren und Spazierwegen wenden Sie sich an die Touristeninformation im kleinen Holzbau vor der Post (ProLoco, Piazza Nascimbeni 12, direkt an der Hauptstraße). Eine recht schöne Tour führt erst die kleine Straße zum Passo Lanza ein Stück hinauf, (auf keinen Fall mit dem Womo fahren, keine Wendemöglichkeiten und zu enger Tunnel unterwegs) dann, nach dem Gasthaus „Da Nelut", links ab zur Schlucht „Las Callas". Auf einem halsbrecherisch in den Fels gehauenen Weg (Achtung, nur für trittsichere Bergwanderer) gelangt man durch die Schlucht, am Ende den steilen Weg nach oben. Hier führt ein Pfad nach 300m zurück zum Ausgangspunkt. Am Rückweg können Sie noch einen Abstecher zur „La Palma" machen. Nach links ist diese besondere Weißtanne (lassen Sie sich überraschen) von oben kommend an der Passstraße angeschrieben.

In PALUZZA an der Hauptstraße treffen beide Wegvarianten wieder aufeinander. Eine schöne, wenn auch steile Fahrstrecke führt ab hier noch bis zur österreichischen Grenze am Plöckenpass. Die spätere Hauptroute zweigt dann aber wieder, etwas südlich von PALUZZA, über den But ab nach RAVASCLETTO ab. Noch 100m weiter südlich, bzw. schon davor wenn Sie direkt von ARTA TERME auf der Hauptstraße bis hier weitergefahren sind, befindet sich eine Tankstelle mit Entsorgungsstation und Übernachtungsstellplatz (allerdings nicht so schön, da direkt neben der Hauptstraße **[137: N 46°30'41" E 13°00'08"]**.

Richtung Pass schließt sich nördlich von PALUZZA die kleine Gemeinde von TIMAU an. Das letzte Dorf im Tal ist lange Zeit eine Sprachinsel gewesen, die einen alten, kärntnerischen Dialekt am Leben gehalten hat, das „Tischlbongarisch". Die Alten im Dorf sprechen ihn noch heute, die jungen in der Regel nur mehr furlanisch oder italienisch. Dank des Kulturvereines wird die alte Sprache aber seit Kurzem wieder ab dem Kindergarten gelehrt. Im Ort ist das an der Hauptstraße gelegene **Museo Grande Guerra** mit der Thematik des 1. Weltkriegs recht interessant. *(geöffnet August täglich 9-12h und 15-19h, Jul/Sep Di-Sa 14.30-18.30h, Sa auch 9-12h, Jun/Okt nur Sa 9-12h und 14-18h, Erw 4EUR)*. Kurz bevor die Straße sich in wilden Serpentinen nach oben zieht, können Sie links noch zur „Pista Langhetti", einem im Winter beliebten Langlaufgebiet abzweigen. Die Trattoria hier bietet voll ausgestattete Stell-

Am Plöckenpass

plätze gegen Gebühr, ganz nett auf einer Wiese am Fluss gelegen **[138: N 46°35'18" E 12°58'26"]**.

Wir wuchten unser Womo Kehre um Kehre nach oben, dann ist es irgendwann geschafft und wir stehen an den alten Grenzanlagen am Pass. Gleich davor, auf der linken Seite, bietet sich eine geschotterte Fläche als Stellplatz bei Bedarf an, reine Parkflächen sind aber sowieso ausreichend vorhanden **[139: N 46°36'06" E 12°56'38"]**.

WOMO-Wandertipp: Freilichtmuseum am Plöckenpass

Am Plöckenpass wurden alte Kriegsstellungen als Freilichtmuseum rekonstruiert und zugänglich gemacht. Eine abwechslungsreiche und interessante Wanderung, auch für Bergmuffel, denen hier mehr als „nur Natur" geboten wird. Eine gewisse Trittsicherheit und Ausrüstung ist allerdings Voraussetzung. Gegenüber des Gasthauses führt ein Wanderweg den Hang hinauf (Weg 401). Erst in einigen Kehren, dann entlang einer Steilwand erreicht man nach ca. 45min. die ersten Überreste des Krieges. An einer Abzweigung nach links kommt man zur alten Frontlinie, der Hauptweg führt rechts weiter. Hier wurden Baracken, Schützengräben und Wehranlagen rekonstruiert und man erreicht schlussendlich den kleinen Pal (1900m). Bergab Richtung Osten trifft man wieder auf den Weg 401 der zurückführt. Markierte Abstecher zum mit Tunneln durchlöcherten Freikofel und zum großen Pal sind ebenfalls möglich. Gesamt ca. 3-4 Stunden

Wenn Sie nicht gerade heim müssen und die Passage über den Plöckenpass dafür nutzen wollen (Achtung – bei der Abfahrt teils sehr schlechte Straße auf österreichischer Seite), fahren Sie mit uns zurück zur vorher schon beschriebenen Abfahrt nach rechts mit Ziel RAVASCLETTO.

Links von uns liegt der für seine schöne Aussicht bekannte **Monte Zonculan** mit einem beliebten Skigebiet - die Auf-

fahrt empfiehlt sich aber nur mit kleineren Womos. Geradeaus in RAVASCLETTO liegt links neben der Straße ein recht netter Stellplatz.

(140) WOMO-Stellplatz: Ravascletto

GPS: N 46°31'24" E 12°55'40", Via Valcalda **max. WOMOs**: 6 Plätze

Ausstattung/Lage: Ver-/Entsorgung, Mülleimer, gegenüber kleiner See mit Picknickbänken und Spielplatz. Etwas erhöht direkt neben der Straße, aber nachts wenig Verkehr. In den darüber gelegenen Ort ca. 800m.

Zufahrt: Entlang der Hauptstraße bis RAVASCLETTO. Kurz nach der rechts angeschriebenen Abzweigung in die Ortsmitte kommt an der Hauptstraße ein kleiner See. Links geht ein Fahrweg ab auf eine erhöht gelegene Asphaltfläche mit „Marterpfahl" – nicht gekennzeichnet.

Parkgebühr: kostenlos

Wenn Ihnen eher nach einem Campingplatz ist, kann der Ort auch damit dienen: Nur wenige hundert Meter weiter in Fahrtrichtung auf der linken Seite **[141: N 46°31'18" E 12°55'18"]**. Sonst macht ein Stopp nur dann Sinn, wenn die Gondelbahn gerade läuft *(unregelmäßige Zeiten im Sommer)* und sie dem **Monte Zonculan** auf diesem Wege zu Leibe rücken wollen. Oben gibt es eine gute Berghütte und besagten Panoramablick auf die karnischen Berge ringsum. Hinter RAVASCLETTO führt noch eine beliebte Rundstraße zum Monte Crostis. Etwa 30km lang fährt man, großteils auf Asphalt, erst Richtung TUALIS und gelangt nach dem Berg direkt zurück zum Ausgangspunkt. Doch auch hier ist Vorsicht geboten – nur kleine Womos sollten diese Runde auf der „Panoramica" wagen. Für Sportliche lohnt der Trip mit dem Fahrrad oder, falls Sie ein Motorrad dabei haben, auch diese dritte Variante.

Nicht die großen Highlights erwarten uns auf der Weiterfahrt,

Unwirklich türkis: der Lago di Sauris

dafür herrliche Natur und stille Kleinode, die es immer wieder zu entdecken gilt. Die schönste Variante, um nach SAURIS zu kommen, ist sicher die Fahrt über PRATO CARNICO (erlaubt bis max. 3,5t). Dazu biegen wir in COMEGLIÀNS erst links ab in Richtung TOLMEZZO und kurz darauf wieder rechts. Eine ganze Zeit cruisen wir so gemütlich durch die Berglandschaft, bis ein Wegweiser nach links die Weiterfahrt in die Gemeinde SAURIS anzeigt. Der einzige Nachteil dieser Variante ist, dass die Straßen, vor allem gegen Ende, schmaler und kurvenreicher sind, was ein höheres Maß an Konzentration und ein langsameres Tempo bedeutet. Die schnellere Route führt ab COMEGLIANS über OVARO weiter bis VILLA SANTINA und hier rechts über EMMONZO und AMPEZZO zur Abzweigung nach SAURIS.

Sauris

Die kleine Doppelgemeinde SAURIS mit knapp 500 Einwohnern, bestehend aus den Ortsteilen SAURIS DI SOTTO und SAURIS DI SOPRA (also Unter- und Oberstadt) liegt malerisch oberhalb der Lumieischlucht und des Stausees **Lago di Sauris** auf 1200 bzw. 1400m auf Almwiesen verstreut. SAURIS ist nicht nur die höchstgelegene Gemeinde im ganzen Friaul, sie ist auch Sprachinsel eines alten, deutschen Dialekts, genannt Zahre. Eng verknüpft mit dem Dialekt im Pustertal, sind Menschen aus dieser Region wohl im Mittelalter hier eingewandert und haben sich an diesem isolierten Platz niedergelassen. Gerade im Winter war man früher teils monatelang von der Außenwelt abgeschnitten und die Bewohner fristeten, vor allem als Bergbauern, ein bescheidenes Dasein. Die eigene Sprache blieb somit lange Zeit erhalten und Zahre wird noch von 70% der Bevölkerung aktiv gesprochen. Ab dem Kindergarten wird es seit den 80ern wieder gelehrt. Überall in den Orten trifft man auf Schilder

und Textfragmente dieses besonderen Dialekts – verstehen lässt er sich für Unsereins allerdings kaum mehr. Zahre ist übrigens gleichzeitig der „deutschsprachige“ Name der Orte und bedeutet soviel wie „Träne“ – warum, kann man mutmaßen, gesichert ist die Herkunft aber nicht.
Erreichen Sie die Gemeinde über die kurvenreiche, kleine Straße von Nordwesten her, parken Sie am besten am Ortsbeginn rechts für einen Rundgang. Die Häuser haben hier eine ganz eigentümliche Bauweise, die uns auf den nächsten Kilometern immer mal wieder begegnen wird: es scheint, als befindet sich um das Haus herum eine Art Gerüst und auch Treppen und Aufgänge sind teils nach außen verlagert. Im ethnografischen Museum kann man sich näher über die Geschichte der Ortschaften informieren *(geöffnet April bis September Di-Fr 10-12h und 16-18h, Sa/So 10-12h und 15-18h, kostenlos)*.
Fahren Sie dann in die Unterstadt, parken Sie am besten direkt am offiziellen Stellplatz neben der Wurstwarenfabrik Wolf. Es macht Freude, einfach ein wenig durch die Gassen zu schlendern und irgendwo einzukehren. Natürlich erwarten Sie auch hier viele verschiedene Wanderwege, die Touristeninformation befindet sich gleich schräg unterhalb des Stellplatzes.

Besagte Wurstfabrik stellt übrigens vorzüglichen Schinken und andere leckere Produkte her, die Sie einmal probieren sollten. Auch das Zahre Bier erhalten Sie im Ort: Nicht ganz billig, wird es voll biologisch auf althergebrachte Weise gebraut und in auffällige Flaschen abgefüllt – vielleicht ein originelles Mitbringsel für daheim! Weiter südlich an der Straße nach AMPEZZO folgt die Straße dem unwirklich türkis leuchtenden Stausee. Von den Bergen ins Wasser geschwemmte Sedimente sorgen für diese außergewöhnliche Lichtbrechung. Durch einige dunkle, feuchte Tunnel und eine alte Steinbrücke kommen Sie nach einer Weile im AMPEZZO an. Auch dieses abenteuerliche, letzte Stück Weg ist sicher eines der schönsten in der gesamten Region.

(142) WOMO-Stellplatz: Sauris di Sotto

GPS: N 46°28’04” E 12°42’27”, Via Sauris di Sotto
max. WOMOs: ca. 8 Plätze
Ausstattung/Lage: Strom und Wasser in Schächten am Boden, Toiletten, terrassierter Platz neben der Wurstfabrik, 200m in den Ortskern.
Zufahrt: Von SAURIS DI SOPRA kommend am Ortsanfang links ab, beschildert zur Wurstfabrik Wolf, hier direkt links daneben.
Parkgebühr: kostenlos

(143) WOMO-Stellplatz: Ampezzo

GPS: N 46°24'41" E 12°48'03", Via Lauzit
max. WOMOs: 6 Plätze
Ausstattung/Lage: Ver-/Entsorgung, Mülleimer, Strom und Wasser einzeln an allen Plätzen, beleuchtet, neben Tennisplatz südöstlich der Ortschaft. Ca. 800m ins Zentrum, ruhig.
Zufahrt: Von SAURIS kommend an der Hauptstraße in AMPEZZO links fahren, anderenfalls kurz nach dem Ortbeginn: kleine Tankstelle auf der südlichen Straßenseite. Hier schon angeschrieben geht des zur „Area di Sosta" für Camper den Berg hinab.
Parkgebühr: 7 EUR/24h, allerdings steht nicht da, wo das Geld entrichtet werden soll. Laut unseren italienischen Mitcampern kommt jemand zum Einsammeln (allerdings in der Nebensaison anscheinend nicht regelmäßig...)

In AMPEZZO gibt es, gut sichtbar, im öffentlichen Gebäude am Platz, südlich der Hauptstraße im 1. Obergeschoß ein kleines, kostenloses, geologisches Museum. Den Schlüssel erhalten Sie bei der Touristeninformation im Erdgeschoß, wenn Sie daran Interesse haben. Wenn nicht, fahren Sie mit uns weiter nach FORNI DI SOTTO.

WOMO-Wandertipp: Im Parco delle Dolomiti Friulane

Ein sehr schöner, wenn auch weiter Weg (7-8 Stunden, 1100 Höhenmeter) führt hier mitten in den Naturpark hinein. Schroffe Felsen, wilde Flüsse und abwechslungsreiche Flora und Fauna erwarten Sie. Wenn Sie diese oder eine andere Wanderung im Gebiet machen wollen, suchen Sie aber vorher die Touristeninformation in AMPEZZO oder anderswo in der Nähe auf und lassen Sie sich Kartenmaterial mitgeben. Die Wege sind nicht immer optimal markiert und wir können nur die grobe Richtung vorgeben. Bitte denken Sie auch an geeignete Ausrüstung.

Biegen Sie in FORNI DI SOTTO, gegenüber der Schule, links vor dem Bankgebäude ab. Nun immer geradeaus. Vor einer kleinen Kirche sollten Sie, gerade mit größeren Womos, linkerhand parken und ab hier starten [N 46°23'33" E 12°40'04"]. Sie können auch noch bis zum Flussbett weiterfahren, es gibt hier etwas Parkraum unmittelbar davor. Der Weg ist aber

Der Naturpark friulanische Dolomiten

sehr schmal und nicht für Camper ausgelegt.
Nehmen Sie weiter die Straße rechts an der Kirche vorbei und folgen Sie ab der nächsten Gabelung den Naturparkschildern mit dem Adlerkopf. Am unteren Weg bleiben und schon bald erreichen Sie den Tagliamento. Der markierte Weg quert das Flussbett und folgt dem Rio Grande immer bergauf. Eine ganze Weile später führt der Pfad rechts ins **Valle dell`orso**, das Bärental, dann später erneut rechts auf den Weg Nr. 373a und durch spektakuläre Felsformationen bis man, wiederum rechts, dem Hauptweg 373 zurück zum Tagliamento und weiter zum Ausgangspunkt folgt.

Forni di Sopra

Ein Stück voran folgt der aus mehreren Teilen bestehende Ort FORNI DI SOPRA. Es gibt einen Campingplatz, ganz am Ende einen Stellplatz und Entsorgungsmöglichkeit. Viele Cafes, Bistros und Restaurants zeugen von den meist vielen Urlaubsgästen in den Hauptsaisons Sommer wie Winter. Gleich am Stellplatz liegt der **Dolomiti Adventure Park** mit Kletterparcours und anderen naturnahen Vergnügungsmöglichkeiten für Groß und vor allem Klein.

(144) WOMO-Campingplatz-Tipp: Camping Tornerai

GPS: N 46°24'35" E 12°35'54", Strada Statale 52
Ortszentrum: Etwas außerhalb, bis ins Zentrum ca. 1,1km
Zeiten: ganzjährig. **Ausstattung**: Strom, sanitäre Anlagen, Spielplatz, Grillhütte, Bar. **Zufahrt**: Gleich am Ortsbeginn rechts angeschrieben.

(145) WOMO-Stellplatz: Forni di Sopra

GPS: N 46°25'32" E 12°34'05", Strada Statale 52
max. WOMOs: > 10 Plätze
Ausstattung/Lage: Großer Parkplatz ohne Einrichtungen. Auf der gegenüberliegenden Straßenseite Ver-/Entsorgungsstation. Ganz hinten der Dolomiti Adventure Park mit kleiner Snackbar.
Zufahrt: Am Ortsende von FORNI DI SOPRA auf der linken Seite als Parkplatz markiert.
Parkgebühr: meist kostenlos, in der Hochsaison allerdings 9EUR /24h

Einige Serpentinen schnaufen wir nun hinauf und überqueren bei 1280m den Passo Mauro, der auch die Grenze zwischen den Regionen Friaul und Venezien bildet. Nicht zum letzten Mal werden wir die auf den nächsten Touren kreuzen. Am Gasthof Pineda kurz danach befindet sich links unterhalb der Straße eine Entsorgungsstation [N 46°27'49" E 12°28'56"].

Jenseits des Passes sind wir im Cadore-Tal angekommen. Gleich der erste kleine Ort LORENZAGO DI CADORE fällt durch seine Bebauung auf: Herrschten gerade eben noch alpenländische Gebäude vor, sind die Häuser hier auf den ersten Blick vom venezianischen Palazzo-Stil geprägt. Eine etwas ungewöhnliche Optik mitten in den Bergen. Nach dem kleinen Ort fällt die Straße ganz hinab ins Tal. Und wir folgen ihr nach

Lorenzago di Cadore

Lago Pieve di Cadore

links zu unserem letzten Ziel der Etappe: PIEVE DI CADORE.

Der bei Kanufahrern beliebte, fjordähnliche **Lago Pieve di Cadore** begleitet uns nun bis nach PIEVE. Er ist durch einen Staudamm in den 1950er Jahren entstanden, über 100m tief und gibt dem Tal heute sein Gesicht. Hier fließen die Flüsse Piave und Boite zusammen. Um uns den Ort ein wenig näher anzusehen, nehmen wir den zentralen Stadtparkplatz. Dazu biegen wir am Ortsbeginn schräg rechts, dem „Centro"-Schild folgend, ab. Gute 1000m später stehen wir auch schon mitten auf dem Hauptplatz mit dem stattlich wirkenden Ensemble aus Kommunalpalast und Kirche. Hier nun links nach unten abbiegen, der Parkplatz ist bereits beschildert und befindet sich nur wenige Meter weiter auf der rechten Seite. Vor allem der hintere, ungeteerte Teil wird viel von Wohnmobilen genutzt **[146: N 46°25'39" E 12°22'23"]**.

Pieve di Cadore

Das 4000-Seelen-Städtchen hat touristisch so einiges zu bieten: Gleich gegenüber dem Parkplatz hat in einem noch recht neuen, futuristisch anmutenden Gebäude das Brillenmuseum **Museo del Occhiale** mit tausenden Ausstellungsstücken aus allen Epochen Quartier bezogen. Die Lage kommt nicht von ungefähr: seit Jahrzehnten ist das Cadore-Tal ein Zentrum der Brillenherstellung. Noch heute stammt ein Gros der italienischen Produktion von hier, auch wenn von den ehemals Dutzenden kleinerer Hersteller nur mehr eine knappe Hand voll übrig geblieben sind: Firmennamen wie Luxottica oder Safilo, die aus der Gegend stammen, sind auch bei uns geläufig – es sind weltweit sogar die größten Hersteller überhaupt *(geöffnet Di-Sa 9.30-12.30h und 15.30-18.30h, Juli/Aug, 9.30-12.30h und 16-19h)*. Wirklich nur ein paar Fußschritte weiter steht ein Gebäude an der Straße, dass keinen größeren Gegensatz bieten könnte: Das aus dem 15. Jahrhundert stammende **Geburtshaus Tizians**. Der berühmte Maler war mit über 640 Werken einer der produktivsten Maler seiner Zeit und stellte seine Dienste zu Beginn ganz ins Zeichen der Serenissima. Entgegen vieler anderer Künstler wurde er bereits zu Lebzeiten als „Sonne unter den Sternen" bezeichnet und galt europaweit als bedeutender

Maler. 1533 wurde er von Karl dem V. in den Adelsstand erhoben und zu seinem Hofmaler gemacht. Sein genaues Geburtsjahr ist nicht gesichert überliefert, doch steht fest, dass Tizian di Cadore für seine Zeit geradezu biblisch alt wurde: laut seinen eignen Niederschriften wurde er 103. Ob das glaubwürdig ist, sei dahingestellt. Über 90 Jahre dürften ihm aber tatsächlich vergönnt gewesen sein. Das Haus, in dem er bis zu seinem 9. Lebensjahr wohnte und in dem er später seine Familie immer wieder besuchte, wurde im 19. Jahrhundert zwar verändert, doch ist es immer noch in einem originalnahen Zustand. Es vermittelt mit seinen kleinen Kammern im Inneren das Wohngefühl einer relativ wohlhabenden Familie, Tizians Eltern waren von niedrigem Adelsstand, ihrer Zeit *(geöffnet Di-So Mai/Jun und Mitte Sep-Dez 10-12.30h und 15.30-18.30h Jul/Aug 10-12.30h und 16.00-19.00h, Erw 3 EUR, Kinder 2EUR, Gesamtticket für alle drei Museen im Ort 7,50EUR).*

Das letzte Stück nach oben stehen wir am Hauptplatz von PIEVE, der **Piazza Tiziano** - geschmückt mit einer Statue, wie könnte es anders sein, des berühmtesten Sohnes. Der **Palazzo Communitá** mit seinem Wehrturm beherbergt heute ein **archäologisches Museum** mit Funden aus der Frühzeit sowie einige Gemälde – allerdings allesamt nicht von Tizian gemalt *(geöffnet wie Tizianhaus).* Das einzige Werk von ihm im ganzen Ort findet sich in der dahinter liegenden Kirche **Santa Maria Nascente**: Maria mit Kind. Der Hirte mit Stab im Hintergrund soll übrigens ein Selbstbildnis Tizians sein.

Brillenmuseum

Woher kommt die Brille?

Nun, wie Sie sich schon denken können, wenn wir es hier erwähnen: Natürlich aus der Region Venezien! Die Lagunenstadt selbst soll die Wiege sein – von hier stammt zumindest die älteste nachweisbare Urkunde über die Herstellung von Brillen, optischen Gläsern und Lupen im 13. Jahrhundert. Viele Glasmacher ließen sich in den späteren Jahren mit ihrem Handwerk auch im Ausland nieder, z.B. in Deutschland und Flandern – es ist wahrscheinlich, dass über diesen Weg die Optik auch in Frankreich und England Einzug hielt.

Im 15. Jahrhundert hatte sich die Herstellung verlagert und das neue Mekka der Optik wurde FLORENZ – bis nach KONSTANTINOPEL wurden die Augengläser exportiert.

Auch in anderen Teilen der Welt setzt parallel die Nutzung von Glas zur Vergrößerung ein. Im 14. Jahrhundert gibt es ähnliche Überlieferungen aus China und Indien, doch war wohl niemand so früh dran, wie die einstigen Optikmeister VENEDIGS.

Im 18. Jahrhundert kommt die Produktion dann aber quasi zum Erliegen. Natürlich konnte man in all der Zeit nicht wirklich von Augenheilkunde sprechen. Echte Erkenntnisse darüber stammen erst aus dem 19. Jahrhundert. Und genau da, erst 100 Jahre nach dem Ende der Gläserherstellung, besinnt man sich auf die alten Werte und beginnt, mitten in den Bergen im Cadore-Tal, mit der Produktion von optischen Fassungen. Eine Erfolgsgeschichte, die der Gegend, vor allem nach dem 2. Weltkrieg, einen gehörigen Wirtschaftsschub einbringt. Die Produktionsmenge zu dieser Zeit lag bei 15-20.000 Brillen pro Tag. Damals ein Wunder industrieller Fertigung ist es nichts im Vergleich zu heute: Allein der Marktführer Luxottica bringt es inzwischen, allerdings mit weltweiten Produktionsstätten, auf das 4-fache.

Tour 12: (255 km / 3-6 Tage)

Cibiana di Cadore – Cortina D`Ampezzo
Lago di Misurina – Falzaregopass – Pordoipass
Fedaiapass – Sottoguda – Forni di Zoldo – Longarone
Casso – Barcis – Andreis

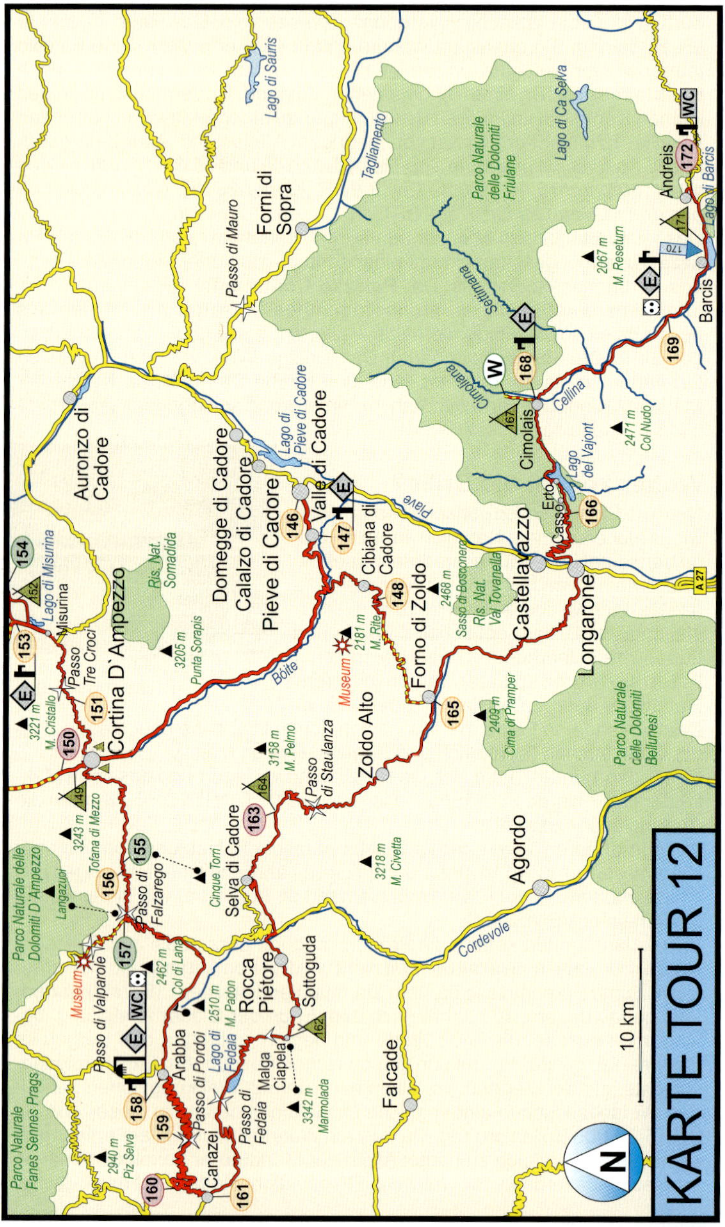

Stellplätze (gratis):	Valle di Cadore, Cibiana di Cadore, Fiames, Monte Cristallo, 5 Torri, Col Gallina, Passo Falzarego, Passo Pordoi, Alba, Selva di Cadore, Forno di Zoldo, Cimolais, Val Cellina, Maniago
Stellplätze (Gebühr):	3 Zinnen, Arabba, Val Vajont, Barcis, Andreis
Campingplätze:	Fiames, Lago Misurina, Malga Ciapela, Selva di Cadore, Cimolais, Barcis
Besichtigen:	Cibiana di Cadore, Falzaregopass, Livanallongo, Fedaiapass, Forni di Zoldo, Casso, Andreis, Maniago
Baden:	Lago di Barcis
Wandern:	Drei Zinnen, Falzaregopass, Arabba, Passo Sottoguda, Casso, Cimolais, Barcis, Andreis

Auch wenn die Dolomiten im Friaul beeindruckend sind: die in Venetien können sie, allein an Größe, nicht toppen. Auf über 3000m türmen sich die Steinriesen hier auf, verwegene Pässe und unzählige Kurven führen hoch und wieder herunter. Das ist zwar nicht immer hundert Prozent wohnmobilgerecht, aber von so erhabener Schönheit, dass Sie sich diese Runde nicht entgehen lassen sollten. Mehr als auf allen anderen Touren raten wir Ihnen aber unbedingt und regelmäßig ihre Motorbremse zum Einsatz kommen lassen: Beläge, Scheiben und Trommeln werden es Ihnen danken. Denn so schön Venetiens hohe Berge sind: es erwartet Sie ein fortwährendes Auf und Ab.

Ausgangspunkt ist PIEVE DI CADORE. Vom Parkplatz geht es zurück zum Hauptplatz und diesmal links herab, wieder fast zurück bis auf Seeniveau. Die Straße mündet dann in die SS51 ein, der wir nach rechts folgen. Wenn Ihnen schon jetzt warm ist, und der Sinn nach Abkühlung steht, finden sie keine 200m weiter eine beliebte Eisdiele auf der linken Seite (großer Parkplatz auf der links einmündenden Straße direkt davor). Unsere Straße führt uns jetzt immer weiter in die Bergriesenwelt hinein bis zur italienischen Wintersportmetropole schlechthin: CORTINA D`AMPEZZO. Gleich an PIEVE grenzt die nächste Gemeinde, VALLE DIE CADORE an.

(147) WOMO-Stellplatz: Valle di Cadore

GPS: N 46°24'56" E 12°20'20", Via Chiemis
max. WOMOs: 6 Plätze
Ausstattung/Lage: Ver-/Entsorgung, Mülleimer, sehr ruhig gelegen, südlich des Ortes neben dem Sportplatz. 450m in den Ortskern.
Zufahrt: Im Ort macht die Hauptstraße einen deutlichen Knick nach links. Unmittelbar danach links in die kleine Via Chiemis einbiegen. Immer geradeaus bis zum Stellplatz. Beim Verlassen denselben Rückweg nehmen. Die Straße stößt zwar auch in der anderen Richtung wieder auf die SS51, ist hier aber noch enger...
Parkgebühr: kostenlos

Unterwegs im Cadore

Links von uns liegt ein weiterer Stausee, der **Lago di Valle di Cadore**, der hier den Boite aufstaut. Kurz darauf machen wir einen Abstecher nach links Richtung CIBIANA. Wenn Sie sich gegen die Kurven der hochalpinen Tour 12 entscheiden, können Sie hier übrigens auch über den kleinen **Passo Cibiano** direkt nach FORNO DI ZOLDO fahren, dort treffen Sie die Hauptroute wieder. Unser kleiner Ausflug soll uns aber nur bis zum **Monte Rite** führen und zum dort gelegenen **Messner Mountain Museum**. Einige Kilometer hinter CIBIANA passieren wir zwei Stellplätze rechts der Straße im Wald **[148a: N 46°22'45" E 12°16'38" / 148b: N 46°22'46" E 12°16'35"]**. Die Straße windet sich danach noch ein paar Kurven nach oben. An der Passhöhe befinden sich einige Häuser und der große Parkplatz des Museums liegt angeschrieben etwas erhöht rechts der Straße. Von hier können Sie zum Museum laufen oder die Shuttlebusse nehmen. Das „**Museum über den Wolken**" ist in einem Fort am Gipfel auf 2181m untergebracht und beschäftigt sich mit dem Thema Fels bzw. der Erschließung der umliegenden Bergregion. Im Hauptteil befindet sich eine Bildergalerie, in den Nebenflügeln Infos und Fossilien. Die Aussicht allein ist an guten Tagen den Umweg wert... *(geöffnet Jun-Sep, 10-13h und 14-17h Jul/Aug/ersteSeptemberhälfte nachmittags 14-18h, Erw 6EUR, Senioren 5EUR, Kinder von 6-14 3EUR, Shuttlebusse: Erw Hin/Rück 11EUR, einfach 7EUR, Kinder 6-12 9EUR, einfach 6EUR)*

Zurück an der Hauptstraße ist es nicht mehr weit bis CORTINAD`AMPEZZO. Hier erwartet uns jedoch eine Enttäuschung. Gleich zu Beginn wird man darauf aufmerksam gemacht, dass das Parken für Wohnmobile im gesamten Ortsgebiet nicht gestattet ist. Zwar wurde ein Stellplatz geschaffen, der allerdings so weit außerhalb liegt, dass man sich auf eine Fahrradtour oder eine Fahrt mit dem Bus (immerhin hat man an eine Haltestelle gedacht) einstellen muss. Und tatsächlich wird einem, wenn auch hinter vorgehaltener Hand, im Ort offiziell bestätigt, dass man gerne auf Wohnmobile verzichtet – man hätte genug Gäste, die in Hotels und Pensionen wohnen, das Ortsbild nicht mit Ihren „großen Kisten“ zuparken und verschandeln, und der Stadt mehr Geld einbringen.

Nun, halten Sie es wie Sie möchten, wir überlassen CORTINA sich selbst und seinen vermeintlichen Premium-Gästen und machen uns zu Orten auf, wo wir willkommen sind. Besagter Stellplatz übrigens liegt außerhalb in FIAMES, kurz zuvor befindet sich im Wald auch noch der Campingplatz Olympia **[149: N 46°34’08” E 12°06’57”]**.

(150) WOMO-Stellplatz: Cortina D´Ampezzo

GPS: N 46°34’20” **E 12**°07’03”**,** Strada di Alemagna, FIAMES
max. WOMOs: >10 Plätze
Ausstattung/Lage: Mülleimer, Picknickbänke, direkt an der Straße, dahinter ein Freizeitgelände, gegenüber Sportplatz, schöne Bergkulisse ringsum, etwa 4,5km vom Zentrum entfernt.
Zufahrt: Platz ist schon in CORTINA angeschrieben, immer in Richtung „Loc. FIAMES“ und Richtung BOLZANO fahren, dann kommen Sie auf die richtige Straße zum Platz.
Parkgebühr: kostenlos

Einen Abstecher von CORTINA ganz in den Norden zum **Lago di Misurina** wollen wir noch unternehmen. Dazu fahren wir nach dem Bahnhof rechts von der Hauptstraße ab Richtung MISURINA und AURONZO. Auf der Nebenstraße, die auch zum

Pomagagnon-Massiv (2450m) bei Cortina D`Ampezzo

Skigebiet am **Monte Cristallo** führt, gewinnen wir schnell an Höhe. Direkt unterhalb des Liftes stehen große Parkflächen zur Verfügung an denen man im Sommer fast allein ist **[151: N 46°33'05" E 12°11'26"]**. Nur 1,5km

später überfahren wir die 1809m Passhöhe. Die Straße wird bald ein wenig schma-ler, verliert aber nicht mehr so stark an Höhe. An einer Gabelung halten wir uns links nach MISURINA und erreichen den Ort kurz darauf. „Ort" ist fast ein wenig hoch gegriffen. Im wesentlichen besteht er aus einem ehemaligen Grand Hotel in dem heute ein Kindersanatorium untergebracht ist, einigen kleineren Hotels und Gasthöfen und einem Souvenirshop. Im Sommer wird der nur 5m tiefe Bergsee gern und oft von Ausflüglern ob seiner wunderbaren Lage besucht. Zwischen dem Massiv der drei Zinnen im Nordosten, dem Monte Piana, der Cadini Gruppe und dem Monte Cristallo im Südwesten, aus dessen Richtung wir kommen, bietet er vor allem an schönen, windstillen Tagen ein echtes Postkartenmotiv. Die Wasserober-

Am Stellplatz Misurina, unterhalb der drei Zinnen

fläche ist dann so klar und ruhig, dass sich die Berge ringsum wie in einem Spiegel abzeichnen. Vielfältige Wanderungen ins umliegende Hochgebirge starten ringsum. Kurz nach dem **Lago di Misurina**, aber noch bevor man die Regionengrenze nach Südtirol überquert, führt rechts eine kleine Panoramastraße zu den berühmten **Drei Zinnen** hinauf. Die Straße ist allerdings mautpflichtig (vorher ein Stellplatz auf der linken Seite). Sie schwingt sich grandios am kleinen **Lago Antorno** vorbei bis kurz unter das Gipfelmassiv.

Man hat das Gefühl, bis ganz nach oben ist es nur noch ein Katzensprung. In Wahrheit täuscht das ein wenig, aber allzu weit ist es, relativ gesehen, tatsächlich nicht mehr – in gut 90 Minuten schafft man es bis ganz hoch...

(152) WOMO-Campingplatz-Tipp: Camping Alla Baita

GPS: N 46°35'15" E 12°15'29", Lago di Misurina
Ortszentrum: 200m bis zum See
Zeiten: Juni-September. **Ausstattung**: Strom, sanitäre Anlagen, Restaurant, Bar. **Zufahrt**: Am nördlichen Ende des Sees rechts abbiegen, nach ca. 300m auf der linken Seite. 200m weiter stößt man auf die Drei-Zinnen-Panoramastraße.

(153) WOMO-Stellplatz: Misurina

GPS: N 46°35'18" E 12°15'19", Drei Zinnen Panoramastraße
max. WOMOs: >10 Plätze
Ausstattung/Lage: Ver-/Entsorgung, schöne Lage im Gebirge am Fuße der Drei Zinnen-Panoramastraße.
Zufahrt: 250m nach dem See rechts abbiegen Richtung Tre Cime und Rifugio Auronzo. Kurz danach der Naturparkplatz auf der linken Seite.
Parkgebühr: Am Parkautomat ein Stück weiter vorne sind pauschal 8 EUR/24h zu entrichten.

(154) WOMO-Wanderparkplatz: Drei Zinnen

GPS: N 46°36'45" E 12°17'36", Drei Zinnen Panoramastraße
max. WOMOs: >10 Plätze
Ausstattung/Lage: Mülleimer, sonst keine Einrichtungen, absolut fantastische Lage ganz weit oben im Hochgebirge auf 2300m. Nachts mitunter sehr kalt.
Zufahrt: Wie Stellplatz 148, der Straße einfach weiter nach oben folgen. Kurz darauf ist Maut fällig.
Parkgebühr: kostenlos, die Maut für die Straße schlägt allerdings mit amtlichen 20 EUR zu Buche.

Vom **Lago di Misurina** können Sie entweder auf bekanntem Weg zurückfahren, oder noch ein kleines Stück weiter nach Norden und, mit einem winzigen Schlenker durch Südtiroler Gebiet, wieder links in 18km bis CORTINA abbiegen.

Gleich hinter dem nördlichen Ortseingang fahren wir dann nach rechts wieder ab: Das nächste Ziel ist der **Passo Falzarego**. Auf der meist gut ausgebauten **großen Dolomitenstraße** starten wir in die Bergriesenwelt der 3000er. Gleich rechts von uns taucht über den Köpfen die **Tofana-Gruppe** auf. Das Dreigestirn gehört zu den markantesten und bekanntesten Dolomitengipfeln überhaupt. Sein höchster Punkt, der **Tofana di Mezzo**, ragt auf 3243 Meter empor. Erreichen kann man die Gipfel nur über Klettersteige. Da sie fast zum Greifen nah hinter der Straße liegen, machen Sie aber auch von unten gehörig Eindruck. Links geht eine Straße zu den **Cinque Torri**, den fünf Türmen ab. An der Liftstation nach 200m kann man gut stehen, eine Fahrt nach oben führt in ein Freilichtmuseum. Hier waren die italienischen Stellungen einst unter-

Cortina D`Ampezzo

gebracht. Auch die Natur mit den besagten fünf Felstürmen lohnt den Ausflug **[155: N 46°31'08" E 12°02'17"]**. Am nächsten Lift zum Col Gallina kann man auch ganz gut stehen, wenn auch näher an der Hauptstraße. Eine kleine Gaststätte sorgt hier für das leibliche Wohl **[156: N 46°31'13" E 12°01'08"]**. Nicht mehr weit und wir stehen an der großen T-Kreuzung ganz oben am Pass. Rechts von uns befindet sich eine große Parkfläche. Dahinter führt die Seilbahn auf den 2778m hohen **kleinen Langazuoi.**

Tofana-Massiv

Falzarego Pass

Falza Rego bedeutet soviel wie „falscher König". Der Sage nach wurde einst ein König aus dem Reich der Fanes (Es handelt sich dabei um das Nationalepos der ladinischen Bevölkerung) aufgrund eines begangenen Verrates zu Stein. Und das eben genau hier oben am Pass. Sein Fels gewordenes Antlitz ist am **Langazuoi** noch heute zu erspähen – finden Sie es?

Erst im 20. Jahrhundert wurde dieser letzte, schwierigste Teil der **großen Dolomitenstraße** fertig gestellt. Traurige Berühmtheit erlangte der Pass nur wenig später, als hier im ersten Weltkrieg die Front verlief.
Vom Pass aus können Sie mit der Seilbahn auf den **kleinen Langazuoi** hinauf fahren. Auch ein ziemlich steiler Fußweg für Trittsichere bietet sich als Alternative an. Für Abenteuerlustige gibt es als dritte Alternative, Teil eines Freilichtmuseums, einen wieder gangbar gemachten alten Kriegsstollen. Mit

Taschenlampe bewaffnet gelangt man nach oben *(kostenlos, Begehbarkeit der markierten Strecken nach Witterung)*. Wenn Sie die Straße noch ein kleines Stück nach Norden fahren Richtung CORVARA, kommen Sie nur wenige hundert Meter weiter auf der linken Seite zur alten österreichischen **Sperrfestung Tre Sassi** *(geöffnet Apr-Nov sowie Winter- und Frühlingsferien 10-13h und 14-17,. Erw 7EUR, Kinder bis 6 kostenlos)*. Diese kleine Anlage, heute ein Museum, hatte die Aufgabe den Pass hier zwischen **Langazuoi** im Osten und **Hexenstein** im Westen abzusperren. Das um die Jahrhundertwende entstandene Gebäude war jedoch schon zu Kriegsbeginn heillos veraltet und die Besatzung bestand gerade einmal aus 36 Mann. Gleich beim ersten Frontalangriff fiel das Mauerwerk in sich zusammen und wurde schwer beschädigt. Die Österreicher griffen aber zu einem Trick: statt zu verdunkeln oder abzuziehen ließen sie nachts weiter das Licht in den Trümmern brennen. Dadurch täuschten sie Selbstsicherheit und rege Geschäftigkeit vor, die den Italienern erfolgreich vorgaukelte, hier sei alles in bester Ordnung und die Artillerieeinschläge seien verpufft. Bis Kriegsende glaubte man so auf italienischer Seite, dass es hier kein Durchkommen gäbe.

(157) WOMO-Wanderparkplatz: Passo Falzarego

GPS: N 46°31'11" E 12°00'29", Passo Falzarego
max. WOMOs: >10 Plätze
Ausstattung/Lage: Mülleimer, Gaststätte, Nachts mitunter sehr kalt, da auf 2109m gelegen.
Zufahrt: Entlang der großen Dolomitenstraße, direkt am Pass, großer Parkplatz
Parkgebühr: kostenlos

Wir setzen unsere Tour Richtung **Passo Pordoi** fort. Die maximale Durchfahrtshöhe ist mit 3,20m angegeben. Ein bisschen was dürfen Sie notfalls aber noch draufpacken, da sich die Höhe vor allem auf einen Röhrentunnel bezieht: Selbst ein kapitaler Reisebus nahm die Tunnel vor uns zwar mittig, aber problemlos. Auf der weiteren Fahrt wird Ihnen garantiert nicht langweilig. Immer wieder tun sich fantastische Blicke auf und die Steuerarbeit am Lenkrad hält zusätzlich auf Trab. Die ganze Gegend hier gehört zur Gemeinde LIVINALLONGO (auf deutsch Buchenstein und auf ladinisch Fodom). An den Namen wurde unter Mussolini noch ein „DEL COL DI LANA" angehängt. Der gleichnamige Berg steht mit seinen knapp 2500 Metern gleich daneben und ist ein weiteres Kriegssymbol. Er wurde teilweise gesprengt und ist im Rest wie ein schweizer Käse durchlöchert. Auch an seinen Flanken kann man noch Tunnel begehen und Schützengräben durchwandern. Ein etwa 3km langer Weg wurde hier angelegt.

Mit nur 1400 Menschen auf fast 100 Quadratkilometern ist die Bevölkerungsdichte LIVINALLONGOS sehr niedrig und konzentriert sich auf insgesamt 29 Ortsteile mit jeweils in sich geschlossenen Dörfern. Im Teil CERNADOI zweigt die Straße

zum Pass rechts ab. Kurz darauf kommen wir durch ANDRAZ. Eine alte Burgruine derer zu Buchenstein, das **Schloss Andraz**, kann hier näher in Augenschein genommen werden. Allzu viel ist von dem 1200 Jahre alten Gemäuer aber nicht mehr übrig. Im Ortsteil PIEVE gibt es ein Museum zur ladinischen Kultur. Dies ist ganz interessant, da viele gar nicht wissen, dass diese eigene Volksgruppe hier im Regionengrenzgebiet zwischen CORTINA und LIVINALLONGO auf venetischer Seite, bis ins Südtiroler Grödner-, und Gadertal sowie im Trentiner Fassatal lebt und mancherorts den Großteil der Bevölkerung ausmacht. Mit einer eigenen Sprache und eigenen Bräuchen versuchen die Menschen ihre Kultur aufrecht zu erhalten und ihr ladinisches Bewusstsein zu bewahren *(im letzten, gelben Haus an der Hauptstraße, geöffnet Jul/Sep Di/Mi 16-19h, Aug Mo-Fr. 16-19h).* Alle Ortsschilder hier sind ladinisch angegeben.

Der bekannteste Ortsteil ist auch der letzte: ARABBA ist ein verdienter Wintersportort mit Restaurants, Cafes und allen Einrichtungen, wirkt im Sommer aber manchmal etwas tot. Doch zweifelsohne bietet der Ort tolle Wanderungen und Liftfahrten auf die umliegenden Berge.

(158) WOMO-Stellplatz: Arabba

GPS: N 46°29'49" E 11°52'38", Via Freine
max. WOMOs: >10 Plätze
Ausstattung/Lage: Ver-/Entsorgung, Toiletten und Duschen, Gasflaschenwechsel, Strom, Mülltonne, beleuchtet. Neben einem Skihang am südlichen Ortsende, 150m in den Ortskern
Zufahrt: Im Kreisverkehr in ARABBA die 3. Ausfahrt nehmen.
Parkgebühr: Dez-Apr und Jul/Aug 14EUR/24h, sonst 10EUR/24h, Duschen/Strom je 3EUR, Gasflaschenwechsel 30EUR

Geocaching

Suchen Sie eine zusätzliche Herausforderung zum Wandern? Dann versuchen Sie es doch mal mit Geocaching, dass inzwischen weltweit, aber eben auch gerade hier in der Region recht beliebt ist: Dabei werden, teils von Privatpersonen, teils aber auch von Tourismusverbänden wasserdichte Behälter mit Logbuch, Stiften und teilweise auch Tauschmünzen oder anderem Krimskrams gefüllt. Per GPS und einigen unterwegs eingebauten Rätseln gelangen Sie zu den am Wegesrand versteckten, kleinen Schätzen. Sie tragen sich ein, sozusagen als Beweis, dass sie die Suche gemeistert haben, nehmen gegebenenfalls etwas aus dem Behälter heraus und legen dafür wieder etwas hinein für die nächsten Geocacher.
Neben GPS Geräten bieten inzwischen auch die meisten modernen Smartphones mit entsprechender Ausstattung die Möglichkeit zur Suche, meist direkt über installierbare Geocaching-Apps. Machen Sie den Spaß doch mal mit – gerade mit Kindern eine tolle Möglichkeit sie auch auf etwas längeren Touren bei der Stange zu halten... Caches und mehr Infos finden Sie z.B. auf der Website www.geocaching.com oder www.opencaching.de

Sella-Gruppe am Pordoipass

Direkt hinter ARABBA schlängelt sich die Via Mesdi Arabba in wilden Serpentinen zum Pordiopass hinauf. Auf gerade einmal 4km müssen Wohnmobil und Fahrer 33 Haarnadelkurven bewältigen, bis die Passhöhe bei 2239m erreicht ist.

Das Gebiet gilt als recht schneesicher. Bis in den Juni hinein ist hier oben oft noch eine geschlossene Schneedecke zu bewundern. Direkt über uns ragt die **Sella-Berggruppe** in den Himmel. Höchster Gipfel ist der Piz Boé mit 3151m. Vom Pass aus kann man mit der Seilbahn den Gipfel des **Sass Pordoi** (2952m) erreichen. Im Winter bildet die beliebte Sella-Runde ein international bekanntes Ski-Resort. Wenn Sie möchten, können Sie sich hier oben auch stärken – oder die Nacht verbringen, Parkmöglichkeiten gibt es genug **[159: N 46°29'16" E 11°48'44"]**. Auf der anderen Seite windet sich die Fahrspur in nicht weniger hektischen Kurven in die Region Trentino hinab. Wir nehmen die Straße bis hinunter nach CANAZEI, um dann gleich wieder links über den Fedaia-Pass zurück ins Veneto zu gelangen. Am Weg nach unten tun sich immer wieder schön eingerichtete Picknickplätze auf. Der beste, mit ausreichend Parkraum auch für größere Brummer versehen und auf einer Lichtung von der Straße weg gebaut liegt bei **[160: N 46°29'29" E 11°46'60"]**.

CANAZEI ist ein weiterer Wintersportort, den wir aber rechts liegen lassen wollen. Am Kreisverkehr links führt uns die Hoch-

Fedaia Stausee

gebirgsrunde gleich weiter zum **Passo Fedaia**. Im sofort anschließenden Ortsteil ALBA, hinten bei den Liftanlagen, bietet sich eine weitere Stellplatzmöglichkeit **[161: N 46°27'28" E 11°47'16"]**. Auch zum Fedaia-Pass geht es zügig nach oben, doch ist die Anzahl enger Kurven hier deutlich geringer. Das Fahren geht also entspannter von der Hand. Der 2054m hohe Pass quert den Bergkamm unterhalb des höchsten und bekanntesten Bergmassivs der Dolomiten – der **Marmolata**. Der am weitesten aufragende Punkt, die **Punta Penia**, streckt sich bis auf 3343m. Nach Norden, in Richtung unseres Passes, fällt der Bergriese vergleichsweise sanft ab und bildet den einzigen größeren Gletscher der Dolomiten. Noch vor dem Pass befindet sich der bis tief ins Jahr hinein vereiste **Fedaia Stausee**. Man kann auch mit dem Wohnmobil über die Staumauer hinweg zur anderen Seite fahren. Ein recht beeindruckendes Erlebnis, nur sollten Sie sich versichern, dass nicht allzu viel los ist. An Tagen, wo schon die Staumauer selbst zugeparkt ist, wird es mit dem Wenden auf der anderen Seite schwierig...

Mit der Abfahrt hinunter nach ROCCA PIETORE finden die richtig hohen Pässe samt ihrer unzähligen Kurven ein Ende – vielleicht freuen Sie sich darüber, vielleicht auch nicht?

An der Abfahrt vom Fedaiapass hat man allerdings ganz schön an Kurven gespart und die Straße geht teils schnurgerade mit ordentlich Gefälle den Hang hinab. Der erste Ort ist MALGA CIAPELA. Von hier kann man mit einer dreistufigen Pendelbahn bis ganz hinauf auf die **Marmolata**. Eine der

längsten Ski-Abfahrten im ganzen Alpenraum führt von oben ganze 1900m, bei einer Länge von rund 12km, hinab. Das in die Seilbahnbergstation integrierte, kleine Kriegsmuseum ist das höchstgelegene Europas. Wenn es Ihnen hier gefällt, können Sie ihre Zelte auf dem Campingplatz im Wald aufschlagen.

(162) WOMO-Campingplatz-Tipp: Malga Ciapela

GPS: N 46°25'31" E 11°54'23", MALGA CIAPELA
Ortszentrum: 650m bis zum Ort, dieser beseht aber auch nur aus wenigen Häusern
Zeiten: Dez-Apr und Jun-Mitte Sep. **Ausstattung**: Strom, sanitäre Anlagen, Bar, Grillhütte, Minimarkt, Waschmaschinen, Spielplatz. **Zufahrt**: Auf der Straße vom Fedaiapass hinab. Am Ende von MALGA CIAPELA, kurz vor dem Tunnel, rechts abbiegen, dann links halten und den Schildern nach immer am Bach entlang.

Fahrradfahren oder Wandern in der Serrai-Schlucht

Im Örtchen SOTTOGUDA gibt es eine kleine Felsklamm, die nicht nur begangen, sondern auch mit dem Fahrrad befahren werden kann: die **Serrai di Sottoguda.** Kein Muss. aber eine nette Abwechslung um sich ein wenig die Füße zu vertreten bzw. in die Pedale zu steigen. Da die Ortseinfahrt für Womos verboten ist, muss man die Straße noch ein Stück hinabfahren. Ein kleiner Parkplatz bei [N 46°25'31" E 11°56'43"] rechts der Straße vor dem Parco Naturale bietet sich zum Halten an. Sie müssen dann das Stück zurück nach oben. Am Ende des urigen Ortes beginnt die Schlucht, die mit einigen Besonderheiten wie Madonnenstatue und Felsritzungen ausgestattet wurde. Sie können die Schlucht auch von oben begehen. Dazu wie beim Campingplatz in MALGA CIAPELA beschrieben abbiegen, ab hier beschildert. Der Nachteil: die müssen am Ende (!) alles wieder nach oben laufen...

Häuser in Sottoguda

Nachdem wir den Cordevole-Fluss überquert haben, nehmen wir die Abzweigung nach links, an der ein weiterer Pass angeschrieben steht: im Vergleich zu dem, was hinter uns liegt, ist der **Passo Staulanza** aber nur ein Pässchen, dass uns nicht schrecken muss. Die Straße führt durch ein Seitental recht gemächlich dahin, bis sie kurz vor SELVA DI CADORE ein paar steilere Kurven nach oben klettert. Cadore... das kennen wir ja schon. Hier befinden wir uns wieder im westlichsten Ausläufer der so bezeichneten Gegend. An der Kirche biegen wir nach rechts ein und fahren in südöstlicher Richtung weiter, um stattdessen ins **Zoldotal** zu gelangen. Auf den nächsten Kilometern durch eine gepflegte Bergregion könnte man fast überall in den Alpen sein: tolle Landschaft, schöne Gegend, aber nach so vielen Gebirgs-Superlativen, die hinter uns liegen, ein wenig gesichtslos. Beim Blick zurück über die Schulter allerdings zeigen sich die Bergriesen von eben nochmals von ihrer besten Seite. Hinter PESCUL hört jegliche Bebauung fast vollständig auf und wir fahren über ein Hochplateau durch einen lichten Fichten- und Lärchenwald. Gegenüber des einzigen Hauses weit und breit, auf einer kleinen Lichtung ca. 2km hinter der letzten Ortschaft, stehen links am Straßenrand Picknickbänke, -tische und fest erbaute, steinerne Grills am Straßenrand. Ein super Picknick-Gelände! Gleich darauf bieten sich linkerhand bei einer kleinen einmündenden Straße auch ausreichend Stellflächen. Der Fahrweg selbst führt zu einem Campingplatz.

(163) WOMO-Picknickplatz: Selva di Cadore

GPS: N46°26'08" E12°05'33", Via Pescul
max. WOMOs: 5 Plätze
Ausstattung/Lage: Picknickbänke, Grills, Mülleimer, Holz, schöne Picknickplätze, an einer Nebenstraße im schattigen Tal.
Zufahrt: Direkt an der Straße Richtung Zoldotal linkerhand etwa 2km nach PESCUL.
Parkgebühr: kostenlos

(164) WOMO-Campingplatz-Tipp: Campeggio Cadore
GPS: N 46°26'07" E 12°05'52", Via Peronaz 3/4
Ortszentrum: Keine Orte in der Nähe, Naturcampingplatz unterhalb des Monte Pelmo.
Zeiten: Dez-Apr und Jun-Sep. **Ausstattung**: Strom, sanitäre Anlagen, Bar, Minimarkt, Waschmaschinen, TV, WiFi, Spielplatz. **Zufahrt**: Wie Stellplatz 158, die kleine Straße linkerhand nur noch ein Stück weiter einfahren (Camping angeschrieben).

Ein bisschen Strecke noch, ein paar Kurven nach unten [Picknickplatz bei N 46°23'47" E 12°06'16"] und wir sind auch über diesen kleinen Pass hinweg. Wir verlassen damit endgültig das Cadore-Gebiet und befinden uns nun im **Zoldotal**. Bis zu unserem nächsten Stopp fahren wir jetzt einige Zeit, bis wir über ZOLDO ALTO den Hauptort des Tales FORNO DI ZOLDO erreichen. Der adrette Urlaubsort ist Zentrum einer uritalienischen „Industrie", die seit dem 19. Jahrhundert ganz Europa überrollt hat – hätten Sie`s gewusst?

Von hier aus begann der Siegeszug des Speiseeises quer über den Kontinent!

Forno di Zoldo

Am besten parken wir am angeschrieben Parkplatz direkt neben dem Maé-Fluss. Fahren Sie durch den Ort bis nach rechts zwischen den Häusern ein blaues „Parken"-Schild den Weg weist. Auf der ruhigen Stellfläche lässt sich auch nächtigen **[165: N 46°20'45" E 12°10'48"]**.

Die Eismacher aus dem Val di Zoldo
Im 19. Jahrhundert ging es den Bauern aus den benachbarten Tälern des Zoldo und des Cadore immer schlechter. Vermutlich von einem Sizilianer lernten dann einige die Kunst der Eisherstellung. Da in ihren eigenen Tälern damit kein Geld zu verdienen war, begannen sie im nächsten Sommer nach ganz Europa auszuschwärmen. Vor allem Wien war einer der ersten Anlaufpunkte. Dokumentiert ist die behördliche Genehmigung an einen gewissen Tomea Antonio Bareta, 1865 einen Eiswagen im Wiener Prater aufzustellen. Später wechselte er nach Leipzig und brachte es dort auf ganze 24 Eiswagen in der Stadt, sein Sohn in Budapest sogar auf 60. Überall in Europa begannen Menschen aus dem Zoldotal sich eine neue Existenz aufzubauen. Im Sommer arbeitete man in der Fremde, im Winter kehrte man in die Heimat zurück. Auch die beiden Weltkriege konnten die Verbreitung nicht dauerhaft stoppen.
Für den Schritt vom Wagen zur Eisdiele ist übrigens der österreichische

Protektionismus schuld: um heimische Süßwarenhändler zu schützen, verbot man den Zoldo- und Cadore-Italienern das Verkaufen von Speiseeis in Handwagen. So gründeten sie in Ladenlokalen oder, in Ermangelung ausreichender finanzieller Mittel, aus Privatwohnungen heraus feste Eisläden. Um aus den Fenstern heraus verkaufen zu können, wurde die Ware auf Holzdielen nach unten gelassen – der Begriff der Eisdiele war geboren. Bis heute stammen zwei Drittel der italienischen Eismacher in Deutschland aus dem Zoldo- und Cadoretal. Ihr Produkt, tausendfach kopiert, ist eine der Erfolgsgeschichten überhaupt – nicht nur in Europa sondern weltweit. Auch heute noch kann man im Tal die Kunst der handwerklichen Eisherstellung erlernen, und am Talende in LONGARONE findet seit über 50 Jahren die größte Speiseeismesse statt.

Wenn Sie den Infokastentext schon vorab gelesen hatten, sind Ihnen sicher bereits ein paar Eisdielen aufgefallen. Sehr leckeres Gelato erhalten Sie zum Beispiel am kleinen Hauptplatz in der eher unscheinbaren Bar Centrale. Aber testen Sie sich ruhig durch – je nach Saison gibt es dafür so einige „coole Einkehrmöglichkeiten". Hinter dem Hauptplatz können Sie eine kleine Straße nach oben gehen. Hier befindet sich das Eisenwarenmuseum. Metallteile und -gegenstände waren lange Zeit ein anderes Standbein der Gegend *(wechselnde Öffnungszeiten, Erw 2EUR, Senioren 1EUR, Kinder bis 12 kostenlos)*. Wenn Sie Interesse an alten Bauernhäusern haben, machen Sie hinter FORNO DI ZOLDO einen kurzen Abstecher nach links Richtung CORTINA – nur 2km weiter in FORNESIGHE stehen noch besonders viele und sind bis heute in bemerkenswert gutem Zustand.

Auf der Hauptstraße führt unsere Route nun wieder ein ganzes Stück nach Südosten, bis wir LONGARONE erreichen. Heute eine eher gesichtslose Urbanisation ohne alte Bausubstanz, erlangte der Ort in den 60er Jahren traurige Berühmtheit, als er samt seiner Bewohner fast komplett ausgelöscht wurde.

Das Unglück von Longarone

Während sich nördlich von LONGARONE das weite Cadore-Gebiet öffnet, befindet sich im Osten der schmale Felsspalt des Vajont-Tales mit dem gleichnamigen Fluss. Schon seit den 1920er Jahren wollte die Firma SADE, damals eine der größten Elektrizitätsgesellschaften Italiens, hier eine Staumauer bauen, um auch während der Trockenzeit genug Strom für die Stadt VENEDIG gewährleisten zu können. Das Projekt scheiterte lange am Einspruch der Anwohner und Gegner – einige Orte mussten umgesiedelt werden und auch die Expertisen und Machbarkeitsstudien waren nicht durchweg positiv. 1957 erteilten die zuständigen Behörden dennoch die Geneh-

Tief unten im Tal: Longarone heute

migungen. Während der Bauphase gab es einige kleine Erdbeben, die der Betreibergesellschaft erneute geologische Untersuchungen einbrachten. Dabei wurde festgestellt, dass die Flanken der umliegenden Berge durch einen uralten Bergsturz äußerst instabil waren und bei hohem Wasserstand in den Stausee zu rutschen drohten, was eine Überschwemmung auslösen könnte. Diese neuen Erkenntnisse wurden jedoch unter den Tisch fallen gelassen und verschwiegen. Schon 1960 kam es zu einem ersten Abrutschen: 700.000 Kubikmeter Gestein sackten in die Fluten, hinterließen aber keine ernsten Schäden. Die Universität von PADUA wurde mit einer neuen Untersuchung beauftragt. Sie fertigten ein Modell, dass sich im Nachhinein als mit fatalen Fehlern behaftet herausstellen sollte: das Ergebnis war erneut, dass der Staudamm sicher sei. In den nächsten Jahren wurde der See immer wieder gefüllt und entleert um die Gefahr von Geländerutschungen zu vermindern. Am 9.Oktober 1963 war er gerade ziemlich voll.

Abends um 22:39 ereignete sich ein furchtbares Unglück, das als die Katastrophe von Vajont in die Geschichte eingehen sollte. Auf 3km Länge stürzten rasend schnell 270 Millionen Kubikmeter Gestein in den Stausee – fast das doppelte seines Volumens. Eine riesige Welle türmte sich auf. Sie zerstörte zwar die Mauer nicht, doch ergoss sie sich quer durch das Vajonttal, zu den an der anderen Flanke liegenden Orten ERTO und CASSO und stürzte dann als infernalische Flut auf LONGARONE hernieder. Fast alle 2000 Einwohner starben, die Stadt wurde komplett dem Erdboden gleich gemacht und ausgelöscht. Nur sehr wenige (vor allem Kinder) konnten gerettet werden. Der italienische Staat siedelte sie später im neuen Ort VAJONT weiter im Osten an. Auch LONGARONE wurde in den folgenden 20 Jahren wieder aufgebaut. Stausee gibt es heute natürlich keinen mehr. Die alte Mauer steht aber noch da als sei nie etwas gewesen...

In LONGARONE fahren wir am ersten Kreisel rechts und folgen dann den Schildern nach PORDENONE. Auf der Brücke über den Piave können wir schon ins Vajonttal hineinsehen. Die Straße biegt erst noch nach links ab, schlängelt sich dann aber über die nördliche Bergflanke ins Tal. Mitten im folgenden Tunnel verläuft die Grenze zwischen den Regionen erneut und wir wechseln noch einmal hinüber ins Friaul. Auch die Staumauer rückt im zweiten Tunnel schon in den Blick. Gleich danach befindet sich rechts, nach einer Gedenkkapelle, auch eine Parkgelegenheit – von hier kann die Staumauer begangen werden. Einen noch besseren Blick auf das ganze Gebiet haben Sie aber am Parkplatz noch ein Stück weiter – hier können Sie auch übernachten. Gerade am Wochenende nutzen viele Kletterer diese Möglichkeit, um an den Bergflanken ihre Griffe zu trainieren.

(166) WOMO-Stellplatz: Vajont-Tal

GPS: N 46°16'07" E 12°20'10", SS251, Val Vajont

max. WOMOs: 10 Plätze

Ausstattung/Lage: Keine Ausstattung, neben der Straße gelegen, Schotterfläche mit Blick auf Tal und Staumauer.

Zufahrt: Direkt an der Straße im Vajont Tal zwischen LONGARONE und BARCIS.

Parkgebühr: Von 8-20.30h 1EUR/h (Parkautomat), nachts kostenlos, 1100m weiter befindet sich rechts der Straße noch eine weitere, kostenlose aber etwas weniger geeignete Stellplatzfläche neben der Straße.

Wenige hundert Meter weiter führt eine schmale, steile Straße links hinauf nach CASSO. Schon vom Parkplatz aus kann man den Ort abenteuerlich, kurz über der Abrisskante, wie ein Adlernest am Hang kleben sehen. CASSO wurde bei der Vajont-Katastrophe auch schwer in Mitleidenschaft gezogen und komplett aufgegeben. Erst seit wenigen Jahren ziehen wieder Menschen in den einstigen Geisterort. Einige Häuser sind heute erneut bewohnt, es gibt eine kleine Gastwirtschaft und ein ganz neues Dokumentationszentrum mit Aussichtsterrasse. Parkplätze befinden sich am Ortsbeginn oder am Ende der Umgehungsstraße Richtung „Panorama". Hier führt auch ein Wanderweg, erst oberhalb des Tals, später hinabsteigend bis nach LONGARONE. Noch immer wirken die engen, großteils unbewohnten Gassen des Bergdorfs bedrückend und unheimlich. Steigen Sie aus und machen Sie

Die Felskante immer vor Augen: Casso

sich am besten selbst ein Bild. Rechts unten schimmert der heutige Vajont-See. Nur mehr eine Pfütze, bedenkt man, dass der aufgestaute Fluss einst einen Pegel von bis zu 710m zu Stande brachte. Der kleine Ort ERTO über seinen östlichen Ausläufern rechts der Hauptstraße gelegen, teilte über Jahrzehnte das Schicksal CASSOS. Doch auch hier ist inzwischen wieder Leben eingekehrt. Er hat vielleicht etwas weniger Charme als der Bruder am Berg, ist aber leichter zu erreichen, falls Sie vorher die steile Auffahrt gescheut haben. Den Wagen sollten Sie aber an der Hauptstraße parken, der untere Weg ist viel zu schmal.

Wir kommen gut voran und erreichen die südlichen Ausläufer des **Naturparks friulanische Dolomiten**, den wir schon auf Tour 11 nördlich gestreift haben. Der Ort CIMOLAIS ist Ausgangspunkt vieler Wanderungen ins Gebiet hinein. An der Kreuzung im Ort nach links kommen Sie auch zum Informationsbüro und weiter in den Dolomitenpark hinein, die Straße führt an einem kleinen Campingplatz vorbei (Camping Bresin) **[167: N 46°18'00" E 12°26'28"]** und endet an einem kleinen Wanderparkplatz [N 46°18'48" E 12°26'41"]. Weiter, bis hinein ins **Val Cimoliana** mit bizarren Felsformationen, wie der 300m hohen Nadel **Campanile di Val Montanaia**, führen nur längere, aber dafür äußerst lohnende Wanderwege.

(168) WOMO-Stellplatz: Cimolais

GPS: N 46°17'21" E 12°26'24"**,** Via XX Settembre
max. WOMOs: 8 Plätze
Ausstattung/Lage: Neu angelegter Stellplatz, Ver-/Entsorgung, Mülleimer, etwas zurückversetzt vom Fluss, sehr ruhig gelegen, 200m in die Hauptstraße.
Zufahrt: Nach CIMOLAIS noch vor der Brücke am Ortsende links abfahren, hier dann schon mit braunen Schildern markiert.
Parkgebühr: kostenlos

Im Dolomiten-Naturpark

Die SS251 bringt uns entlang des wilden Cellina-Flusses weiter bis nach BARCIS. Unterwegs, an einer kleinen Abfahrt rechts vor einer Brücke, können Sie auch ein Naturlager direkt am Fluss aufschlagen **[169: N 46°12'47" E 12°30'37"]**. Achten Sie nur auf den Untergrund und fahren Sie nicht zu weit ans Flussbett heran. Der Parkplatz am tollen Picknick-Areal wenig später ist dann leider für Womos verboten... Was soll`s, wir kommen so schneller zum türkis leuchtenden **Lago di Barcis** mit adrettem kleinen Örtchen am nördlichen Ufer. Auch Baden kann man hier im Sommer. Einen campingplatzähnlichen Stellplatz hat die Gemeinde am Ortsende eingerichtet. Wenn der beliebte Platz, vor allem am Wochenende, voll sein sollte, bietet sich gleich danach der Campingplatz San Francesco als Alternative an **[170: N 46°11'27" E 12°34'17"]**.

(171) WOMO-Badeplatz: Barcis

GPS: N 46°11'26" E 12°33'53", SS251
max. WOMOs: >10 Plätze
Ausstattung/Lage: Ver-/Entsorgung, Strom, Mülleimer, Beleuchtung, schön angelegte Stellplätze direkt am Wasser.
Zufahrt: Am Ortsende von BARCIS nach rechts beschildert-
Parkgebühr: 12EUR/24h incl. Strom

Ein Stück nach dem Ort führt eine Brücke hinüber zur anderen Seite des Sees. Hier liegt das kleine Naturschutzgebiet **Riserva Naturale Forra del Cellina**. Wege und eine alte Straße verlaufen hier durch die heute gesperrte Schlucht zu Aussichtspunkten, Felsformationen und einer Grotte. Direkt daneben befindet sich ein Informationszentrum. Am besten gelangen Sie in das Schutzgebiet auf der ehemaligen Cellinaschlucht-Straße, die heute wegen ständigem Steinschlag für den Verkehr geschlossen ist - das Tragen von Schutzhelmen ist bei einem Besuch obligatorisch *(geöffnet Jun So 10-18h, Jul Sa/So 10-18h, Aug täglich 10-18h, Sep So 10-18h, Eintritt 2EUR)*. Einige

Lago di Barcis

Parkplätze finden Sie an der Straße gegenüber dem Eingang zur Schlucht. Nach dem See kommen wir durch einen Tunnel. Danach befindet sich die Abfahrt in den kleinen Ort ANDREIS. Auch von hier können Sie ausgiebige Wanderungen durch die Dolomiten unternehmen. Rechterhand an der Zufahrt liegt erneut ein toller Stellplatz. Am Ortsende gibt es auch einen kleinen, angeschriebenen Vogelpark. Die hier gezeigten Raubvögel (z.B. Eulen, Bussarde und Adler) sind zwar in recht kleinen Käfigen eingesperrt, würden aber in freier Wildbahn nicht überleben und sind meist flugunfähig: Sie haben alle gemeinsam, dass

sie nach Unfällen aufgesammelt, aufgepäppelt und für ihr Gnadenbrot als Anschauungsobjekte hier untergebracht wurden. Ein kleiner Parkplatz im Ort, direkt am Informationscenter und nah beim Vogelpark befindet sich bei [N 46°12'08" E 12°36'47"].

(172) WOMO-Picknickplatz: Andreis

GPS: N 46°11'57" E 12°36'47", Strada Provenciale di Andreis
max. WOMOs: >10 Plätze
Ausstattung/Lage: Mülleimer, Toiletten, Wasser, Spielplatz, Picknickbänke und Grillgelegenheiten.
Zufahrt: Am Ortsende von BARCIS nach rechts beschildert.
Parkgebühr: 5EUR/24h

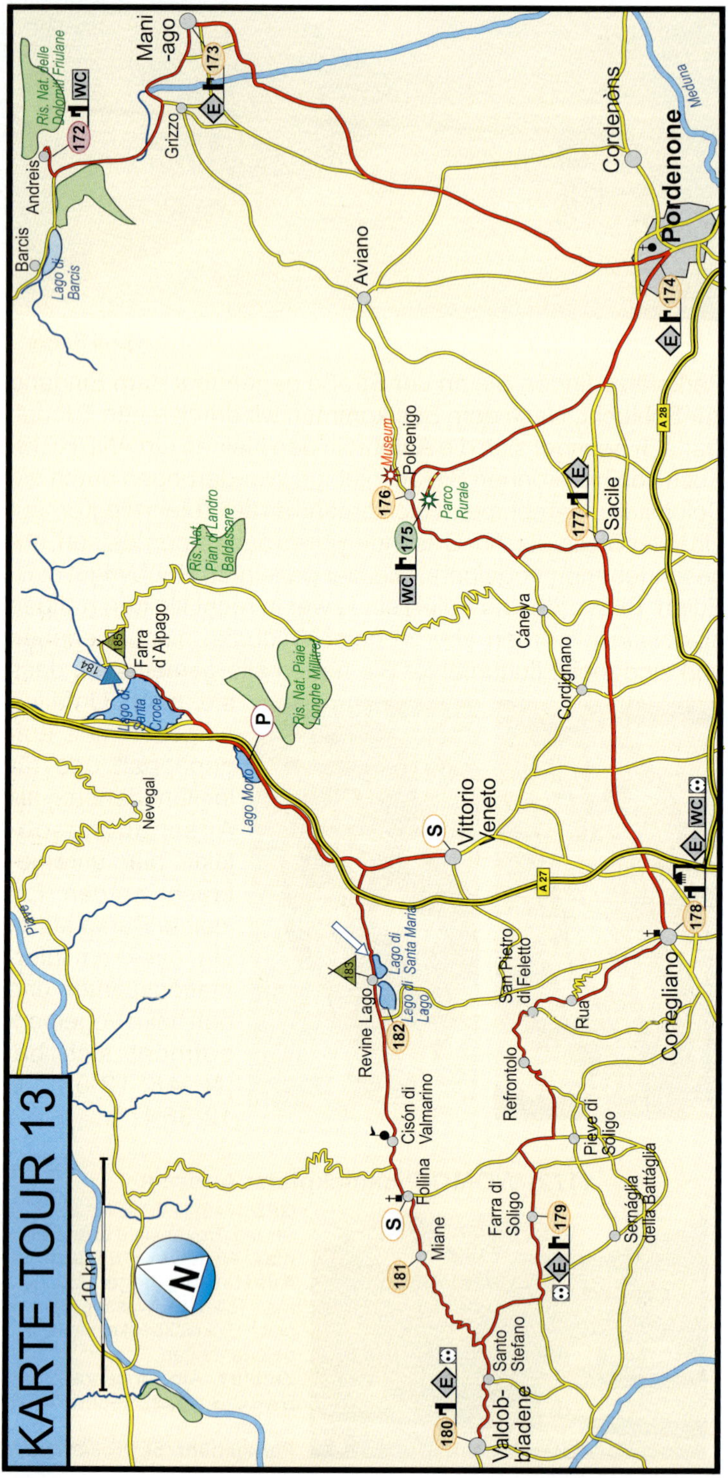
KARTE TOUR 13
10 km
N
Mani
-ago
173
Ris. Nat. delle Dolomiti Friulane
WC
172
Andreis
Barcis
Lago di Barcis
Grizzo
E
Cordenòns
Meduna
Pordenone
174
Aviano
Polcenigo
Museum
176
Parco Rurale
175
Ris. Nat. Pian di Landro Baldassare
Sacile
177
A 28
Farra d'Alpago
185
184
Lago di Santa Croce
Ris. Nat. Piaie Longhe Millifret
P
Cáneva
Cordignano
Nevegal
Lago Morto
Vittorio Veneto
S
A 27
Piave
183
Lago di Santa Maria
Revine Lago
Lago di Lago
182
San Pietro di Feletto
Rua
Conegliano
178
Cisón di Valmarino
Refrontolo
Pieve di Soligo
Follina
Miane
181
Farra di Soligo
179
Sernáglia della Battáglia
Santo Stefano
Valdob-
biadene
180

Tour 13: (170 km / 2-4 Tage)

Pordenone – Polcenigo - Sacile – Conegliano
Valdobbiadene – Folina – Castello di Cison – Revine Lago –
Vittorio Veneto – Lago di Santa Croce

Stellplätze (gratis):	Parco San Floriano, Polcenigo, Valdobbiadene, Revine Lago
Stellplätze (Gebühr):	Pordenone, Sacile, Conegliano, Farra di Soligo, Miane, Farra D`Alpago
Campingplätze:	Revine Lago, Farra D`Alpago
Besichtigen:	Pordenone, Polcenigo, Sacile, Conegliano, Valdobbiadene, Folina, Castello di Cison, Vittorio Veneto
Wandern:	Polcenigo
Baden:	Lago di Santa Maria, Lago di Santa Croce

Einmal mehr dreht sich auf einer Tour viel um Wein, in diesem Fall um die Prosecco-Rebe. Zuvor jedoch fahren wir in die Provinzhauptstadt PORDENONE und queren bald darauf zum letzten Mal die Grenze zwischen Friaul und Venetien. Die Runde steht zwar im Zeichen von Wein und Kultur, aber auch für Badefreuden ist gegen Ende gesorgt.

Fahren Sie von ANDREIS nun zurück zur Hauptstraße und folgen Sie immer den Schildern bis MANIAGO – allzu weit ist es nicht mehr. Nach einem langen Tunnel müssen wir am Ende der neuen Straße entang der Cellinaschlucht beschildert nach links abbiegen, dann in einer großen Kurve den Fluss kreuzen und befinden uns kurz danach im Ortsgebiet. Bleiben

Am Hauptplatz von Maniago

Sie einfach immer stoisch auf der Hauptstraße. So steuern wir den Womo-Stellplatz von MANIAGO an, der so zentral liegt, dass er auch gut als Innenstadtparkplatz für eine kurze Stippvisite geeignet ist.

Wirklich erst, wenn es geradeaus kein Weiterkommen mehr gibt, da wir auf eine entgegengesetzt laufende Einbahnstraße stoßen, biegen wir rechts in die kleine Via Colle ab. Im Zweifelsfall halten Sie sich nun links und fahren auch dieses Sträßchen bis zum Ende. Dann links in die Via Molina. Erneut bis zum Ende, ist nach rechts die „bibiloteca“ angeschrieben, wir fahren aber nur mehr 50m weit in diese Richtung und nehmen den Parkplatz rechts nach der Telefonzelle. Hinter den PKW-Plätzen, ganz am Ende vor einem alten Fabrikgelände, sind die Wohnmobil-Stellplätze eingerichtet.

(173) WOMO-Stellplatz: Maniago

GPS: N 46°10'35" E 12°42'40", Via Colvera
max. WOMOs: 5 Plätze

Ausstattung/Lage: Ver-/Entsorgung, Mülleimer, ins Zentrum ca. 400m
Zufahrt: Wie im Tourtext beschrieben
Parkgebühr: kostenlos (evtl. inzwischen kostenpflichtig, war beim letzten Besuch gerade erst fertig gestellt worden)

Maniago

Um ins Zentrum der 12000 Einwohnerstadt zu kommen, laufen wir die Via Colvera vom Stellplatz aus zurück und dann einfach immer geradeaus. Nach ein paar hundert Metern stehen wir an den ersten Geschäften und kommen bald zum weiß gestalteten Hauptplatz der Stadt (Montag ist hier Markt): der **Piazza Italia**. Um diesen zentralen Pulsgeber herum postieren sich die wichtigsten historischen Gebäude, wie der einem Märtyrer geweihte Dom St. Maurus und der **Palazzo D`Attimis Maniago**, an dem, sinnbildlich für die Zugehörigkeit des alten MANIAGO zur venezianischen Republik, der Markuslöwe abgebildet ist. Heute ist MANIGAO vor allem für die Herstellung von Messern bekannt. Fast alle Schneidewerkzeuge Italiens werden noch immer hier hergestellt – eine mittlerweile fast 800-jährige Tradition, auf die man stolz ist. Wenn Sie mehr darüber erfahren wollen, besuchen Sie das Mu-

Markttag in Maniago

seum der Schmiedekunst und Messerherstellung in der Via Maestri del Lavoro 1: Dazu verlassen Sie den Platz am nordöstlichen Eck in die Via Fabio di Maniago, gehen dann die Zweite links, beschildert Richtung Touristeninformation und gleich wieder links in die gesuchte Straße (geöffnet täglich, 9.30-12.30h und 15.30-18.30h außer Di/Mi, Erw 4EUR, Senioren 2EUR, Kinder bis 12 kostenlos). Zurück zum Fahrzeug geht es auf dem bekannten Weg.

Nach PORDENONE zu kommen, stellt von MANIAGO aus kein allzu großes Problem dar – fahren Sie einfach in Richtung Hauptplatz, überall ist die größte Stadt im Umkreis beschildert, wenn ausnahmsweise mal nicht, nehmen Sie zur Not die „tutte direzione“-Hinweise – da geht es in alle (relevanten) Richtungen und damit meist früher als später auch zum Ziel. Durch die etwas ereignislose Ebene westlich des Cellina-Flussbetts führt unsere Route gerade und direkt nach Süden. An der ersten großen Kreuzung im Ort können Sie rechts, genau vor einer Lidl-Filiale, zum Stellplatz abbiegen oder geradeaus weiter in die Innenstadt fahren.

(174) WOMO-Stellplatz: Pordenone

GPS: N 45°58'20" E 12°38'36", Viale Venezia
max. WOMOs: > 10 Plätze
Ausstattung/Lage: Ver-/Entsorgung, Mülleimer, beleuchtet, neben einer Tankstelle, direkt an der Hauptverkehrsstraße, mit Zugangsschranke
Zufahrt: Von MANIAGO kommend an der ersten großen Kreuzung in PORDENONE vor der Lidl Filiale rechts abbiegen, dann nach 400m links vor der Agip Tankstelle
Parkgebühr: bei unserem letzten Besuch vorübergehend geschlossen. In der Agip Tankstelle nebenan erfragen. Von hier wird Ihnen auch die Schranke geöffnet.

Das Rathaus von Pordenone

Ab jetzt immer der Nase nach geht es „diretissima“ ins Zentrum. Erst an einer Kreuzung kurz vor der Altstadt, wo auf der gegenüberliegenden Seite der Bodenbelag von Asphalt zu

San Marco Dom

Kopfsteinpflaster wechselt, biegen wir rechts ab. Am Bahnhof und einer Parkanlage vorbei, kommen wir linkerhand an einen großen Parkplatz an der Piazza Filanda Marcolin, der bestens für einen Stadtbummel geeignet ist. Achten Sie hier aber gut auf die Verkehrsführung und halten Sie sich links, damit Sie die Einfahrt nicht verpassen [N 45°57'10" E 12°39'30"]

Pordenone

Mit über 50.000 Einwohnern ist PORDENONE nach UDINE und TRIEST, die drittgrößte Stadt im Friaul und Hauptstadt der gleichnamigen Provinz. Auch wenn die direkte Umgebung nicht sonderlich spektakulär sein mag, liegt die Stadt ideal: die Dolomiten beginnen nur 20km weiter nördlich und die Adria lockt mit nahen Stränden. Darüber hinaus kann PORDENONE mit einer hübschen Altstadt aufwarten. Auch geschichtlich gibt es interessantes zu berichten: entgegen allen anderen Städten ringsum gehörte PORDENONE als Enklave schon seit dem 13. Jahrhundert zum Habsburger Reich. Erst 300 Jahre später fiel es schlussendlich doch an VENEDIG. Für einen Stadtrundgang machen wir uns auf zur zentralen Ader, dem **Corso Vittorio Emanuele II**. Wir verlassen unseren Parkplatz in nördlicher Richtung, überqueren die kleine Straße und schlüpfen am Torbogen unter den Häusern hindurch. Noch ein paar Meter, schon stehen wir an der langen Prachtstraße. Rechts von uns der **Palazzo Communale**, ein ca. 900 Jahre alter Bau im gotischen Stil, in dem das Rathaus unter-

Am Corso V. Emanuele II

gebracht ist. Das Gebäude links daneben ist der nicht weniger alte **Palazzo Ricchieri,** in dem das Kunstmuseum zu besichtigen ist *(geöffnet Jun-Sep Di-So 15.30-19.30, So auch 10-13h, Okt-Mai nachmittags eine halbe Stunde früher, 1,50EUR).* Bummeln Sie dann einfach die geschäftige, mit vielen Läden und Cafes gesäumte Straße entlang. Oder machen Sie vorher noch einen Abstecher nach links durch die Unterführung in der Häuserreihe in den **Parco Querini**.

Sie kommen nach einem Stück Weg zur großen **Piazza Cavour**, die vor allem von Restaurants und noch mehr Cafés bevölkert wird. Auch wenn die klassische Altstadt hier endet – gehen Sie ruhig noch ein Stück weiter und dann, wenn rechts eine Kirche durch die kleine Gasse scheint, in diese Richtung. **San Giorgio** hat einen auffälligen, leuchtturmartigen Campanile neben sich. Rechts über den großen Platz und danach links durch eine kleine Gasse öffnet sich die große **Piazzale Ellero.** Rechts vorbei kommen wir zur **Piazza XX Settembre** (hier residiert auch das Touristeninformationsbüro): Verlassen Sie den Platz nach links und gehen Sie die nächste wieder rechts, kommen Sie zurück zur Haupteinkaufsstraße vom Beginn.

Wenn Sie am Rathaus zurück sind, sollten Sie aber noch einen Abstecher nach links hinten machen: hier steht der große **Dom San Marco** samt riesigem, 79m hohem Turm. Im Inneren der Kirche finden sich Werke von de`Sacchis, besser bekannt als „Il Pordenone", z.B. das Altarbild mit der Madonna. Der Turm ist zeitweise begehbar, die Zeiten sind angeschrieben. Zurück zum Auto ist es von hier nicht mehr weit...

Piazza XX Settembre

Nach Verlassen des Innenstadtparkplatzes halten Sie sich an der ersten Abzweigung erst einmal Richtung Autobahn (grünes Schild), am nächsten Abzweig dann aber links ins „Centro" und nun, eher rechtsorientiert, am Fluss entlang. Am nächsten Kreisverkehr ist dann SACILE angeschrieben. Achten Sie auf diese Schilder, gelangen Sie eigentlich nur mehr geradeaus gut aus der Stadt hinaus. Auf der großen Ausfallstraße, der SS13, machen Sie schnell Boden gut, links und rechts liegen immer wieder Industrie- und Einkaufsbauten. Bleiben Sie auf der Spur bis VIGNOVO. Von hier lohnt ein Abstecher in das etwas nördlichere POLCENIGO. An der Ampel im Ort unbeschildert nach der Kirche rechts abbiegen. Kurz darauf ist unser nächster Haltepunkt dann aber auch schon angeschrieben und Sie folgen erneut einfach den Schildern. Ein ganzes Stück weiter, in der kleinen Urbanisation SAN GIOVANNI teilt sich die Straße, und links geht ein kleinerer Fahrweg zum **Parco San Floriano** und zur Accademia Faunistica. Der Weg geht mal links, mal rechts, am Ende liegt ein ausreichend geräumiger Parkplatz im Grünen. Der Parco Rurale, an dem wir nun stehen, ist eine Art Schau-Bauernhof, schön am Hügel gelegen und prima geeignet für einen erholsamen Spaziergang zwischen Kühen,

Parco Rurale San Floriano

Eseln und Schweinen in freier Natur.

Haben Sie eher sportliche Ambitionen, ist auch ein Trimm-Dich-Pfad rund um den Hügel angelegt. Der Eintritt ins Gelände ist kostenlos.

(175) WOMO-Wanderparkplatz: Parco San Floriano
GPS: N 46°01'45" E 12°29'54", Via del Parco, POLCENIGO
max. WOMOs: 4 Plätze
Ausstattung/Lage: Toiletten, Wasser, Mülltonnen, im Grünen gelegen am Fuße eines Hügels. Ringsum Felder, Wiesen und wenige Häuser, ruhig.
Zufahrt: Wie im Tourtext zum **Parco Floriano** beschrieben.
Parkgebühr: kostenlos

Da die meisten Wege recht eng sind, fahren Sie am besten zurück bis zur Abzweigung an der Hauptstraße und biegen nun scharf nach links ab. POLCENIGO ist wirklich schön gelegen, im Hintergrund die beginnenden Dolomiten, der Ort, selbst vom mediterranen Klima verwöhnt, glänzt durch Palmen und duftende Jasminsträucher. Wenn Sie am letzten Kreisverkehr links abgebogen sind, können Sie rechts am Rand der Straße parken, oder sie fahren durch den Ort bis zu unserer Stellplatzempfehlung weiter. Sie kommen nun quer über den pittoresken kleinen Hauptplatz, ein Schild kündet vom **Museo dell`Arte Cucinaria.** Hier wird allerdings weniger Wissen zum Thema gutes Kochen gezeigt, wie der Name vermuten ließe, sondern sind vor allem Dokumente zu

Schöner kleiner Ort mit schönem großen Stellplatz: Polcenigo

berühmten Köchen aus der Region und ihren noch berühmteren Gästen, wie Papst Johannes Paul II. oder Bill Clinton gesammelt worden. Menüfolgen, Diplome einige Kochutensilien... leider ist alles nur auf italienisch beschriftet *(wechselnde Öffnungszeiten, unter Tel. 0434-749622)*.

Eine Besonderheit POLCENIGOS ist seine Lage: der Ort ist auf uraltem Siedlungsgebiet entstanden. Am nahen Fluss Livenza hat man vor einigen Jahren sogar die Überreste einer Pfahlhaussiedlung namens **Palú** entdeckt. Da aktuell wieder archäologische Untersuchungen stattfinden, ist das Areal nicht durchgängig besuchbar. Informationen erhalten Sie am besten im Ort, zum Beispiel an der Bar am Hauptplatz.

Sollten Sie am ersten Wochenende im September hier vorbei kommen, erwartet Sie ein besonderes Spektakel: bei der Sagra dei Sest, einem alten Bauernfest, werden, unter zahlreicher Anteilnahme der Bevölkerung, alle möglichen Agrarprodukte feilgeboten.

Wir fahren die Straße vom Hauptplatz weiter, und ein schöner Parkplatz rechter Hand rückt kurz darauf ins Bild **[176: N 46°01'45" E 12°29'55"]**. Weiter geradeaus kommen wir zur kleinen Brücke über den Livanzafluss – von hier sind einige Radtouren durch die Gegend angeschrieben. Noch ein Stück weiter, rechterhand, liegt das bereits angekündigte Ausgrabungsgebiet **Palú di Livanza**.

Wir wollen nun zurück zur Hauptverkehrsader, der SS13, und unsere Tour in SACILE fortsetzen. Fahren Sie dafür an der ersten Kreuzung links und im nächsten Ort, gegenüber einem rot-weiß beschrankten Grundstück, links. Schon die nächste Ampel bringt uns links ins Zentrum.

(177) WOMO-Stellplatz: Sacile

GPS: N 45°57'23" E 12°29'49", Via Republica
max. WOMOs: 7 Plätze
Ausstattung/Lage: Ver-/Entsorgung, Mülleimer, beleuchtet, neben einem Supermarkt am Zugang zum Flussufer. Nicht ganz leise, da recht nah an der Hauptstraße.

Zufahrt: Statt an der Kreuzung im Tourtext links ins Zentrum abzubiegen, fahren Sie geradeaus und sofort links auf den Parkplatz des Supermarktes. Am hinteren Ende befindet sich, versteckt neben dem Haus, der Stellplatz
Parkgebühr: 5EUR/24h

Nach der Brücke rechts abbiegen und am Ende der Straße, wenn Sie vor einem Palazzo mit Säulenportal stehen, nach links. Hier parken Sie am besten. In der Regel findet sich ein Parkplatz, der auch für Womo-Maße ausreichend ist.

Sacile

Am „Säulenpalazzo“ vorbei in die andere Richtung gelangen Sie nun zu Fuß zu einem hübschen kleinen Platz, der **Piazza del Popolo**. Auf einer Insel gelegen, wird er ringsum von Kanälen umspült, was der Stadt auch den Namen „Klein-Venedig“ eingebracht hat, wobei der Vergleich dann doch ein wenig hinkt. Laufen Sie einfach ein wenig herum und sehen Sie sich um, es gibt viele lauschige Ecken an den kleinen, mit Trauerweiden und Blumen bewachsenen Kanalläufen. Geradeaus kommen Sie gleich nach der Brücke zu einer leckeren Eisdiele, nach Süden zur Kirche **San Nicolo Di Sacile** mit auffälligem Campanile. Im August findet alljährlich das größte Fest der Gegend statt: die Sagra dei Osei, eine Mischung aus Vogelmarkt und Volksfest mit vielfältigen Darbietungen.

Um von SACILE aus weiter nach CONEGLIANO, zum Start in die Prosecco-Region zu gelangen, nehmen Sie den Weg zurück zur SS13 und folgen Sie ihr immer Richtung Westen. Ungefähr 11km später und nach der Grenze zum Veneto kommen wir an. Empfangen werden wir von einem beachtlichen Industriegebiet, das sich entlang der Straße zieht. Auch der Stellplatz der Stadt ist gleich hier. Wenn Sie in die Innenstadt möchten, liegt er aber etwas ungünstig. Dazu fahren Sie besser bis zu einer Kreuzung, an der nach rechts in die Via Adolfo Vital das Zentrum angeschrieben steht und schräg rechts vorn eine gelbe Agip-Tankstelle und ein Lidl Markt zu sehen sind.

Versteckt unter Arkaden:
Der Dom von Conegliano

Fahren Sie die sich verjüngende Straße bis zum Ende, dann links. Keine 200m weiter sind rechts von Ihnen schon die Gebäude der Altstadt zu sehen. Einen ganz guten Parkplatz finden Sie, indem Sie erst dann links abbiegen, wenn rechts vor Ihnen ein Haus mit vielen Leuchtreklamen ins Blickfeld rückt und links „stazione" angeschrieben steht. Entweder am nun folgenden kleinen Platz [N 45°53'05" E 12°17'47"] (Parkautomat, Freitags kein Parkplatz, da dann hier Markt ist), oder noch ein Stück weiter den Schildern folgend, rings um den Bahnhof herum.

(178) WOMO-Stellplatz: Conegliano

GPS: N 45°52'41" E 12°18'05", Via San Giovanni Bosco 30
max. WOMOs: > 10 Plätze
Ausstattung/Lage: Ver-/Entsorgung, Mülleimer, beleuchtet, abgeschlossenes Gelände des Campingclubs CONEGLIANO, Duschen, Toiletten, Wasser, Strom, Waschmaschinen
Zufahrt: Wie im Tourtext beschrieben rechts Richtung Innenstadt abbiegen, dann aber gleich wieder links und am Lidl-Markt vorbei. Dahinter befindet sich das Tor zum Stellplatzgelände.
Parkgebühr: 12EUR/24h. Zum Zugang müssen Sie die am Tor angegebene Nummer anrufen wenn nicht gerade jemand da ist (8.30-12.30h und 14.30-20.30h). Bezahlt wird in bar bei Einlass.

Conegliano

Vom Parkplatz aus gehen Sie ein Stück zur Hauptstraße zurück und dann rechts. Linkerhand rückt schon die große Freitreppe in den Blick, die hinauf ins Herz der Altstadt führt. Sie erreichen so die arkadengesäumte Piazza Cima, den Fixpunkt des alten, aber auch neuen CONEGLIANO.

Teatro Accademia

Tonscherben weisen auf eine Besiedelung schon vor mehr als 5000 Jahren hin. Die heutige Stadt wurde dann um 1100 gegründet und war später Teil der Serenissima. Schon damals im 15. Jahrhundert galt CONEGLIANO als größter Wein- und Öllieferant. Als zweitwichtigste Proseccometropole hat sie diesen Ruf bis heute erhalten. Auch die bedeutendste Weinbaufachschule Italiens ist hier angesiedelt.

Doch zurück zu Ihrem aktuellen Standort: Ringsum gruppieren sich mehrere Prachtbauten, so zum Beispiel das alles dominierende **Teatro Accademia**. Ein Stück nach links gelangen Sie zum unauffällig in der Häuserzeile versteckten Dom von CONEGLIANO. Das Altarbild im Inneren stammt vom bekanntesten Maler des Ortes – Cima di Conegliano. Gleich neben dem Dom gelangen Sie durch eine offene Pforte hinüber zur **Scuola dei Battuti**. Der obere Saal ist reichhaltig mit schönen Fresken verziert. *(geöffnet Sa/So 10-12.30h und 15-18.30h)* Vom Hauptplatz geradeaus nach oben kommt man, angeschrieben, noch zum Castello, dass erhaben über der Ortschaft thront. Im Inneren ist neben einem Lokal das **Museo del Castello** mit Gemälden und Gegenständen aus dem Altertum eingerichtet *(geöffnet Mai-Sep Di-So 10-12.30 und 15.30-19.39h, im Winter nachmittags eine halbe Stunde früher, Erw. 3EUR).*

Gleich hinter der Stadt beginnt das Weinanbaugebiet der berühmtesten italienischen Blubberbrause für Erwachsene: Prosecco. Eigentlich ist es nur der Name einer Traubensorte, doch nur aus dem Gebiet zwischen CONEGLIANO und VALDOBBIADENE stammen die hochwertigen Perlweine mit dem DOC-Siegel. Gerade in den letzten Jahren hat das Getränk einen enormen Aufschwung, auch bei uns zu Lande, genommen. Nicht mehr Wein und noch nicht Sekt – mit dieser geschmacklichen Nische fährt der Prosecco recht gut und ist auch außerhalb Italiens zum Trendgetränk avanciert.

Fahren Sie in nördlicher Richtung aus der Stadt hinaus, angeschrieben ist unter anderem SAN PIETRO DI FELETTO.

Machen gute Laune: Colline del Prosecco

Im kleinen Straßendorf BAGNOLO geht es dann nach links ab und mit bis zu 15% Steigung richtig hinein in die Weinberge, die **Colline del Prosecco**. Auch diese Straße fahren wir bis zum Ende durch, dann nach rechts. Ab nun befinden Sie sich offiziell auf der Prosecco-Straße und müssen bis nach VALDOBBIADENE nur noch den entsprechenden braunen Schildern folgen. Falls Sie mal eines übersehen, orientieren Sie sich an diesen Orten, die Sie unterwegs durchfahren: SAN PIETRO DI FELETTO, REFRONTOLO, SOLIGHETTO, SOLIGO, FARRA DI SOLIGO, FONTANA, COLBERTALDO, SOPRAPIANA, FOLIO, SANTO STEFANO. Nehmen Sie sich Zeit für diese Genussfahrt und kaufen Sie unterwegs ein paar Flaschen direkt vom Winzer in einem der zahlreichen Betriebe. Auch wenn Sie kein ausgesprochener Prosecco-Freund sind, schmeckt er Ihnen ja vielleicht als Mixgetränk.

(179) WOMO-Stellplatz: Fara di Soligo

GPS: N 45°54'02" E 12°07'44"
max. WOMOs: 4 Plätze
Ausstattung/Lage: Etwas außerhalb im Industriegebiet gelegen. Platz mit Ver-/Entsorgung, Strom, Mülleimer, beleuchtet
Zufahrt: Von der Hauptstraße im Ort beschildert nach links abbiegen (Via Sernaglia), dann erneut links und am Ende der Straße auf der rechten Seite hinter dem PKW-Parkplatz.
Parkgebühr: kostenlos

Sprizz und Co

Auch Italiener trinken Ihren Prosecco nicht unbedingt pur: besonderer Beliebtheit erfreut sich der mittlerweile auch bei uns etablierte Aperol Sprizz. Denken Sie sich also nichts, auch einen hochwertigen Prosecco darf man auf Wunsch entsprechend „veredeln". Weitere beliebte Prosecco Mixgetränke sind zum Beispiel Hugo und der klassische Bellini

Aperol Sprizz: Eiswürfel in ein Glas geben. 4cl Aperol einschenken und mit 6-8 cl Prosecco sowie einem guten Schuss Soda auffüllen.

Hugo: Eiswürfel in ein Glas geben. 2-3cl Holunderblütensirup einschenken und mit 15cl Prosecco sowie 10cl Soda auffüllen. Am Ende noch ein paar Blatt Minze und, je nach Geschmack, ein Stück Limette dazu.

Bellini: Einen Pfirsich schälen und pürieren (oder Fruchtmark verwenden). Mit 10cl Prosecco auffüllen, dabei vorsichtig verrühren. Ein paar Eiswürfel dazugeben.

Hemingway: Jeweils 2cl weißen Rum, Triple sec und Limettensaft mit Eiswürfeln in einem Shaker mischen. In ein Glas abseihen, etwas crushed Ice hinzufügen und mit 10-12cl Prosecco auffüllen.

VALDOBBIADENE hat, bis auf seinen großen Namen, touristisch nicht allzu viel zu bieten. Wenn Ihnen die Gegend gefällt, statten Sie aber dem Touristenbüro (siehe Stellplatztext) einen Besuch ab. Hier bekommen Sie detaillierte Informationen, wo Sie Prosecco kaufen können, welche Spazierwege durch die Weinberge sich gerade anbieten und wo aktuell eine Veranstaltung lockt.

(180) WOMO-Stellplatz: Valdobbiadene

GPS: N 45°53'46" E 11°59'57", Via della Pace
max. WOMOs: > 10 Plätze
Ausstattung/Lage: Ver-/Entsorgung, Strom, beleuchtet, abgesperrter Bereich neben einem Busbahnhof am südlichen Ortsrand. Für den Zugang muss man zuerst in der Touristeninformation zahlen und den Schlüssel holen, geöffnet Mo-Sa.
Zufahrt: Zur Touristeninformation: IAT Büro, direkt in der Ortseinfallstraße Via Piave 53, rechts, wenn Sie nach VALDOBBIADENE kommen. Weiter zum Gelände: am Hauptplatz kurz danach die dritte Ausfahrt Richtung FELTRE nehmen, dann etwas später links Richtung TREVISO, nach 350m
Parkgebühr: 10EUR/24h

Bis SANTO STEFANO nehmen wir den selben Weg wie auf der Herfahrt. Dann geht es aber in nordöstlicher Richtung weiter über MIANE und FOLLINA.

(181) WOMO-Stellplatz: Miane

GPS: N 45°56'20" E 12°05'33", Via Cal di Mezzo
max. WOMOs: > 10 Plätze
Ausstattung/Lage: Einfach Parkplätze an einer kleinen Seitenstraße, Entsorgungsmöglichkeit
Zufahrt: Von der Hauptstraße aus im Ort schon nach rechts angeschrieben. Ca. 300m durch die Via Cava, dann rechts.
Parkgebühr: kostenlos

In FOLLINA befindet sich gleich links an der Straße das alte Kloster **Santa Maria Sanavalle di Follina**. Die rund tausend Jahre alte, ehemalige Zisterzienserabtei hat neben einer wuchtigen, einschiffigen Kirche vor allem einen besonders

schönen Kreuzgang zu bieten. Ein empfehlenswerter Stopp, wenn Sie nach all dem Wein eine Abwechslung suchen. Parken können Sie nach dem Kloster auf der linken Seite [N 45°57'16" E 12°07'11"].

Follina

Gleich zu Beginn des nächsten Ortes, CISON DI VALMARINO, empfängt uns links oben auf dem Hügel eine gewaltige Burganlage: das **Castel Brando**. Die Festung blickt auf eine 2000-jährige Geschichte zurück. Als eines der ältesten und größten Schlösser Europas wurde es inzwischen komplett restauriert und zu einem Luxushotel umgebaut. Ein Besuch lohnt aber auch für Wohnmobilreisende. Gleich unterhalb gibt es große Parkflächen. Mit einer gläsernen Zahnradbahn (Ticket 1EUR) geht es dann nach oben. Die Aussicht ist hübsch, der 50 Hektar große Garten schön angelegt und einige alte Kutschen können in den Kreuzgängen der untersten Ebene betrachtet werden. Außerdem gibt es mehrere Restaurants und Bars. Auch ein kleines aber feines Waffenmuseum wurde eingerichtet und ist für die Öffentlichkeit zugänglich, alternativ kann eine komplette Schlossbesichtigung gebucht werden *(geöffnet So., Mai-Sep 10-12h und 15-19h, Okt-Mär 10-12h und 14-18h, Erw 3EUR Waffenkammer, incl. Schloss 8EUR, zusätzlich incl. Kirche 10EUR. Tickets und Infos am kleinen Auskunftsbüro rechts neben dem Haupteingang des Hotels)*.

Castel Brando

Bald kommen Sie zu zwei kleinen Seen, die direkt nebeneinander liegen: dem **Lago di Lago** und **Lago Santa Maria**. An warmen Tagen finden Sie hier Bademöglichkeiten und es gibt einen Campingplatz.

Castel Brando: Zahnradbahn

Auch historisch bedeutende Überreste von Pfahlbausiedlungen aus grauer Vorzeit wurden in der Nähe entdeckt. Entgegen **Palú** bei POLCENIGO sind hier aber keine archäologischen Arbeiten in Gange, ein Gebiet wurde mit Nachbauten als autodidaktisches Erlebniszentrum für Besucher geöffnet. Die beste Zufahrt haben Sie, wenn Sie die große Kurve vor den Seen nach rechts mitnehmen, dann aber gleich wieder links, beschildert zum Archäologiepark **Livelet** abknicken. Auch ein kleiner, ruhiger Parkplatz befindet sich hier am Ende der Zufahrt. **[182: N 45°59'01" E 12°12'56"]** *(geöffnet Apr-Okt So/Feiertags 10-18h, Jul/Aug 10-19h, Erw 4EUR, Senioren und Jugendliche von 6-18Jahren 2EUR, sonst kostenlos)*.

Um näher an die Seen heran zu kommen und um unsere Tour fortzusetzen, fahren wir ein Stück zurück und dann rechts ab mit Zielsetzung VITTORIO VENETO. Am zweiten See, dem **Lago Santa Maria** finden Sie die besten Bademöglichkeiten [N 45°59'35" E 12°14'16"]

Oder Sie steuern schon kurz zuvor den eingangs bereits erwähnten Campingplatz Riva D`Oro an **[183: N 45°59'27" E 12°14'01"]**.

Kurz nachdem wir die Autobahn gequert haben, wollen wir einen Abstecher nach rechts ins historische VITTORIO VENETO nicht auslassen.

Piazza Flaminio in Vittorio Veneto

Vittorio Veneto

Ursprünglich lagen im Gebiet des heutigen VITTORIO einst zwei Städte: **Serravalle** im Norden und **Ceneda** im Süden. 1866 wurden sie zusammengeschlossen. Heute ist das Bild recht klar verteilt. Während sich die klassische Altstadt mit schönen Gebäuden, vor allem aus der Renaissance, in **Serravalle** gruppiert, finden Sie die großzügigeren Einkaufsstraßen, dafür aber ohne herausragende Sehenswürdigkeiten, südlich der **Piazza Popolo** im ehemaligen **Ceneda**. Sie können einmal geradeaus durch den Ort fahren (lassen Sie sich von den angeschriebenen 3m Durchfahrtshöhe nicht bange machen, es sind locker 3,50m) um auf der langen Einbahnstraße einen Eindruck zu gewinnen. Am Ende nehmen Sie dann eine zweite Einbahnstraße zurück nach Norden.

Stille Idylle am kleinen Kanal

Wenn Sie eher Lust haben, entlang der Geschäftsstraßen zu flanieren, parken Sie am besten in der Nähe der bereits erwähnten, großen **Piazza Popolo** mit dem Rathaus. Stellflächen gibt es hier oder in den Nebenstraßen meist in ausreichender Anzahl. Gegenüber des Platzes liegt auch eine größere Parkanlage. Südöstlich am Berg können Sie zum Castello mit schöner Aussicht hinaufwandern (es gibt oben auch einen Parkplatz, alles ist jedoch recht eng mit wenig Wendemöglichkeiten und empfiehlt sich mit dem Womo eher nicht). Zurück im Nordteil nehmen Sie am besten den Parkplatz ganz am Ende rechts an der Via Guglielmo Marconi [N 46°00'08" E 12°17'17"], Gehen Sie nun ein Stück zurück bis zum schönen Ensemble an der **Piazza Flaminio**. Östlich befindet sich der Uhrturm und etwas zurückversetzt die **Loggia Serravallese** mit dem **Museo Cenedese** *(geöffnet Sa/So 10-12 und 15-17h im Sommer auch bis 18h, Erw 3EUR) Im schön bemalten Gebäude finden Sie Bilder, Skulpturen sowie Möbel und andere archäologische Stücke. Vom Platz nach Süden können Sie noch durch die Altstadtgassen laufen, dann links am Kanal zurück. Wenn Sie am Museum die Straße nach oben nehmen, kommen Sie zu einem Palazzo, davor geht eine kleine Straße, später nur mehr ein Treppendurchgang, zurück zum Parkplatz.*

Museo Cenedese

An der VITTORIO VENETA-Kreuzung nach links führt die Straße dagegen nach BELLUNO. So kommen wir, immer parallel zur Autobahn und an einigen kleinen Seen entlang [Picknickplatz bei N 46°03'30" E 12°19'30"], in nördlicher Richtung bis zum **Lago di Santa Croce**. Möchten Sie gleich weiter nach BELLUNO und zu unserer nächsten Tour, fahren Sie links herum auf der Hauptstrecke weiter. Für einen kleinen Badestopp schlagen Sie kurz vor den Seen die rechte Wegmöglichkeit ein, die Sie bald nach FARRA D`ALPAGO bringt. Hier befinden sich Liegewiesen, ein direkter Seezugang und Spaziermöglichkeiten. An windigen Tagen gibt es auch etwas zu sehen: der See ist ein Mekka der Kitesurfergemeinde: Mit einem Surfbrett und Paraglidingschirmen vollbringen die Kitesurfer wahre Kunststücke auf dem Wasser und in der Luft.

Lago di Santa Croce

(184) WOMO-Badeplatz: Farra D`Alpago

GPS: N 46°07'09" E 12°21'01", Parkplatz P3
max. WOMOs: > 10 Plätze
Ausstattung/Lage: Parkplätze am See ohne Einrichtungen, direkt hinter dem Campingplatz gelegen.
Zufahrt: Von der Hauptstraße in FARA links ab beschildert zum Campingplatz, dann gleich wieder rechts um den Sportplatz herum und dahinter unbeschildert vor einer kleinen Holzhütte nach links.
Parkgebühr: Parkautomat, 50ct/h

(185) WOMO-Campingplatz-Tipp: Sarathel

GPS: N 46°07'09" E 12°21'12", Viale al Lago, FARA D`ALPAGO
Ortszentrum: 450m entfernt, Platz direkt am Wasser gelegen.
Zeiten: Apr-Sep. **Ausstattung**: Strom, sanitäre Anlagen, Restaurant, Spielplatz. **Zufahrt**: IN FARA links beschildert abbiegen, am Ende der kleinen Straße rechts finden Sie den Eingang zum Platz.

Tour 14: (180 km / 2-4 Tage)

Nevegal – Belluno - Agordo – Lago del Mis – Val del Stua
Feltre – Lagi di Corlo – Enego – Asiago

Stellplätze (gratis):	Nevegal, Candaten, Agordo, Tiser, Lago del Mis, Feltre, Gallio, Asiago
Stellplätze (Gebühr):	Belluno, Asiago
Campingplätze:	Nevegal, Val Canzoi, Lago di Corlo
Besichtigen:	Belluno, Agordo, Feltre, Enego, Asiago
Wandern:	Nevegal, Canale di Agordo, Val del Mis, Val Canzoi
Baden:	Lago del Mis, Lago di Corlo

Eine größere Stadt und mit den bellunesichen Dolomiten ein letztes Mal hohe Berge erwarten uns auf Tour 14. Unser erstes Ziel ist das namensgebende BELLUNO, Provinzhauptstadt des nördlichen Venetos.

Vom **Lago Santa Croce** gelangen Sie in Kürze, immer der Beschilderung nach, hierhin. Der schönere Weg führt über die Hochebene des Nevegal, ein beliebtes Ausflugsziel im Sommer und ortsnahes Skigebiet im Winter. Von der Seestraße Richtung BELLUNO aus ist NEVEGAL links unter einer Eisenbahntrasse hindurch (Durchfahrtshöhe 3,60m) angeschrieben. Von der kleinen Nebenstraße wechseln wir nach etwas Weg links auf eine größere. Interessant ist, dass man Meter um Meter den die Straße ansteigt, besonders anschaulich beobachten kann, wie der mediterrane, üppige Bewuchs mit Blütenpflanzen und Laubbäumen langsam Nadelbäumen und Almweiden weicht. 10km später erreichen wir einen Kreisverkehr der uns an der 2. Ausfahrt ins Zentrum von NEVEGAL führt. An der Touristeninformation können Sie sich mit Wanderkarten und Wegbeschreibungen des Gebiets eindecken lassen. Nach rechts führt, über einige Serpentinen, ein Weg zum „**Giadino Botanico Alpi Orientali**“**.** Oben gibt es genau das: einen botanischen Lehrpfad zu hier heimischen Bergpflanzen, außerdem einen Gasthof mit Kinderspielplatz. Kurz davor liegt ein schön gelegener, großer Parkplatz mit Aussicht als Stellplatzmöglichkeit an der Bergstraße **[186: N 46°05’40” E 12°18’16”]**.

Zurück am Kreisverkehr nehmen wir die letzte verbliebene Ausfahrt Richtung BELLUNO. Rechts passieren wir dabei noch den Campingplatz Park Camping Nevegal **[187: N 46°05’47” E 12°16’38”]** und erreichen nach weiteren 10km die Stadt. Unten ist der Parkplatz „Lambioi“ schon ausgewiesen, egal ob kurze Stippvisite oder eine Übernachtung angesagt ist –

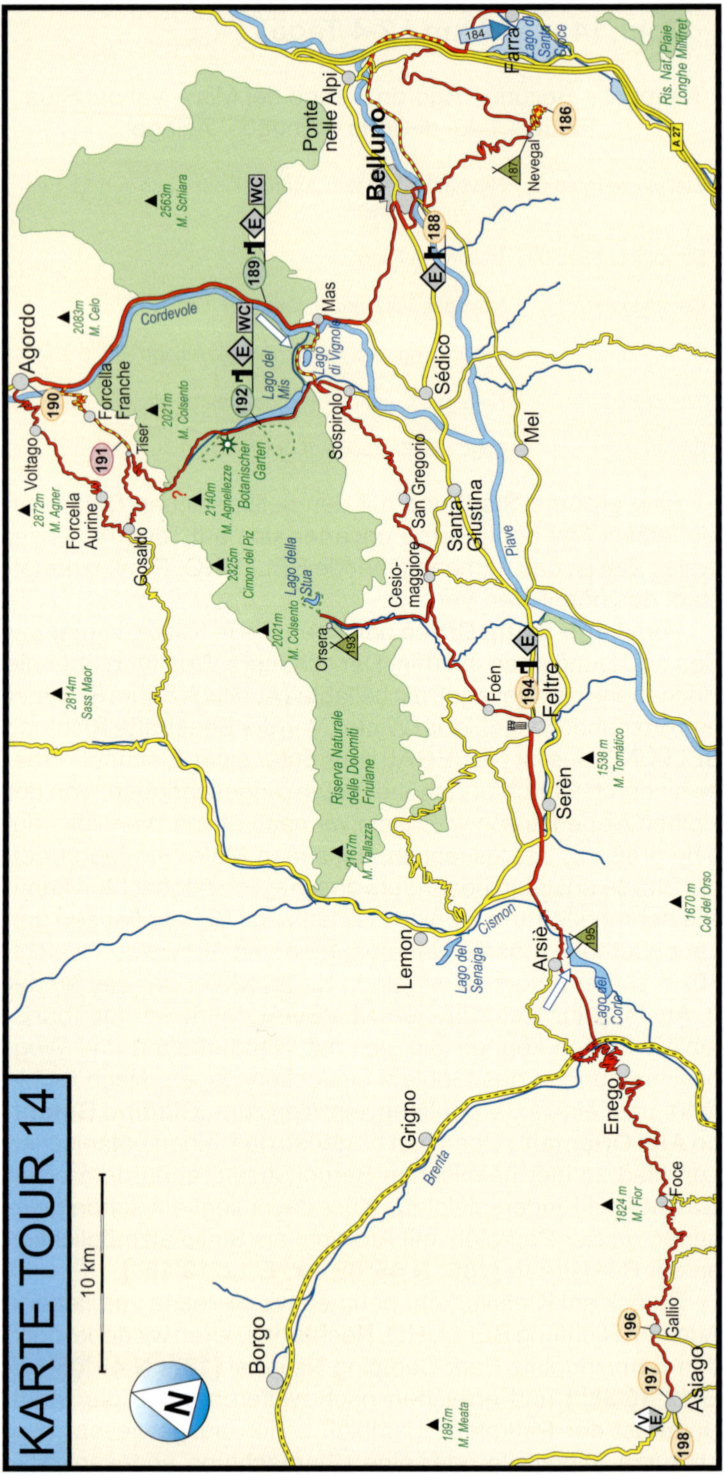
KARTE TOUR 14
10 km
N
Agordo
Voltago
Forcella Aurine
Forcella Franche
Gosaldo
Tiser
Cordevole
Lago del Mis
Botanischer Garten
Mas
Lago di Vignole
Sospirolo
San Gregorio
Cesio-maggiore
Orsera
Lago della Stua
Foén
Feltre
Serèn
Santa Giustina
Sédico
Mel
Belluno
Ponte nelle Alpi
Nevegal
Farra
Lago di Santa Croce
Ris. Nat. Piaie Longhe Millifret
A 27
Piave
Riserva Naturale delle Dolomiti Friulane
Lemon
Lago del Senaiga
Cismon
Arsiè
Lago del Corlo
Enego
Grigno
Brenta
Foce
Gallio
Asiago
Borgo
2872m M. Agner
2083m M. Celo
2021m M. Colsento
2563m M. Schiara
2140m M. Agnellezze
2825m Cimon del Piz
2021m M. Colsento
2814m Sass Maor
2167m M. Vallazza
1538 m M. Tomàtico
1670 m Col del Orso
1824 m M. Fior
1897m M. Meata
184
186
187
188
189
190
191
192
193
194
195
196
197
198
WC
E

das ist der ideale Platz, genau unterhalb der Altstadt. Damit Sie sich nicht allzu sehr nach oben plagen müssen, wurden sogar überdachte Rolltreppen installiert, die Sie schnell und bequem ans Ziel bringen.

(188) WOMO-Stellplatz: Belluno

GPS: N 46°08'13" E 12°12'57", Parcheggio Lambioi, Viale Die Dendrofori
max. WOMOs: >10Plätze
Ausstattung/Lage: Ver-/Entsorgung außerhalb des Platzes am westlichen Ende direkt davor, Mülleimer, beleuchtet, die Wohnmobilplätze befinden sich nach Einfahrt am hinteren linken Ende vor einer kleinen Parkanlage.
Zufahrt: Egal ob Sie über NEVEGAL oder direkt vom Lago Santa Croce kommen: folgen Sie einfach den Schildern zum Parkplatz „Lambioi".
Parkgebühr: 8-19h 60ct/h, So/Feiertags 1EUR/24h

Belluno

BELLUNO ist eine Stadt mit langer Geschichte und bewegter Vergangenheit. Schon als keltische Siedlung, irgendwann im 5. Jahrhundert vor Chr. gegründet, bekam sie ihren Namen, der soviel wie „lichte Anhöhe" bedeutet. In den 2500 Jahren danach gab es die fast schon üblichen Machtwechsel: Römer, Germanen, Langobarden, unser „Freund" Ezzelino (siehe Kapitel 1-4), die Scaliger, die Venezianer, Napoleon, Österreich und schließlich Italien waren die wichtigsten Herrschaftsstationen und Umbrüche die BELUNO erdulden musste. Die letzten großen Wirren erlebte der Ort, als große Teile der Bevölkerung im 2. Weltkrieg erbittert Widerstand gegen Mussolini und die deutsche Wehrmacht leisteten. Machen wir uns auf zu einem Stadtspaziergang. Wenn Sie vom Parkplatz aus oben angekommen sind, stehen Sie auf der **Piazza Duomo**. Die Touristeninformation befindet sich gleich links am Ende der Rolltreppe. Die mächtige, 72m hohe **Basilica Minore di San Martino** rechterhand beherrscht den Platz. Im Inneren finden sich Fresken venezianischer Schule und in der angrenzenden Krypta steht ein Sarkophag aus dem 14. Jahrhundert. Links steht der Rektorenpalast, in dem heute die Stadtverwaltung untergebracht ist. Etwas

zurückversetzt am hinteren Ende residiert, in einem alten Palazzo, das **Museo Civico di Belluno**. Im Inneren gibt es Fundstücke von der Frühzeit bis zum Mittelalter, Gemälde und andere Ausstellungen zur Stadtgeschichte *(geöffnet Mai-Okt täglich von 9-19h, Nov-Apr So-Fr 10-13h, Di/Fr auch 15-19h, Erw 5EUR, Senioren und Kinder ab 6J. 3EUR)* Entweder schwenken Sie nun gleich nach links Richtung Hauptplatz, oder machen erst einen Spaziergang mit uns nach rechts, in die kleine Gasse nach der Kirche, um bei schöner Aussicht bis zur Spitze der Altstadt vorzustoßen und dann von hier aus den Ort ein zweites Mal durch die **Porta Ruga**, das alte Stadttor aus dem 12. Jahrhundert, zu betreten. Entlang ruhiger, enger Straßen mit Häusern denen man oft ihr Alter ansieht, erreichen wir ein rotes Haus mit Arkadengängen. Gehen Sie hier links und dann gleich wieder rechts in die **Via Mezzaterra**. Über schöne kleine Gassen und Plätze, wie die **Piazza del Mercato**, den alten Marktplatz, passieren wir am Ende noch die **Chiesa**

Porta Ruga

Piazza dei Martiri

Santo Stefano. Durch das Gewölbe unter einem Gebäude kommen wir so an der sich öffnenden **Piazza Emanuele** heraus. Links von uns steht das Theater und daneben beginnt der große Hauptplatz der Stadt, die **Piazza dei Martiri**, an der das meiste Leben herrscht. Der Name dagegen stammt aus dunklen Zeiten und bezieht sich auf die Leiden der Widerständler, die hier von der Wehrmacht im Krieg öffentlich hingerichtet wurden. Auch auf der Rückseite der Piazza gibt es noch einige schöne Straßenzüge mit allerlei Geschäften. Am Ende des Platzes nach links erreichen Sie wieder die große Rolltreppe nach unten.

Für die Weiterfahrt stehen Ihnen nun, möglicherweise teils unfreiwillig, drei Varianten zur Verfügung. Sie können auf eine erneute Bergetappe und Rundfahrt durch den **Parco Nazionale della Dolomiti Bellunesi** verzichten, dann werden wir Sie im nächsten Absatz auf die weitere Route hinweisen. Wenn Sie die Runde mit uns drehen wollen, gilt es zu beachten, dass nur niedrige Wohnmobile ohne Alkoven und höhere Aufbauten dazu im Stande sind, die Höhenbegrenzung liegt bei nur 2,50m. Für höhere Fahrzeuge bleibt nur eine Aussichts-Schleife nördlich des Parks zu drehen, bei der Hin- und Rückweg über einige Kilometer identisch sind.

Egal für welchen Weg Sie sich entscheiden, BELLUNO verlassen wir erst einmal gemeinsam. Ab dem Parkplatz rechts, gen Westen folgen wir dem Flusslauf. Am Kreisverkehr achten wir auf die Wegweisung zum „Ospedale“, fahren entsprechend rechts ab, kurz darauf links und, nach dem Bahnübergang, ein weiteres Mal rechts. Wenn alles geklappt hat, sind Sie nun auf der Viale Europa. Am zweiten Kreisel führt uns die dritte Ausfahrt nach AGORDO: geschafft, jetzt sind wir auf Kurs! Die Bebauung entlang unserer Spur wird allmählich geringer und wir nähern uns den Dolomitenriesen. Gleich nach dem Dorf MAS zweigt links eine Straße zum **Valle del Mis** und nach SOSPIROLO ab. Wenn Sie die Dolomitenrunde auslassen wollen, geht es auf diesem Weg über die Brücke weiter, drei Absätze später treffen wir uns hier wieder.

Die Hauptroute führt nun jedoch erst einmal durch die Schlucht **Canale di Agordo** und beeindruckende Berglandschaft ringsum. Als Zuckerstück zur grandiosen Natur warten entlang des Weges noch einige interessante Spots auf ihre Entdeckung. Ca. 7,5km weiter an einer großen Wiese liegt links ein toller Picknickplatz. Dahinter führen verschieden Wege hinein in die Berge. Man muss gar nicht allzu weit laufen, um auf verwunschene Wasserfälle und urwaldgleiches Dickicht zu stoßen.

(189) WOMO-Picknick-/Wanderparkplatz: Candaten
GPS: N 46°11'58" E 12°07'31", Via La Stanga 29, SEDICO
max. WOMOs: >10Plätze
Ausstattung/Lage: Ver-/Entsorgung, Toiletten, Mülleimer, Picknickbänke, Grillgelegenheiten, unweit der Straße, aber wunderbar mitten im Naturpark gelegen.
Zufahrt: An der einzigen Durchgangsstraße von BELLUNO nach AGORDO
Parkgebühr: kostenlos

Nationalpark
bellunesische Dolomiten

Nach dem Weiler LA STANGE durchfahren wir die Anlagen eines alten Elektrizitätswerks. Eine ganze Weile später geht die Fahrt durch einen längeren Tunnel. Auf der linken Seite besteht dann die Möglichkeit, auf einen Parkplatz vor einer Holzbrücke abzufahren. Auf der anderen Seite liegen die Gebäude des **Centro Minerario di Valle Imperina**. Hier können Sie die teils verfallenen, teils hergerichteten Gebäude einer alten Mine erkunden. Immerhin 800 Jahre wurden hier Kupfer und Silber abgebaut bis in den 1960er Jahren Schluss war. Nach und nach wird die ganze Anlage zum Freilichtmuseum umgebaut. Der riesige Bau mit den Schmelzöfen wurde bereits wieder begehbar gemacht. Auch eine Jugendherberge hat hier ein Haus weiter Quartier

Don di Gosaldo

bezogen. Das Nationalpark-Besucherzentrum ist ganz im Süden, im ehemaligen Wasserkraftwerk untergebracht *(geöffnet Mai/Jun/Sep/Okt Sa/So 13.30-18.30h, Jul/Aug täglich 13.30-18.30h)*

Nur noch ein Wimpernschlag ist es ab hier bis AGORDO. Die Stadt liegt eingebettet in einer Talsohle und gehört zum ladinischen Sprachgebiet (siehe Tour 12). Von hier bis ins Cadore verläuft die industrielle Achse der Brillenmacher (vgl. Tour11). In AGORDO hat Luxottica, der größte Fassungshersteller der Welt, seinen Hauptsitz. Wenn Sie in den Ort einfahren, sehen Sie das Gebäude, den **Palazzo Crotta de Manzoni**, links der Straße – eine echte venezianische Villa aus dem 18. Jahrhundert. Nach der begrünten **Piazza Libertá** bildet das Kirchlein rechts, mit den Bergen im Hintergrund, ein attraktives Ensemble. Gleich daneben wartet die historische Altstadt auf Sie, ein paar gemütliche Cafes, Laubengänge und entspanntes Geschäftstreiben. Parken Sie am besten links der Straße um den Platz herum, es finden sich meist Lücken. Ein größeres Parkareal das sich auch zum Übernachten eignet und per Fußweg mit dem Zentrum verbunden ist, liegt etwas weiter nordwestlich am Fluss, direkt auf unserem Weg. Noch im Ort zweigt nach links eine Straße nach GOSALDO ab. Am darauffolgenden Kreisverkehr führt die letzte Ausfahrt zum Parkplatz **[190: N 46°16'59" E 12°01'52"]**, die Hauptstrecke setzen wir geradeaus fort.

Kurviges Terrain erwartet uns, dafür gibt es nur wenig Verkehr. Immer wieder bieten sich spektakuläre Blicke auf die umliegenden Berge. Die Straße führt uns bis nach DON DI GOSALDO. Hier biegen wir links ab Richtung TISER. Nach einem weiteren Stück einsamer Bergwelt führt die SP2 rechts hinunter ins **Val del Mis** und erneut mitten hinein in den Nationalpark. Hier ist aber nun Vorsicht geboten: wie angekündigt gelingt die Durchfahrt nur bis zu einer Maximalhöhe von 2,50m. Auch wenn für Sie hier Schluss ist – ganz verzichten müssen

Picknickgelände bei Tiser

Sie nicht: gut die Hälfte der Strecke lässt sich später noch von Süden her erschließen. Die „Talfahrer" treffen wir dann in **La Stua** wieder, alle anderen fahren einfach geradeaus weiter, zurück in Richtung AGORDO. Immerhin – ein schönes Picknickgelände liegt bald darauf noch rechts am Wegesrand **[191: N 46°13'58" E 12°00'48"]**, am Ende der Runde stoßen wir wieder auf die Hauptstraße und fahren rechts zurück Richtung BELLUNO.

In MIS nehmen wir schließlich auch, von dieser Seite nach rechts, die kleine Brücke hinüber Richtung SOSPIROLO. Die schönere Strecke biegt dann sofort nach rechts zum **Lago di Vedana** ab. Bei [N 46°09'41" E 12°07'01"] gibt es einen kleinen Parkplatz und am Fluss Cordevole einen dazugehörigen Badeplatz, der im Sommer gern von Einheimischen aufgesucht wird. Wir fahren dann direkt auf die Kartause **Certosa di Verdana** zu, biegen vorher aber nach links weg. Einen Abstecher zum kleinen Natursee mit Parkplatz können Sie kurz darauf, noch zweimal links abknickend, machen. Er ist als Biotop für die Vielfalt seiner Wasserpflanzen (z.B. viele Arten von Seerosen) und seinen Amphibienreichtum bekannt. Geradeaus ist es nicht mehr weit bis MIS und dem südlichen Eingang ins **Val del Mis**. Auch hier wird bereits auf die maximale Durchfahrtshöhe von 2,50m hingewiesen. Ein ganzes Stück kommen Sie aber doch hinein ins Tal. Bis ca. 3,40m Höhe werdcn Sie sicher keine Probleme haben, auch wenn die unbeleuchteten Tunnel ein wenig verschrecken. Gleich nach den ersten Tunnnel lockt der **Lago del Mis**, nach guten 1,5km erreichen Sie ein großes und umfassend ausgestattetes Picknickareal mit Badeplatz.

(192) WOMO-Bade-/Wanderparkplatz: Lago del Mis

GPS: N 46°09'53" E 12°03'40", Val del Mis, SOSPIROLO
max. WOMOs: >10Plätze
Ausstattung/Lage: Ver-/Entsorgung, Toiletten, Mülleimer, Picknickbänke, Grillgelegenheiten, Spielplatz, herrlich im tiefen Tal direkt am See mit Bademöglichkeit gelegen.

Zufahrt: Von SOSPIROLO / MIS aus den Wegweisern ins Val del Mis folgen. Nach knapp 2km rechterhand
Parkgebühr: kostenlos

Lago del Mis

Val Falcina

Hinter dem Stellplatz beginnt der markierte Rundweg ins **Val Falcina**. Auf nicht sehr steilen 4km kommt man dabei durch ein wildes Tal, dass viel Natur und die Möglichkeit zur Beobachtung seltener Tiere, wie z.B. Königsadler bietet.

Wenn Sie möchten, können Sie auch die Fahrt noch ein Stück weiter hinein ins Tal wagen.

Botanischer Garten und Les Cadini del Brenton Weg

Kurz bevor die Straße den Fluss überquert, blüht links der botanische Garten **Campanula morettiana**. 1500 im Park heimische Arten wurden hier zusammengestellt, um Besucher über die heimische Flora zu informieren. Gleich im Anschluss beginnt auch der Themenweg **Les Cadini del Brenton**. Nur 1km lang, führt er entlang des Brenton-Baches mit immer neuen kleinen Wasserfällen, die große und kleine Höhlen und Gumpen aus dem Fels gewaschen haben.

Badeplatz am Lago del Mis

Im Val Canzoi

Gleich gegenüber auf der anderen Flussseite führt rechts ein Weg nach GENA hinauf. Hier wartet ein kleiner Gastbetrieb mit schöner Terrasse und Parkplatz auf Sie. Noch 2,5km weiter sehen Sie direkt an der Straße die Überreste des Weilers **La Stua** bestehend aus einem ehemaligen Gasthaus, einer Werkstatt und zwei Wohnhäusern. Wenn Sie Spaß am morbiden Charme solcher Geisterorte haben (der Ort wurde Mitte der 60er Jahre nach einem Hochwasser aufgegeben), vielleicht noch ein interessantes Ziel. Direkt daneben liegt ein recht schöner Picknickplatz [N 46°12'09" E 12°01'35"].

Spätestens ab **La Stua** fahren wir nun aber alle gemeinsam wieder Richtung Süden, da im weiteren Verlauf die besagten engen Tunnel warten.

Am Ausgang des Tales geht es rechts Richtung SOSPIROLO und nach Erreichen des Ortes erneut rechts Richtung FELTRE. Immer am südlichen Rand des Nationalparks entlang fahren wir durch die kleinen Ortschaften SAN ZENON, SAN GREGORIO, CERGNAI, CESIMAGGIORE und CAN. Kurz danach führt ein braunes Schild rechts ins **Val Canzoi** – wenn Sie noch Lust auf Natur haben - ein unbedingt lohnender Abstecher. Unterwegs tauchen nun einige Picknickgelegenheiten auf. Gegen Ende der fahrbaren Straße warten rechterhand markierte Parkmöglichkeiten. Nach links ist das Gasthaus „Osera“ mit idyllisch gelegenem Campingplatz angeschrieben. Verschiedene, teils aufwendig angelegte Wanderwege durchziehen das Gebiet. Ganz am Ende der Straße gibt es einige Parkplätze vor einem weiteren Gasthaus. Von hier ist es nicht weit zum **Lago della Stua**, um den ein sehr schöner, ca. 8,5km langer Weg herum- und tiefer ins unberührte Gelände hineinführt.

(193) WOMO-Campingplatz-Tipp: Orsera

GPS: N 46°06'28" **E** 11°56'17", Via Avi, Val Canzoi
Ortszentrum:Kein Ort in der Nähe: Mitten im Nationalpark gelegener Naturplatz neben einem urigen kleinen Gasthaus

Zeiten: Apr-Okt **Ausstattung**: Ver-/Entsorgung, Strom, sanitäre Anlagen, Restaurant, Spielplatz **Zufahrt**: Nach der Loc. CAN, hinter CESIOMAGGIORE, den Schildern ins Val Canzoi folgen. Ziemlich am Ende des Fahrweges links angeschrieben.

Zurück aus dem **Val Canzoi** fahren wir nun schnurstracks ins nahe FELTRE, dass auch nicht mehr weit entfernt auf uns wartet. Unterhalb der hochgelegenen, engen Altstadt sichten wir weitläufige Parkflächen samt Wohnmobileinrichtungen. Fahren Sie im Kreisverkehr Richtung Centro geradeaus weiter und dann nach einem Kanal rechts in die Viale Guglielmo Marconi. Nach ungefähr 250m wartet unser Stellplatz rechts hinter dem kleinen Bachlauf.

(194) WOMO-Stellplatz: Feltre

GPS: N 46°01'12" E 11°54'28", Viale Guglielmo Marconi
max. WOMOs: 8 Plätze
Ausstattung/Lage: Ver-/Entsorgung, Mülleimer, Picknickbänke, direkt unterhalb der Altstadt
Zufahrt: Wie im Tourtext beschrieben
Parkgebühr: kostenlos

Feltre

Die Altstadt des Ortes gleicht einem Freilichtmuseum. Fast komplett erhalten, ist der Renaissancekern allerorts mit Fresken geschmückt. Die Fahnen sind fast immer gehisst, ein wenig fühlt man sich tatsächlich auf einer Zeitreise in die Vergangenheit versetzt. Wer wann genau über FELTRE herrschte

ersparen wir Ihnen, nur soviel: Ezzelino war mal wieder einer von ihnen. Laufen Sie in westlicher Richtung ab dem Parkplatz los. Schon bald sehen Sie auf der linken Seite den **Romita-Tunnel**, der unter der Stadt hindurch führt. Er wurde ehemals als Luftschutzbunker angelegt. Am Ende stehen Sie an der Via Campo Giorgio. Di. und Fr. vormittags findet hier ein Bauernmarkt statt. Machen Sie einen Abstecher zur Straße eine Ebene darunter, der Via Roma und gehen Sie nach links. So gelangen Sie zur großen Kathedrale **San Pietro**. Links vor dem Eingang kann man hinabsteigen zu einem über 1000qm großen Ausgrabungsfeld, dass unterhalb der Kirche und dem Vorplatzes liegt. Fundamente und Ruinen aus römischer Zeit bis zum Mittelalter können hier unten bestaunt werden (geöffnet Mär-Okt Sa/So 10-13h und 13.30-18.30h).
Nehmen Sie hinter der Kirche die große Treppe nach oben und dann den Durchgang in der Mauer, der sie bis ganz in die Altstadt hinauf führt. Kurz darauf stehen Sie am beeindruckend originalen Hauptplatz, der **Piazza Maggiore**. Die große, Zugehörigkeit zum venezianischen Reich symbolisierende Markussäule steht mittig, am linken Ende der **Palazzo della Ragione**. Im oberen Stockwerk ist ein Theater untergebracht, in dem schon der große Komödiendichter Carlo Goldoni Uraufführungen feierte. Im Hintergrund, über einige Stufen zu erreichen, steht die Kirche **San Rocco e San Sebastiano**. Schräg rechts darüber thront das mächtige **Castello Alboino**. Verlassen Sie den Platz nach Osten, kommen Sie noch zum **Museo Civi-**

co mit Funden und Stücken aus der Stadtgeschichte (geöffnet Di-Fr 10.30-12.30h und 16-19h, Sa/So schon ab 9.30h, Erw. 5EUR, Kinder/Senioren 2,50EUR).
Nach Westen erreichen Sie über die Via Mezzatera die Touristeninformation und am Ende das Haupttor **Porta Imperiale**. Rechts herum durch einige Geschäftsstraßen, gelangen Sie nun zurück zum Ausgangspunkt.

Der Endpunkt unserer Tour 14 ist der für Käse wie Wintersport gleichermaßen bekannte Ort ASIAGO. Bis dahin ist es noch ein Stück Weg. Wir nehmen es in Angriff, indem wir den direkt neben dem Stellplatz in FELTRE verlaufenden Fahrweg nehmen und so zurück zur Hauptstraße kommen. Wir fahren nach links und auf der SS50 an allen folgenden Kreisverkehren geradeaus. Erst nachdem wir ein Stück direkt am Flussbett des Stizzon entlang gekommen sind, knickt die Hauptroute nach links Richtung TRENTO ab. Nach einem kurzen Tunnel kommt eine Abfahrt nach ARSIE. Wenn Sie Lust auf eine entspannte Badepause haben, nehmen Sie die und fahren dann den Schildern zum **Lago di Corlo** nach. Am einfachsten und stressfreiesten wird der Aufenthalt, wenn Sie sich kurz danach links halten und einen der beiden angeschriebenen Campingplätze aufsuchen. Geradeaus entlang der Seestraße finden sich aber auch immer wieder Badeplätze und kleine Parkmöglichkeiten. In der Saison kann es allerdings etwas schwieriger werden.

(195) WOMO-Campingplatz-Tipp: Camping Gajole

GPS: N 45°58'04" E 11°45'58", Via Campagna, ARSIE
Ortszentrum: Ca. 5km vom Ort entfernt. Direkt am Lago di Corlo gelegen.
Zeiten: Apr-Sep. **Ausstattung**: Ver-/Entsorgung, Strom, sanitäre Anlagen, Restaurant, Bar, Minimarkt, Spielplatz, eigener Badeplatz, Paddelboote, WLAN. **Zufahrt**: Von der Hauptstraße die Abfahrt nach ARSIE nehmen und dann gleich links angeschrieben zum See. Erneut links den Schildern zum Campingplatz folgen. Ganz am Ende auf der linken Seite.

Gleich nach ARSIE fahren wir in einen 3km langen Tunnel ein. Jetzt heißt es aufpassen: Unmittelbar am Ende zweigt die

Aussicht vom Altipiano bei Enego

Hauptplatz und Kirche im Bergort Enego

Route den Schildern Richtung TRENTO folgend rechts ab. Keine 2km später nehmen wir erneut rechts die Ausfahrt Richtung ASIAGO. Es geht zwar nicht mehr hinauf auf Zweitausender-Pässe, dennoch stehen uns jetzt noch einmal mehr wilde Serpentinen bevor. Belohnt wird die Arbeit mit einem tollen Blick von der oben gelegenen Höhenstraße, die sich nun fast waagerecht immer am Hang entlang zieht. Der erste Ort, auf den wir oben angekommen stoßen, ist ENEGO. Er gehört zu den 7 Gemeinden der Zimbern-Deutschen, die zwischen hier und ASIAGO eine altbayrisch-alemannische Sprachinsel bildeten. Inzwischen ist nicht mehr viel davon übrig, kaum jemand spricht die alten Dialekte.

Der Hauptplatz in ENEGO ist schön und gibt mit dem Turm vor dem Tal ein gelungenes Motiv ab. Auch die große Kirche des Ortes macht was her. Die Hochebene die wir ab hier befahren nennt sich **Altopiano** und ist im Winter eine beliebte Skiregion. Nach schöner Fahrt durch viele kleinere Orte wie FOZA, mit Picknickplatz etwas weiter, links bei [N 45°53'45" E 11°34'03"] und GALLIO erreichen wir am Ende unser Ziel ASIAGO, den Hauptort der Region. Hier sowie schon vorher in GALLIO gibt es Stellplatzmöglichkeiten. Wenn Sie in ASIA-

Sacrario Militaria di Leiten

San Matteo Dom in Asiago

GO nur die Stadt inspizieren wollen, nehmen Sie besser den Innenstadtparkplatz in der Via G. Matteotti bei [N 45°52'23" E 11°30'40"]. Westlich davon thront, nicht zu übersehen, das auffällige Mahnmal **Sacrario Militaria di Leiten** mit Beinhaus auf dem Hügel hinter dem Ort. Die Wintersportmetropole besitzt einige schöne Straßenzüge mit Cafés und Geschäften. Gerne wäre man etwas mondäner und würde in einem Atemzug mit CORTINA genannt werden, dies gelang bisher allerdings nicht so recht. Ein Bummel lohnt trotzdem – auch im Sommer.

(196) WOMO-Stellplatz: Gallio

GPS: N 45°53'36" E 11°32'50", Via Generale Prestinari
max. WOMOs: > 10 Plätze
Ausstattung/Lage: Reiner Parkplatz ohne Einrichtungen, im Ortskern
Zufahrt: Nach der ersten Kirche im Ort rechts führt ein Seitenarm der Hauptstraße, mit einem „P“-Schild markiert, rechts hinunter.
Parkgebühr: kostenlos

(197) WOMO-Stellplatz: Asiago 1

GPS: N 45°52'17" E 11°30'02", Via Giuseppe Verdi
max. WOMOs: > 10 Plätze
Ausstattung/Lage: Keine Einrichtungen, reiner Großparkplatz direkt neben der Durchgangsstraße. Ver-/Entsorgung direkt danach an der Q8 Tankstelle.
Zufahrt: ASIAGO auf der Einfallstraße von der wir kommen geradeaus durchfahren. Nur an der Kirche müssen Sie einen Schlenker nach links und dann gleich wieder rechts machen. Am Ende, direkt nach dem Ortsschild links abfahren auf die Parkfläche.
Parkgebühr: Parkautomat, saisonal nicht aktiv

(198) WOMO-Stellplatz: Asiago 2

GPS: N 45°52'05" E 11°29'51", Via Francesco Baracca
max. WOMOs: > 10 Plätze
Ausstattung/Lage: Keine Ausstattung, Platz mit Naturboden gegenüber der Käserei, häufig von Wohnmobilfahrern frequentiert. Ver-/Entsorgung kurz davor an der Q8 Tankstelle.
Zufahrt: Wie Platz 1, nur ein paar hundert Meter weiter. Dann vor der Käserei (unschwer am „großen Käse“ vor der Tür zu erkennen) links abbiegen, nach 80m links.
Parkgebühr: kostenlos

KARTE TOUR 15

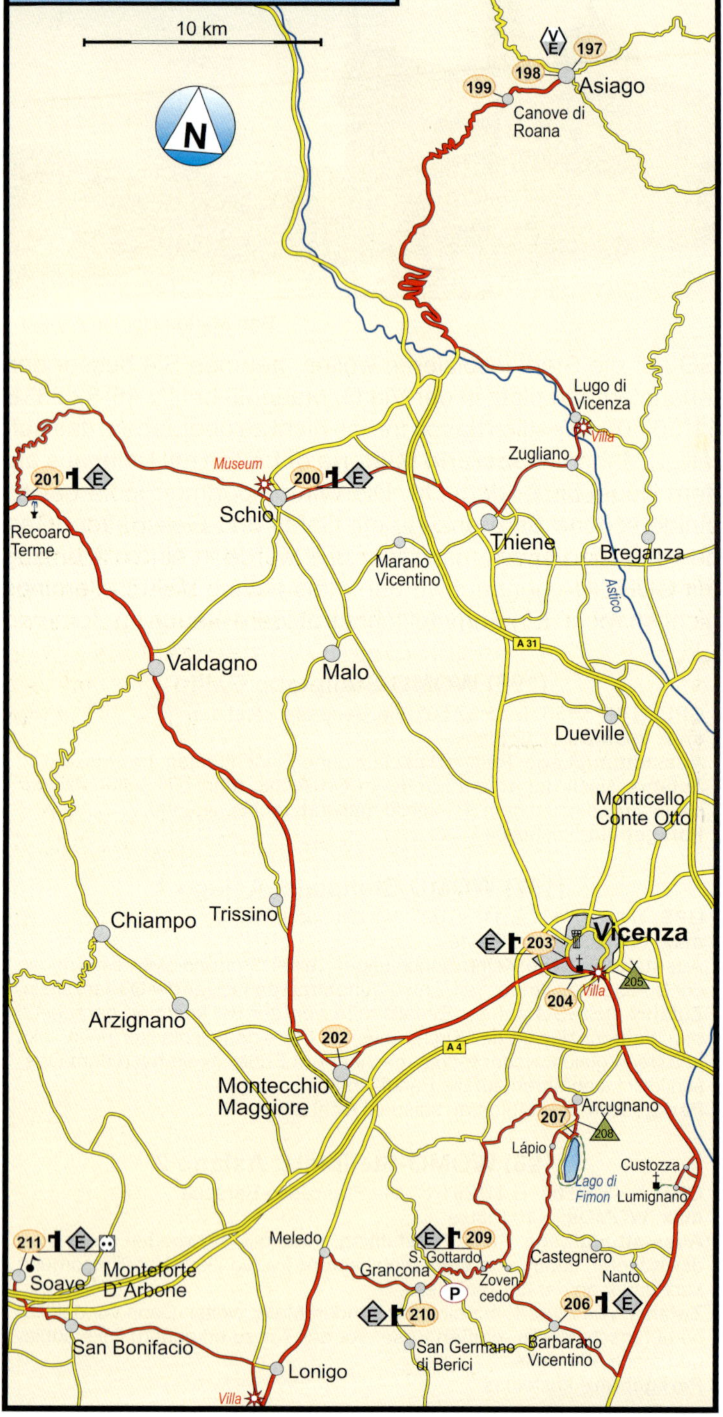

Tour 15: (190 km / 2-3 Tage)

Lugo di Vicenza – Schio – Recoaro Terme
Montecchio Maggiore – Vicenza – Lago di Fimon
Lonigo - Soave

Stellplätze (gratis):	Canove di Roana, Schio, Montecchio Maggiore, Monte Berico, Barbarano Vicentina, Lago di Fimon, San Gottardo, Grancona, Soave
Stellplätze (Gebühr):	Recoaro Terme, Vicenza
Campingplätze:	Vicenza, Arcugnano
Besichtigen:	Lugo di Vicenza, Schio, Montecchio Maggiore, Vicenza, Costozza, Soave
Wandern:	Recoaro Terme, Monte Berico, Lumignano, Lago di Fimon

Die vorletzte Etappe unserer Rundfahrt durch die Regionen Venetien und Friaul führt uns in die Ebene rund um VICENZA und das südlich davon gelegene Hügelland der **Colli Berici**. Immer wieder auf unserer Reise sind uns Villen des großen Andrea Palladio aus VICENZA begegnet. Hier nun, auf „seiner Etappe“, dreht sich noch einmal, wenn auch nicht alles, dann doch vieles um seine Person und die von ihm geschaffenen Bauwerke. Nirgends ist die Dichte an Bauwerken mit seiner Handschrift so groß wie hier.

In ASIAGO beginnt unsere Tour an der Ausfallstraße bei den angegebenen Stellplätzen aus Tour 14. Ortsauswärts orientieren wir uns vorerst an den Schilder zur Autobahn, um das **Altopi-**

Wie eine Narbe in der Landschaft: Abfahrt vom Altipiano

ano-Gebiet zu verlassen. In CANOVE DI ROANA liegt mittig im Ortsgebiet rechts ein großer Parkplatz, der sich im hinteren Bereich auch als Übernachtungsgelegenheit anbietet **[199: N 45°51'56" E 11°28'30"]**. Über eine gut ausgebaute Passstraße geht es danach erst langsam, später zügig in 10 Serpentinen hinunter in die Tiefebene. Am Ende des Passes fahren wir rechts ab nach CHIUPPANO. Gleich danach an der Spitzkehre biegen wir scharf nach rechts in Richtung CALTRANO ein und in dem kleinen Ort rechts weg nach THIENE. Direkt auf diesem Weg erreichen wir vorher das kleine LUGO DI VICENZA. Gleich zwei beeindruckende Villen liegen hier nebeneinander. Um sie zu erreichen, fahren wir im Ort nach einem Rechtsknick der Hauptstraße an der großen Einmündung nach links. Am nächsten Kreisverkehr sind beide Villen bereits angeschrieben. Das letzte Stück Straße ist recht schmal, oben gibt es aber Parkmöglichkeiten. Das erste der beiden Anwesen stammt definitiv von Meister Palladio. Die **Villa Godi Valmarana Malinverni** war seine erste eigenständige Arbeit und wird, gemeinsam mit anderen seiner Häuser, in der UNESCO-Weltkulturerbe-Liste geführt. Stattlich von außen, sind innen viele Fresken, die bis auf die Bauzeit im 16. Jahrhundert zurückreichen, zu sehen, außerdem weitgehend ausgestattete Zimmer. Im 1. OG gibt es eine Gemäldegalerie und immer wieder wechselnde Ausstellungen. Auch der Park kann inspiziert werden *(geöffnet Apr-Sep Mi 15-19h, Sa 9-14h, So/Feiertags 10-19h, Okt-Mär an den gleichen Tagen von 14-18h, Eintritt 8EUR)*. Ob die benachbarte **Villa Piovene Porto Godi** auch, zumindest teilweise, von Palladio stammt, ist unsicher. Leider kann sie zur Zeit auch nur von außen betrachtet werden.

VIlla Godi Valmarana Malinverni

Wir fahren weiter bis THIENE, halten uns aber schon am Beginn, den Schildern Richtung SCHIO nach, rechts, queren die A31 und kommen wenige Kilometer später im Ort an. Die Stadt ist ein Zentrum der Textilindustrie. Der interessanteste Aspekt im Ort ist daher auch die **Fabbrica Alta**, eine große alte Textilfabrik, in der heute ein Webereimuseum beheimatet ist und die im Zuge der Industrialisierung erbaute Arbeiterneustadt direkt dahinter, die allerdings etwas verfallen wirkt. Fahren Sie von der Einfallstraße nach SCHIO, der Via Industriale, am 7. Kreisel nach der Autobahn rechts ab auf die Via Vicenza. Am nächsten Kreisverkehr mit dem ummantelten Handymast (zumindest halten wir ihn dafür) die 2. Ausfahrt nehmen und immer geradeaus, bis zu einem „familia“-Supermarkt rechts. Direkt danach geht die kleine Einbahnstraße „XX Settembre“ ab. Am Ende links, in der Via Pasubio, erreichen Sie den großen Parkplatz [N 45°42'53" E 11°21'12"] neben dem Industriedenkmal. Dahinter befindet sich die alte Fabrik. Übrigens: wenn Sie in die andere Richtung gehen, stehen Sie schon zwei Ecken weiter im Geschäftszentrum SCHIOS...

(200) WOMO-Stellplatz: Schio

GPS: N 45°42'50" E 11°22'34", Via Industria, SCHIO
max. WOMOs: 4 Plätze
Ausstattung/Lage: Ver-/Entsorgung, Mülleimer, beleuchtet, nahe der Hauptstraße am Rand eines Großparkplatzes hinter einer kleinen Bar.
Zufahrt: Fahren Sie auf der Via Industria nach SCHIO ein. Nach dem 5. Kreisverkehr sehen Sie links einige Parkplätze und eine kleine Bar. Gleich dahinter (siehe Koordinaten) können Sie auf einen großen Parkplatz abbiegen. Hinter der Bar befinden sich die Stellplätze.
Parkgebühr: kostenlos

Vom Fabrikparkplatz aus nach links und dann immer geradeaus kommen Sie auf die SP46, die Sie nun aus der Stadt heraus führt und nach TORREBELVICINO hinein. Sie müssen dem Ort keine weitere Beachtung schenken, erst danach in VAL DEL PASUBIO zweigt unsere Route links nach RECOARO TERME ab. So kommen wir, ein paar am Ende auch recht enge Kurven später, im Thermalbad an. Schön eingebettet ist

Recoaro Terme

der alte Kurort sowohl im Winter als auch im Sommer ein beliebtes Reiseziel. Am Kreisverkehr im Zentrum nach rechts, gelangen Sie beschildert zum eigentlichen Thermalcenter, das etwas erhöht an einer Bergflanke linkerhand liegt. Stellen Sie sich darunter aber nicht unbedingt ein Schwimmbad vor: vielmehr wird hier mittels verschiedener Quellen mit Trinkkuren und Heilbädern gastritischen Leiden, Hautkrankheiten und diversen anderen Gebrechen zu Leibe gerückt. Links vom Kreisel passieren Sie die Touristeninformation – auch hier gibt es vielfältige Wandermöglichkeiten, auch hier ist das Informationsbüro Anlaufstelle Nummer eins für detaillierte Auskünfte.

(201) WOMO-Stellplatz: Recoaro Terme

GPS: N 45°42'15" E 11°13'42", Via della Resistanza
max. WOMOs: > 10 Plätze
Ausstattung/Lage: Ver-/Entsorgung, Mülltonnen, Strom, beleuchtet
Zufahrt: Fahren Sie am Kreisel nach der Ortseinfahrt links ab, an der Touristeninformation vorbei bis rechts die große Mineralwasserfabrik ins Bild kommt, überqueren Sie die Brücke direkt davor und fahren Sie dann rechts den Hang hinauf. Gleich vor den Tennisplätzen liegt der Stellplatz der Gemeinde schön auf einer Anhöhe.

Parkgebühr: 5EUR/24h. Ist die Zugangsschranke geschlossen, muss vorab in der Touristeninformation oder der Bar Nazionale (Aushang am Platz beachten) gezahlt werden. Ist offen, kommt mittags sporadisch auch ein Platzwart zum Kassieren vorbei. Strom kostet extra – 35ct/h

Castello della Villa (Castello Romeo)i

Über die Ausfallstraße nach Süden verlassen wir den Ort. VALDAGNO, ein weiteres Schwergewicht unter Italiens Textilstandorten, ist Stammsitz der Valentino-Gruppe. Hier lohnt ein Stopp nur, wenn Ihnen die Gegend gefällt und sie noch ein wenig Kleinstadtfeeling tanken wollen. Anderenfalls fahren Sie am besten über COMEDO VICENTINO immer weiter nach Süden Richtung MON-

Castello della Guardia (Castello Giulia)

TECCHIO MAGGIORE. Diese „Vorstadt VICENZAS“ hat drei Sehenswürdigkeiten zu bieten: Zwei Burgruinen mit großer Geschichte und eine Villa. Wenn sich kurz vorher die Straße teilt, nehmen wir den linken Abzweig statt der Auffahrt zur Autobahn rechts. Nun müssen wir ein wenig Obacht geben: am dritten Kreisverkehr im Ort drehen Sie um und nehmen dann sofort die kleine Straße nach rechts, Via Piave. Braune Schilder weisen Ihnen ab jetzt den Weg zu den **Castelli di Gulietta e Romeo**.

Romeo und Julia, Teil 2

Erinnern Sie sich noch an Tour 6? Hier hatten wir Ihnen Luigi da Porto, den „Erfinder“ von Romeo und Julia vorgestellt, nach dessen Buch „Gulietta“, gewidmet seine geliebten Cousine Lucina, Shakespeares berühmtes Meisterwerk entstand.
MONTECCHIO MAGGIORE spielt eine weitere Rolle. Da Porto schrieb das Buch, nachdem er, vom Krieg gezeichnet mit schweren Verwundungen, gerade auch im Gesicht, hier nahe seines Heimatortes VICENZA weilte. Während er schrieb, inspirierten ihn die beiden unterschiedlichen Burgen oben am Hügel – so nah nebeneinander und doch getrennt. Dass das Geschlecht der Montecchi Besitzer einer der Burgen war, fand ein Fortbestehen bis in Shakespeares Stück, wenn auch in abgewandelter Form: Aus den Montecchis wurden die Montagues.
Auch sonst rankten sich viele Geschichten um die Burgen und immer wieder wurde versucht, noch mehr Romeo und Julia hinein zu konstruieren. Ob da Porto damals mehr wusste und echtes Wissen über die Bewohner und damaligen Begebenheiten einarbeitete, ist ungewiss. Gesichert ist dafür aber eine andere Sache – und nun berühren sich zwei rote Fäden, die sich durch diesen Reiseführer ziehen: Nicht nur Romeo und Julia lebten vermeintlich einst hier. Auch Ezzelino da Romano war vor langer Zeit Herr über die Burgen. Bis zu seinem Tod (siehe Tour 4) standen sie unter seiner Herrschaft und er hielt sich zeitweise auch hier auf. Das heutige Bild hat mit dem damaligen aber nichts mehr zu tun. Beide Festungen wurden mehrmals komplett abgerissen und wieder neu erbaut.

Bis auf die schöne Anekdote zum berühmten Liebespaar gibt es in den beiden Ruinen nicht mehr allzu viel zu entdecken. Die Auffahrt lohnt aber allein wegen der schönen Sicht. Am Parkplatz neben Romeos Burg (eigentlich **Castello della Villa**) liegt auch ein sehr schöner Stellplatz. Von der alten Burg stehen fast nur mehr die Grundmauern und ein Turm. Im Inneren finden im Sommer-Open Air-Theateraufführungen und Konzerte statt. *(Der Turm ist So. von 14.30-18.30 geöffnet und kann dann bestiegen werden.)*

(202) WOMO-Stellplatz: Montecchio Maggiore

GPS: N 45°30'42" E 11°24'33", Via Castelli della Guardia
max. WOMOs: > 10 Plätze
Ausstattung/Lage: Mülleimer, sonst keine Einrichtungen. Beschattete, terrassierte Plätze auf Rasen neben der Romeo-Burg am Hügel.
Zufahrt: Wie im Tourtext zu den Castelli beschrieben.
Parkgebühr: kostenlos

Nur wenige hundert Meter entfernt liegt am Ende des Weges Julias Burg (eigentlich **Castello della Guardia**). Der Innenteil wurde zur Hälfte neu gestaltet. Heute residiert hier ein Restaurant mit Loungebereich im Hof. Zwischen den Burgen gibt es noch eine Grotte, die allerdings bis auf Weiteres nur bei Sonderveranstaltungen (Natürlich Romeo und Julia Aufführungen...) geöffnet wird.

Wenn Sie vom Burgberg abfahren und ganz am Ende links, weist kurz darauf, erneut nach links, ein Wegweiser zur **Villa Cordellina Lombardi**. Zwar wurde sie im palladianischen Stil erbaut, stammt aber aus dem 18. Jahrhundert. Baumeister war Giorgio Massari. Das prunkvolle Gebäude machte seit seiner Entstehung eine wechselhafte Geschichte durch. Unter anderem wurde es eine zeitlang zur Seidenraupenzucht genutzt, später dem Verfall preisgegeben und erst durch Privatinitiative Mitte des letzten Jahrhunderts wieder umfassend restauriert. Größter Schatz sind die reichhaltigen Fresken des großen venezianischen Rokokomalers Tiepolo im Inneren *(geöffnet Apr-Okt Di-So 9-13h und 15-18h, Erw. 2,10EUR, Senioren 1EUR, Kinder bis 10 kostenlos)*. Gegenüber gibt es ausreichend Parkmöglichkeiten [N 45°30'34" E 11°25'27"].

Da uns der Rückweg durch eine Einbahnregelung blockiert wird, fahren wir die Via Lovara noch ein Stück weiter, biegen dann bei nächster Gelegenheit rechts ein und am Kreisverkehr an der zweiten Ausfahrt Richtung VICENZA ab. An einer Ampel dann nochmals links auf die große Einfallstrecke (SS11). Je nachdem, was Sie in der Stadt vorhaben, sollten Sie jetzt Ihren Stellplatz aussuchen.

Zur Auswahl steht ein zentrumsnaher Großparkplatz mit eigenem Wohnmobilbereich, ein Campingplatz, der nicht allzu weit von der Innenstadt entfernt unmittelbar an der Autobahn liegt und eine kostenfreie Parkgelegenheit, etwas erhöht über der Stadt, am **Kloster Monte Berico**.

(203) WOMO-Stellplatz: Vicenza

GPS: N 45°32'35" E 11°33'32", Via Bassano, VICENZA
max. WOMOs: > 10 Plätze
Ausstattung/Lage: Ver-/Entsorgung, Mülltonnen, beleuchtet, nahe dem Stadion von Vicenza, bis ins historische Zentrum ungefähr 700m
Zufahrt: Fahren Sie auf der SS11 immer geradeaus stadteinwärts, bis Sie an einem Kreisverkehr (bei uns mit rotem Krokodil) abbiegen müssen (geradeaus gesperrt). Hier nach rechts in die Viale Milano einfahren. Angeschrieben ist auch die Tourist-Information. Nachdem Sie linkerhand eine Parkanlage passiert haben, folgen Sie nun dem mit einem Fußball gekennzeichneten Weg zum „Stadio". Hinter dem Stadion am Kreisverkehr links abbiegen und dann rechts in den Parkplatz einfahren. Die Wohnmobilplätze befinden sich ganz hinten auf der rechten Seite.
Parkgebühr: Ein Parkticket muss gelöst und vor der Ausfahrt am Automaten gezahlt werden. Bis zu 24h pauschal 8,40EUR für Womos.

(204) WOMO-Stellplatz: Santuario Monte Berico

GPS: N 45°32'09" E 11°32'41", Viale X Giugno, VICENZA
max. WOMOs: > 10 Plätze
Ausstattung/Lage: Toiletten, Wasser, Mülleimer, beleuchtet, oberhalb der Stadt vor dem Kloster Monte Berico, in die Altstadt ca. 1200m
Zufahrt: Fahren Sie auf der SS11 immer geradeaus stadteinwärts, bis Sie an einem Kreisverkehr (bei uns mit rotem Krokodil) abbiegen müssen (geradeaus gesperrt). Hier nach rechts in die Viale Milano einfahren. Angeschrieben ist auch die Tourist-Information. Nachdem Sie linkerhand eine Parkanlage passiert haben, folgen Sie nun den braunen Schildern zum **Santuario Monte Berico** den Hügel hinauf. Dafür müssen Sie einmal etwas kompliziert im Kreis fahren, dank ausreichender Markierung aber kein allzu großes Problem. Ganz oben am Hügel neben dem Kloster rechts zur Aussichtsterrasse. Hier dürfen Sie stehen.

Parkgebühr: kostenlos

(205) WOMO-Campingplatz-Tipp: Camping Vicenza

GPS: N 45°31'03" E 11°36'07", Strada della Pelosa, VICENZA
Ortszentrum: Ca. 7km von der Altstadt entfernt. Busverbindung ca. alle 20min.
Zeiten: Apr-Sep. **Ausstattung**: Ver-/Entsorgung, Strom, sanitäre Anlagen, Spielplatz, WLAN im zugehörigen Hotel, schattig. Nichts Besonderes und zeitweise etwas laut durch die nahe Autobahn, aber kein Platz sonst ist näher an der Stadt...
Zufahrt: Am einfachsten kommen Sie hierhin, wenn Sie an einem großen Kreisverkehr vor VICENZA nach rechts den Schildern zur „autostrada" und „tangenziale" folgen. Wenn sich der Weg teilt, bleiben Sie links weiter der „tangenziale" nach und nehmen am Kreisverkehr die 2. Ausfahrt Richtung „Vicenza Est". Nach einer Weile fahren Sie dann auch bei besagtem „Vicenca Est/uscita2" rechts ab, halten sich dann bis zum Kreisverkehr links nach PADOVA und im Kreisel an der 2. Ausfahrt rechts ab Richtung TORRI DI QUARTESOLO. Bei jeweils nächster Gelegenheit noch 2x rechts und dann, unmittelbar nach dem Viest Hotel rechts in die kleine Straße einfahren. Aus unerfindlichen Gründen ist die Zufahrt zum Platz erst hier unmissverständlich beschildert.

Blick auf Vicenza vom Monte Berico

Andrea Palladio

Der 1508 in PADUA geborene Architekt war ein echter Star seiner Zeit und auch heute noch allgegenwärtig in Venetien. Ursprünglich zum Steinmetz und Bildhauer ausgebildet, arbeitete er auch bis zu seinem 28. Lebensjahr ausschließlich in diesem Beruf. Dann lernte er den Philosophen Trissino kennen. Der förderte ihn und 1540 begann er als Architekt in VICENZA zu arbeiten. Einige heute noch existierende Villen stammen aus dieser Anfangszeit seines Schaffens. Sein erstes Prestigeprojekt zog er bei einer Ausschreibung 1549 an Land: den **Palazzo della Ragione** zu VICENZA, zu dem andere Schwergewichte seiner Zeit Pläne eingereicht hatten – er stach sie alle aus und bekam den Zuschlag. Schlagartig war er eine Berühmtheit geworden und viele Aufträge folgten. Auch aus VENEDIG kamen Aufträge. Seine Pläne zum Bau der Rialtobrücke und eines Neubaus des Dogenpalastes, der kurz zuvor durch Feuer teilweise zerstört worden war, fanden jedoch kein Gefallen. Mit den Kirchen **San Giorgio Maggiore** und **Il Redentore** setzte er sich dann aber auch noch bedeutende Denkmäler in der Lagunenstadt. Der letzte Großauftrag in VICENZA betraf das fantastische **Teatro Olimpico**, dessen Fertigstellung er jedoch nicht mehr erleben sollte. Er verstarb am 19. August 1580 im Alter von 71 Jahren in VICENZA. Das Theater wurde erst 4 Jahre später unter Leitung seines Sohnes Silla und seines Schülers, dem Architekten Scamozzi fertig gestellt und eingeweiht. Beeinflusst wurde er in seinem Schaffen Zeit seines Lebens unter anderem vom großen Michelangelo, doch fügte er den alten Lehren immer wieder neue, eigenständige Impulse hinzu, die seinen eigenen palladianischen Stil prägten. Auch in den späteren Jahrhunderten hatte sein Baustil immer wieder großen Einfluss wie zum Beispiel auf den Klassizismus in Europa und den Vereinigten Staaten.

Vicenza

Wir wollen unseren Rundgang durch die Altstadt im Nordosten an der **Piazza Matteotti** beginnen. Wenn Sie vom Parkplatz am Stadion kommen, nehmen Sie die Viale Stadio links davon nach Norden. Hier stoßen Sie auf die Viale Margherita, die am Ende der langen Treppe vom Klosterberg entspringt. Gemeinsam führen beide Wege dann links durch die Einbahnstraße Via San Pietro. Am Kreisverkehr gehen Sie dann über die Brücke und danach gleich links. Nach 1km bzw. 1,5km haben Sie die Altstadt erreicht. Am Platz befindet sich das Büro der Touristeninformationsstelle. Vor Ihnen beginnt der **Corso A. Palladio**, die Hauptstraße durch durchs Herzstück der Stadt. Rechts hinter einer Mauer verborgen, betreten Sie das **Teatro Olimpico**. Unbedingt einen Besuch wert, ist mit den in die Tiefe gehenden Kulissen und dem ansteigenden Besucherraum ein außergewöhnlicher Theaterbau gelungen. Auch der einfache Tagesbesuch dieses ältesten feststehenden, überdachten Theaters der Welt fängt die Atmosphäre schon gut ein. An Karten für eine der raren Abend-Vorstellungen zu gelangen, ist dagegen eher schwierig *(geöffnet Di-So 9-17h, Kombiticket incl. Museo Civico und Museo Naturralistico 8,50EUR, ermäßigt 6,50EUR)*. Auf der gegenüberliegenden Seite des Platzes steht ebenfalls ein Palladio-Bauwerk, der **Palazzo Chiericati**. Darin untergebracht ist das **Museo Civico** mit Gemälden und anderer, meist mittelalterlicher Kunst bedeutender lokaler und überregionaler Künstler. (*Preise/Öffnungszeiten wie Teatro Olimpico*). Wenn Sie keines von Palladios wichtigen Bauwerken verpassen wollen, können Sie ab hier auch den „Itinerario Palladio" begehen. Mit Schautafeln wird entlang dieses

Teatro Olimpico

Weges ausführlich auf alle seine Bauwerke am Wegesrand eingegangen.
Auf alle Fälle betreten wir nun das Zentrum über den Corso A. Palladio. Nach einem begrünten Grundstück rechts zweigt eine kleine Straße ab, die Sie zur **Kirche Santa Corona** bringt. Im Inneren finden Sie Werke von Bellini, Veronese und Palladio. Hier liegen auch die Gebeine des Baumeisters begraben. Direkt dahinter befindet sich das zur Museumskarte gehörende **Museo Naturalistico Archeologico** (*Preise/Öffnungszeiten wie Teatro Olimpico*). Am Corso zurück gehen wir rechts weiter. Wir passieren die **Palazzi Da Schio und Thiene.** Ein Stück voran können Sie rechts in den Corso Antonio Fogazzaro einbiegen, der Sie erst zum **Palazzo Valmarana** auf der rechten Seite bringt und im Anschluss weit hinaus bis zum nördlichen Stadttor. Wir gehen aber nur bis zum **San Lorenzo Konvent** mit großer Basilica und Kreuzgang daneben, drehen dann um und gehen auf dem Corso Palladio weiter. So gelangen wir zur **Piazza del Castello**. Als letzter Überrest der einstigen Scaligerburg, nach welcher der Platz benannt ist, steht nur noch ein Turm am westlichen Ende. An den Bauwerken mit Säulen am Platz hat wiederum Palladio seine Finger im Spiel gehabt. Über die südöstlich anschließende Contrà Vescovada kommen wir bald zum Dom **Santa Maria Maggiore** (am Platz daneben findet der Markt statt). Die riesige Kirche fällt innen ein wenig ab gegenüber anderen Bauten, die wir schon gesehen haben. Immerhin, die Kuppel ist von Palladio, doch selbst das vermag uns, bei so inflationärem Gebrauch seines Namens wie in VICENZA, nicht so recht zu begeistern. Doch das ändert sich umgehend, als wir ein Stück weiter auf den **Palazzo della Ragioni** treffen. Bevor wir ihn von vorne in voller Pracht bewundern wollen, drehen wir uns kurz nach rechts, um Palladio endlich einmal ins Ange-

Piazza del Castello

Palazzo della Ragione und Corso A. Palladio

Torre di Piazza

sicht zu schauen. Eine kleine Säule mit dem Abbild des Architekten ziert hier die **Piazetta Palladio**.
Die **Piazza dei Signori** dagegen nimmt uns durch ihre Größe und Erhabenheit gefangen. Einst waren es mehrere, kleine Plätze, auf denen Fisch, Brot und Kräuter streng voneinander getrennt gehandelt wurden. Im Lauf der Zeit wuchs alles zusammen. Noch heute schlagen morgens Markthändler hier ihre Zelte auf. Auch der Markuslöwe auf seiner Säule fehlt nicht. Der **Torre di Piazza** ist eines der ältesten Bauwerke am Platz und stand sogar schon lange vor dem Palast, an dessen Fassade er sich heute anlehnt. Wenn sie genug haben, kommen Sie am Ende des Platzes links zurück zum Corso Palladio und dann rechts zum Ausgangspunkt des Rundgangs. Oder wandeln Sie noch ein wenig durch die Gassen mit den vielen kleinen Geschäften. Viel Vergnügen dabei...

Villen und Kloster am Monte Berico

Haben Sie noch Muße für einen weiteren Rundgang? Dann verpassen Sie nicht das **Santuario Monte Berico** und die Villen an der Ostflanke des Hügels. Wer nicht am Kloster geparkt hat, nimmt vom Stadion aus erneut die Viale Stadio stadteinwärts, biegt aber diesmal links in die Viale Margherita ein. Am Kreisverkehr führt die große Treppe durch ein altes Stadttor über fast 200 Stufen nach oben. Nach einigen Metern stoßen Sie dann auf die Viale X Giunio mit langem Bogengang, der sich ab hier bis hoch zum Kloster seitlich entlang spannt. Nach gut 300 schweißtreibenden Metern haben Sie ihre Schuldigkeit erst einmal abgebüßt und dürfen die Wallfahrtskirche **Madonna di Monte Berico** guten Gewissens betreten. Verschiedene Künstler haben sich an dem Bau verewigt, unter anderen auch, wer sonst, Andrea Palladio. Erbaut wurde sie zum Gedenken an eine Errettung der Stadt nach einer Pestepedemie im 15. Jahrhundert. Gegenüber liegt die wundervolle Terrasse mit grandioser Fernsicht über die ganze Stadt VICENZA hinweg. Gehen Sie von hier ein Stück zurück bis zum Ende des Bogengangs, halten sich erneut rechts Richtung

Treppe und gehen nun aber ganz rechts, entlang der Mauer in die schmale Gasse weiter. Nach einem Stück Weg passieren Sie rechts eine weitere Mauer mit eigentümlichen, zwergenhaften Figuren – die **Villa Valmarana ai Nani**, erbaut im 17. Jahrhundert. Um den Namen „Villa der Zwerge" rankt sich eine Sage: einst lebte

Santuario Monte Berico

in der Villa angeblich eine junge Adelige, die kleinwüchsig war. Um ihrer geliebten Tochter die Schmach draußen in der Welt zu ersparen, umgab die Mutter sie ausschließlich mit anderen kleinwüchsigen Bediensteten und ließ um die Villa eine hohe Mauer ziehen. Dies ging jahrelang gut, bis ihre Tochter zu einer jungen Frau herangewachsen war und eines Tages aus einem der oberen Fenster des Hauses sah. Just in dem Moment ritt ein Prinz mit seinem Gefolge vorbei und dem Mädchen wurde die Täuschung bewusst. Sie stürzte sich daraufhin vom Turm der Villa und hauchte ihr Leben aus. Endgültig ins Reich der Märchen katapultiert sich die Geschichte aber nun: die kleinwüchsigen Bediensteten trauerten so sehr, dass sie erstarrten und seitdem auf der Mauer ihr steinernes Dasein fristen. Was gesicherte Fakten angeht, ist bekannt, dass die Villa mit Fresken Giambattista Tiepolos und seines Sohnes ausgemalt wurde. Mehrere Räume und der Garten sind zu besichtigen *(geöffnet Mär-Okt Di-So 10-12.00h und 15-18h, Nov-Jan Di-So 10-12.30h, Sa/So auch 14.30-16.30h, Erw. 9EUR, Kinder bis 12 kostenlos)*. Nur einen Steinwurf entfernt vom Eingang der **Villa Valmarana** befindet sich ein weiteres Mal ein Großwerk Palladios: die **Villa La Rotonda**. Sie gilt als Inbegriff seiner Baukunst und wurde erst nach seinem Tod durch seinen ehemaligen Schüler

VIlla Valmarana ai Nani

La Rotonda

Scamozzi, der schon das Teatro Olimpico fertig stellte, nach seinen Originalplänen erbaut *(Öffnungszeiten Park: Mitte Mär-Ende Nov Di-So 10-12h und 15-18h, Öffnungszeiten Villa nur Mi/Sa zur gleichen Zeit, Park: Erw 5EUR, komplett 10EUR)*. Für den Rückweg gehen Sie wieder bis zur Villa Valmarana aber halten sich nun rechts. Sie kommen so am Ende wieder zum Kreisverkehr mit den Treppen nach oben.

Nach Hektik in der Großstadt VICENZA ist uns nun wieder nach ein paar ruhigen und gemütlichen Kilometern. Kein entsprechender Ort ist näher und damit besser dafür geeignet, als die **Colli Berici**. Diese Hügellandschaft mitten in der flachen Ebene ist artverwandt mit den euganeischen Hügeln etwas weiter südwestlich (siehe Tour 1). Allerdings weit weniger touristisch erschlossen und mehr ein Wochenendziel der näheren Anwohner. Außerdem ist es ein honorables Weinanbaugebiet, nicht das erste und nicht das letzte auf unserer Reise, dafür so etwas wie ein Geheimtipp. In den Hügeln finden Sie immer wieder Möglichkeiten zum Verkosten oder Einkehren.

War Ihre Vicenza-Basis der Campingplatz, dann sind Sie schon so gut wie da. Überqueren Sie die Autobahn und halten Sie sich dann links Richtung „Riviera Berica“.

Kommen Sie aus der Stadt, fahren Sie am Kreisverkehr beim Stadion links und danach erneut links bzw. vom Klosterberg herunter und in Folge 2x rechts. Sie gelangen so auf die Strada della Riviera Berica.

Im Örtchen BUGANO treffen sich nun alle Wege wieder und nur wenig später lädt ein kleiner Abstecher rechts nach COSTOZZA ein. Malerisch am Rand der Hügel gelegen, gibt es hier trotz der geringen Größe eine beachtliche Anzahl schöner alter Villen und Bauwerke sowie lauschige Restaurants. Direkt vor dem Ortsschild fahren wir rechts ein und auf eine Kirche mit burgähnlichen Außenmauern zu. Sie können hier parken oder noch ein Stück nach rechts weiterfahren. Die Durchfahrt wird aber vielen verwehrt bleiben, da Sie auf max. 2,80m höhenbeschränkt ist. Ein größerer Parkplatz kommt aber noch nach der nächsten Kurve, vor der **Villa Schio**. Villa, Garten und in den Berg gebauter Weinkeller können zeitweise auch besichtigt werden. Die Zeiten sind am Eingang zum Park, links neben dem Restaurant, angeschlagen.

Custozza und die Vilal Schio

Entweder durchs Tor im Ort oder auf selbem Weg zurück bis zur Hauptstraße können Sie gleich ein Dorf weiter nach rechts erneut einen interessanten Abstecher machen. Fahren Sie nach LUMIGNANO und parken Sie Ihr Fahrzeug irgendwo im Ort. An der Dorfstraße bei [N 45°27'38" E 11°35'17"] führt gleich hinter der Kirche ein Weg den Hang hinauf zur **Eremo San Cassiano**. Halb in die Höhlen am Fels gebaut, klebt diese alte Einsiedelei förmlich unterhalb der Klippen; eine schöne Kurzwanderung von einfach ca. 30min *(Besichtigung nur jeden ersten Sonntag im Monat möglich)*.

Um nun aber endgültig in die Hügel hinein zu gelangen, nehmen Sie, erneut von der Hauptstraße in südlicher Richtung aus, etwas später den rechten Abzweig nach BARBARANO VICENTINA. Hinter dem Sportplatz linkerhand (kurz danach ausgeschildert) befindet sich eine Ver-/Entsorgungsmöglichkeit mit einigen Parkplätzen **[206: N 45°24'27" E 11°32'45"]**. Schöner stehen werden Sie aber, wenn auch ohne Einrichtungen, am nächsten Platz. Am Ende der Ortschaft geht es links Richtung ZOVENCEDO weiter. Vor einem verlassenen Weiler knicken wir dann rechts nach LAPIO ab und bleiben über die nächsten 7km immer auf dieser Stecke. Unterwegs ist dann auch schon der **Lago di Fimon** angeschlagen, genau dort wollen wir hin.

Der flache See liegt eingebettet in einer Talmulde und ist das einzige nennenswerte Gewässer im Umkreis. Es gibt eine kleine Bar, einen schönen Spazierweg ringsum und im Sommer kann man kleine Boote mieten. Ein schöner Stellplatz lädt zum Verweilen ein. Im See leben auch verschiedene Fischarten wie Karpfen, Barsche und Waller, auch Reiher und andere Vogelarten sind heimisch.

(207) WOMO-Stellplatz: Lago di Fimon

GPS: N 45°28'44" E 11°32'41", Via Lago di Fimon
max. WOMOs: > 10 Plätze
Ausstattung/Lage: keine Einrichtungen, durch Hecken zugewachsener, begrünter Parkplatz am Rande des Sees mit mehreren Parkharfen. Bar und Restaurant sind ca. 400m entfernt. Nachts sehr ruhig.
Zufahrt: Nach LAPIO rechts hinab beschildert zum LAGO DI FIMON fahren. Gleich vor Beginn des Sees links einbiegen, der Parkplatz kommt nach 120m
Parkgebühr: kostenlos

Vom See die Zufahrtsstraße zurück bleiben wir nun rechts gerichtet im Tal und lassen die Hügel, von denen wir kamen, links liegen. Über die Via Monticello fahren wir so bis ARCUGNANO.

(208) WOMO-Campingplatz-Tipp: Agriturismo Al Lago

GPS: N 45°29'04" E 11°32'28", Via Monticello, ARCUGNANO
Ortszentrum: Das Zentrum des kleinen Ortes ist ca. 1,3km entfernt, der Lago di Fimon knapp 1km
Zeiten: Mitte März bis Nov. **Ausstattung**: Wasser, Strom, Duschen, Toiletten, Pool
Zufahrt: An der Straße, die vom Lago di Fimon nach ARCUGNANO führt. Wenn die Straße einen Linksknick macht, stehen rechts ein paar Häuser. Die Campinggelegenheit ist nur auf einem kleinen Holzschild vermerkt.

Ein Stück weiter erreichen wir den Ortsteil ARCUGNANO-TORRI. Um wieder Spur durch die Hügel aufzunehmen, folgen wir erst dem Schild nach VICENZA zurück und dann an einem Kreisverkehr links nach ARCUGNANO. Bleiben Sie fürs erste auf dieser Straße und genießen Sie die Fahrt durch die Weinberge. Im Zweifelsfall fahren wir nun wieder Richtung ZOVENCEDO. Wenn Ihnen die Gegend gefällt und Sie, etwa zum Radfahren, noch länger hier bleiben möchten, statten Sie der Touristeninformation einen Besuch ab. Auch die ist an der nächsten Gabelung angeschrieben. Für die Hauptroute nehmen wir aber nach 2,2km rechts die Abfahrt nach SAN GOTTARDO. Kurz darauf ist links die Anhöhe hinauf ein Stellplatz und eine Ver-/Entsorgungsgelegenheit neben dem Sportplatz vermerkt **[209: N 45°27'07" E 11°29'34"]**. Etwas später kommt uns an einer Gabelung, die uns nach links weiterführt, auch noch ein Picknickplatz mit Brunnen gelegen [N 45°26'27" E 11°28'26"].

Steil bergab stoßen wir nur wenige Meter später auf einen größeren Fahrweg. Jetzt links weiter bis PEDERIVA, dort rechts ab Richtung MELEDO.

(210) WOMO-Stellplatz: Grancona

GPS: N 45°25'26" E 11°27'07", SP 109, GRANCONA

max. WOMOs: > 10 Plätze
Ausstattung/Lage: Ver-/Entsorgung, Strom, Picknickbänke, Mülltonnen, abgetrenntes Gelände gleich an der Nebenstraße. Hinauf nach GRANCONA sind es 150m
Zufahrt: An der Nebenstraße SP 109 die von PEDERIVA nach MELEDO führt. Kurz nach dem Örtchen GRANCONA
Parkgebühr: kostenlos

In MELEDO verlassen wir die Hügel und steuern rechts auf die größere Stadt LONIGO zu. Wir durchfahren sie immer geradeaus, passieren dabei rechts die große Kirche und biegen erst

ganz am Ende, an einem kleinen Kreisverkehr, halbrechts beschildert zur **Villa Pisani** ab. Genau dieser Name ist uns schon zuvor einmal untergekommen (siehe Tour 3), es handelt sich in der Tat um eine Namensgleichheit. Ein weiteres Mal ist Palladio der Baumeister des Herrenhauses. Übrig ist heute nur mehr der Haupttrakt, die Nebengebäude existieren nicht mehr. Sie finden die Villa im Vorort BAGNOLO, gleich rechts ab befindet sie sich direkt hinter einer kleinen Brücke. Der Parkplatz davor ist beschrankt und meist nur während der Betriebszeit zugänglich. Da Stellplätze sonst Mangelware sind, werden Sie möglicherweise nur schwerlich einen Blick erhaschen können *(zur Zeit nur mit Voranmeldung zu besichtigen., Tel 0444 831104).* Fahren Sie ruhig weiter auf dem Sträßchen, dann rechts nach SAN BONIFACIO und nach dem Queren der Autobahn, an einem Kreisverkehr mit Kapelle, erneut rechts nach SOAVE. Die Stadt heißt wie der bekannte Weißwein aus Italien, kein Wunder, er kommt aus der Umgebung. Von Kennern oft als Massenprodukt geschmäht, ist er besser als sein Ruf – vor Ort können Sie sich hier oder da davon überzeugen. Den „Centro"-Schildern nach kommen wir direkt an den von Stadtmauern umschlossenen Kern. Parken Sie am besten am Wohnmobilstellplatz, er befindet sich zentral direkt vor der Mauer.

(211) WOMO-Stellplatz: Soave

GPS: N 45°25'25" E 11°14'43", Via Mere, SOAVE
max. WOMOs: > 10 Plätze
Ausstattung/Lage: Ver-/Entsorgung, Strom, Mülltonnen, beleuchtet, direkt an der nordwestlichen Stadtmauer gelegen, 300m ins Zentrum
Zufahrt: Fahren Sie laut Routenbeschreibung bis an die Stadtmauer heran, dann links. Am Haupttor kurz danach wechseln Sie auf die linke Seite des Wassergrabens und bleiben immer entlang der Stadtmauer. Nach einem weiteren Portal kommt der Stellplatz ausgeschildert auf der linken Seite.
Parkgebühr: kostenlos

Soave

Mitten in den Weinbergen gelegen bietet SOAVE mit seinen trutzigen Wehrtürmen und zinnengesäumten Befestigungen ein Bild wie aus einer anderen Zeit. Vermutlich ist die Stadt langobardischen Ursprungs und gehörte später zum Einflussgebiet der Scaliger, von denen auch die alles überwachende Burg errichtet wurde. Wenn Sie durch das nächstgelegene Westtor eintreten, müssen Sie erst durch eine schmale Gasse und stehen dann am großen Corso V. Emanuele, einer der beiden parallel verlaufenden Hauptachsen durch die Stadt. SOAVE macht hier einen etwas verschlafenen Eindruck. Gehen Sie rechts bis zum mächtigen Hauptstadttor und dann die zweite, etwas lebendigere Via Roma zurück. Das kleine Hauptensemble liegt ungefähr in der Mitte an der **Piazza Antenna**. Links steht die Pfarrkirche, nicht unbedingt von herausragendem Interesse und geradeaus vor uns der mehr als 800 Jahre alte, arkadengesäumte **Palazzo Giustizia**. Rechts davon führt eine grobe Steinstraße hinauf zum Castello. Bevor wir nach links oben einbiegen, erreichen wir rechts noch eine weitere, alte Kirche aus dem 15. Jahrhundert.
Von Westen aus betreten wir das alte **Castello Scaligeri**, dass sich um

drei Höfe gruppiert. Einmal mehr wandeln wir dabei auf Ezzelinos Spuren. Die Veroneser Herrscherfamilie der Scaliger war lange Zeit Besitzer der Burg. Später dann war sie fortwährend in anderen Händen – die Herrscher von Mailand, Padua, Cambrai und Venedig gaben sich sprichwörtlich, jedoch meist nicht ganz freiwillig, die Klinke in die Hand. Auch die Germanen versuchten im 16. Jahrhundert ihr Glück, blieben aber erfolglos. Nicht viel später ging die Festung in private Hände über, ab nun kehrten ruhigere Zeiten ein, und blieben es bis heute. Einige Räume, wie Speisesaal und Rüstkammer sowie der Hauptturm, wurden inzwischen renoviert und können besichtigt werden. Besonders schön ist ein Gang entlang der Zinnen mit Aussicht weit ins Land hinein *(geöffnet Mai-Sep Di-So 9-12h und 15-18.30h, Okt-Dez und Mitte Feb-Apr Di-So 9-12h und 14-16h, Jan-Mitte Feb nur Sa/So 9-12h und 14-16h, Erw 6EUR, Kinder 4EUR).*

Tour 16: (210 km / 2-4 Tage)

Ilasi – Bolca – Giazza – Camposilvano
Sant Anna D´Alfredo – Ponte di Veja – Molina
San Giorgio – Verona

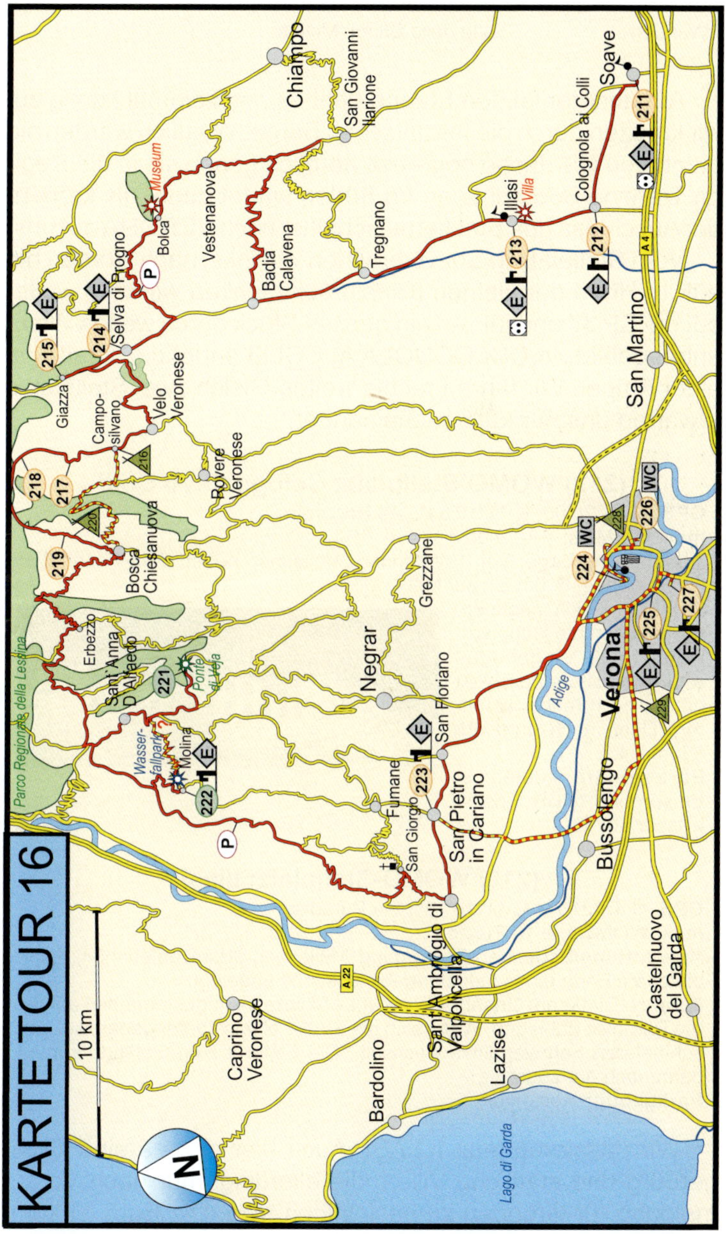

Stellplätze (gratis):	Colognola ai Colli, Illasi, Selva di Progno, Giazza, Camposilvano, San Giorgio, Branchetto, Ponte di Veja
Stellplätze (Gebühr):	Molina, San Pietro in Cariano, Verona
Campingplätze:	Campolsilvano, Branchetto, Verona
Besichtigen:	Bolca, Giazza, Sant Anna D`Alfredo, Ponte di Veja, Fumane, San Giorgio, Verona
Wandern:	Valle della Sfingi, Molina

Auf unserer letzten Etappe geht es noch einmal kurvig zu: wir kreuzen durch die lessinischen Berge. Westlich werden sie durch den Gardasee begrenzt, nördlich gehen sie in die Region Trentino/Südtirol über. Im Süden wartet dann, als krönender Abschluss des Steckenabschnitts, noch VERONA auf uns.

Vom Stellplatz in Soave brechen wir links, nach Norden hin auf. In Höhe der kleinen Kanalbrücke lenken wir links weiter auf die SP 37 und fahren ein ganzes Stück durch weites Weinanbaugebiet. In COLOGNOLA AI COLLI endet die Straße an einer Ampel. Wir fahren rechts weiter. Gleich zwei Stellplätze erwarten uns nur kurz nacheinander.

(212) WOMO-Stellplatz: Colognola Ai Colli

GPS: N 45°26'00" E 11°10'54", Via Nogarola
max. WOMOs: > 10 Plätze
Ausstattung/Lage: Ver-/Entsorgung, Mülleimer, neben dem Friedhof in Ortsrandlage, 500m bis zur Mitte
Zufahrt: Gleich nachdem wir rechts in die Hauptverkehrsstraße eingebogen sind, die nächst Möglichkeit erneut nach rechts abfahren. Dann nach ungefähr 350m links.
Parkgebühr: kostenlos, Entsorgung 1EUR, Frischwasser 10l/10ct

(213) WOMO-Stellplatz: Illasi

GPS: N 45°27'20" E 11°10'19", Via Paradiso
max. WOMOs: > 10 Plätze
Ausstattung/Lage: Ver-/Entsorgung, Mülleimer, Strom, beleuchtet, Spielplatz, am Ende eines Industriegebiets, schön angelegt.
Zufahrt: Direkt am Ortsanfang von ILLASI links ins Industriegebiet auf die Via Paradiso abbiegen. Wenn sich die Straße etwas später gabelt, auf den schmaleren Fahrweg links wechseln. Die Einfahrt zum Gelände kommt dann nach gut 200m.
Parkgebühr: kostenlos

Wir passieren jetzt ILLASI. Auch hier gibt es eine Skaligerburg und stattliche Villen, die allerdings nur nach Voranmeldung für Gruppen zu besichtigen sind. Die Burg ist komplett geschlossen. Wenn Sie aber einen Blick auf alles werfen wollen: Nach der Shell-Tankstelle linkerhand, biegen wir die nächste Straße, Via Rimembranza, rechts ein. Kurz danach, auf der linken Seite, erscheint die Fassade der **Villa Pompei Carlotti** aus dem 17. Jahrhundert.

Wir halten direkt auf die Kirche zu (Freitag ist hier Markt) und bleiben links davon. Am Hügel erblicken wir die alte Burgruine. Der Weg nach oben lohnt wenn nur der Aussicht wegen, das Burg-Gelände ist abgesperrt. Fahren Sie ein kurzes Stück zurück (neben der Kirche ist genug Platz zum Wenden) und nach der Villa rechts. Am Ende der Straße stehen Sie vor dem zweiten Herrenhaus, der **Villa Sagramoso Perez Pompei**. Auch hier müssen Sie sich mit dem Blick durchs Tor begnügen – für weniger als 10 Personen wird nicht geöffnet... Sie müssen ein Stück zurück, dann 2x rechts und sind somit schon wieder auf Kurs. Uns bleibt als Fazit nur der Gedanke: Schade, dass ILLASI seine Sehenswürdigkeiten so wegsperrt...'

Über TREGNANO gelangen wir nach BADIA CALAVENA. Haben Sie Lust auf Fossilien? Hoffentlich, denn gleich drei große Fundstellen mit entsprechenden Museen liegen auf unserer Route. Zuerst machen Sie nun mit uns einen Abstecher in die Berge rechts der Straße. Gleich bei den ersten Häusern ist VESTENANOVA auf einem Schild notiert, hier werden wir weiter fahren. Die kleine SP36 windet sich zu Beginn ordentlich nach oben, flacht aber bald darauf ab und lässt sich so ganz gemütlich befahren. In VESTENANVOA ist dann auch schon BOLCA angeschrieben. Achtung: Auf diesem Stück Weg können einem beachtliche Schlaglöcher das Leben schwer machen. Der kleine Ort irgendwo im Nirgendwo ist so etwas wie das italienische Fossilienmekka. Am nahen **Monte Bolca** (aufgrund der vielen Funde versteinerter Fische auch Monte Pescaria genannt) wurden so viele davon gefunden wie sonst nirgends im Land. Grund dafür ist eine zweifache Aufwerfung der Alpen, die hier vor vierzig und ein zweites Mal vor rund vierundzwanzig Millionen Jahren auftrat. In der dadurch gut er-

Turmhäuschen in den Monti Lessini

reichbaren, rund 20m dicken Kalkschicht am Berg, haben sich erstaunlich gute Abdrücke erhalten, die nicht nur innere Organe, sondern teilweise sogar die Farben der Tiere konserviert haben. Gleich am Ortsanfang auf der rechten Seite liegt das kleine **Museo dei Fossili di Bolca** etwas erhöht von der Durchfahrtsstraße. Parken Sie am Besten gegenüber nach den Tennisplätzen [N 45°35'36" E 11°12'35"]. Von der Aufmachung dürfen Sie sich nicht allzu viel erwarten. Die wirkt äußerst angestaubt. Die Fundstücke selbst sind aber etwas ganz Besonderes. Ganze Krokodile und urzeitliche Haie, die hier einst durch eine tropische Lagune schwammen, haben ihre Spuren hinterlassen. Schade ist dagegen wieder, dass die meisten Info-Texte, abgesehen von Überschriften, nur auf italienisch vorhanden sind. Sprachkenntnisse sind also definitiv von Vorteil. Neben dem Museum können Sie noch eine paläontologische Wanderung zu einem Fundort in einer Grotte starten. Wenn Sie unter der Woche kommen, haben Sie vielleicht das Glück unterwegs auf eine Schulklasse zu treffen und können dann den Paläontologen bei der Arbeit über die Schulter schauen, das ist sonst nur nach Voranmeldung für Gruppen möglich *(geöffnet Mär-Okt Di-So 9-12h und 14-18.30h, Nov-Feb Di-So 9-12h und 14-17h, Erw 4,00EUR, incl. Grotte 5EUR, Kinder 7-12 2,50EUR).*

Wir setzen unsere Tour durch die lessinischen Berge fort und fahren im nächsten Ort SAN BORTOLO auf der nach unten führenden Gabel Richtung GIAZZA weiter. Bei [N 45°36'35"

E 11°10'41"] liegt ein Picknickplatz samt Wasser und Grillgelegenheit am Wegesrand. Zurück an der größeren SP10 finden wir Stellplätze in SELVA DI PROGNO und GIAZZA. Unterwegs gibt es immer wieder einladende Picknickgelegenheiten.

(214) WOMO-Stellplatz: Selva di Progno

GPS: N 45°36'49" E 11°08'17", Via Trento (SP 10)

max. WOMOs: 6 Plätze
Ausstattung/Lage: Ver-/Entsorgung, Mülleimer, beleuchtet, Picknickplätze, eingezäuntes Areal links der Straße angeschrieben. Unweit des Ortskerns.
Zufahrt: Am Ende der Ortsdurchfahrt von SELVA DI PROGNO links per Schild markiert.
Parkgebühr: kostenlos

(215) WOMO-Stellplatz: Giazza

GPS: N 45°39'15" E 11°07'30", SP 10 **max. WOMOs**: 6-8 Plätze
Ausstattung/Lage: Ver-/Entsorgung angeschrieben, bei unserem Besuch aber noch nicht fertig gestellt. Sonst keine Einrichtungen. Kleiner Schotterplatz abgetrennt neben der Straße. 100m weiter rechts am Bach gibt es einen fußläufig erreichbaren, schönen Picknickplatz ohne Parkmöglichkeit. Nach unten in den Ort hinein sind es ca. 200m.
Zufahrt: Die SP 10 immer geradeaus bis fast ans Ende, dort auf der linken Seite.
Parkgebühr: kostenlos

Die letzte Gemeinde im Illasi-Tal ist das abgelegene, zimbrische Dorf Ljetzan oder, auf italienisch, GIAZZA. Die Weiterfahrt in die Berge gelingt nur auf einem einzigen schmalen Sträßchen, ansonsten ist hier Ende. Die ursprüngliche zimbrische Sprache, ein altbayerischer Dialekt, im Lauf der Zeit mit italienischen Begriffen angereichert, sprechen nur noch wenige Menschen – bei gerade mal rund 100 festen Einwohnern im Dorf sind das gerade noch eine Handvoll. Um den Ort herum kann man einige stille Wanderwege begehen, oder schlendern Sie doch etwas durch die Gassen.

Ungefähr 4km zurück müssen wir nun wieder, bis wir rechts spitz nach BOSCO CHIESANUOVA lenken können. Auch unser nächster Stopp, das **Museo Paleontologico** mit Grotte in CAMPOSILVANO ist hier bereits ausgeschildert. Durch die stille, abgelegene Landschaft geht es kurz vor dem Ort rechts ab zum Museum. Auch einen Parkplatz gibt es hier, vis-a-vis ein Gelände mit Dauercampern. Im Winter ist hier deutlich mehr los, denn dann locken nahe Skipisten in den **Parco Regionale delle Lessini** [N 45°37'30" E 11°05'31"].

Auch hier sind ähnliche Fundstücke wie in BOLCA ausgestellt, ob Sie die noch sehen sollten, hängt von Ihrem Interesse am Thema ab *(geöffnet Mitte Mai-Mitte Sep 9.30-12.30h und 15.30-18.30h, Winter 10.30-12h und 14-16h, Erw 2,50EUR)*.

Um CAMPOSILVANO herum liegen einige interessante Naturphänomene, wie Höhlen und das **Valle delle Sfingi**, das Sphinx-Tal. Den Namen hat es von Kalksteinmonolithen, die durch Erosion und Zerfall aus dem Rest der Landschaft gelöst wurden und nun, wild zerstreut, in bizarren Formen herumstehen. Gleich neben dem Museum führt ein markierter Pfad einige hundert Meter dorthin. Vorbei an einer Höhle und durch ein kleines Wäldchen, stoßen Sie so auf die „Sphinxsteine".

An der nächsten Gabelung können Sie rechts den ganzjährig geöffneten Campingplatz von CAMPOSILVANO erreichen **[216: N 45°37'43" E 11°05'17"]** und noch ein Stück in den Naturpark hinein fahren**.** Die Straße verläuft in einem Halbrund und stößt, etwas nördlich von BOSCO CHIESANUOVO, wieder mit der alternativen Abkürzung zusammen: Wenn Sie links auf der Hauptstraße bleiben, fahren Sie ebenso bis BOSCO

Nur einer von vielen: Steinmonolith im Sphinxtal

und dann nach Norden in Richtung ERBEZZO.

Stellplätze entlang der längeren, fast gänzlich unbebauten Schleife durch den Naturpark finden Sie an den Liftanlagen nördlich von CAMPOSILVANO **[217: N 45°38'44" E 11°05'33"]** (schöner, offizieller Platz), am Skispot SAN GIORGIO **[218: N 45°41'10" E 11°04'55"]** (großes, schlichtes Parkareal mit Erdboden neben der Straße), neben der ehemaligen Schule von BRANCHETTO **[219: N 45°40'37" E 11°03'48"]** (einfache Stellfläche), oder, 200m weiter links, das ganz ansprechende Campinggelände von BRANCHETTO **[220: N 45°40'27" E 11°03'51"]**. Wenn sich etwas später die Straße teilt und wir auch hier rechts nach ERBEZZO fahren können, sind alle wieder auf Kurs. Gleich darauf können Sie noch einen Schlenker nach links ins Zentrum des etwas größeren Ortes BOSCO CHIESANUOVA machen. Achtung, die darauffolgende Ortsdurchfahrt ist extrem eng. Wenn sie den Halt auslassen, fahren Sie mit uns gleich nach rechts weiter. Auf den nächsten Kilometern durch die zerklüftete Landschaft erwarten uns vor allem Kurven... ERBEZZO lassen wir links liegen und folgen dann den Schildern nach SANT`ANNA D`ALFAEDO. Hier steht, angeschrieben in der Ortsmitte und etwas erhöht am Ende einer Piazza, das dritte angekündigte, paläontologische Museum. Im vergleichsweise modernsten Gewand werden auch hier Fossilien, Werkzeuge und andere frühgeschichtliche Fundstücke aus der Gegend gezeigt, auch Informationsangebote zu Ausflü-

Venezianer mögen es bunt: qietschgrelle Häuser sieht man überall am Wegesrand

gen in die Region liegen bereit *(geöffnet Jul-Sep Do-So 9.30-12.30h und 15.30-18.30h, Apr-Jun kürzer, restl. Jahr nur für Gruppen nach Voranmeldung, Erw 3EUR, Senioren und Kinder von 6-12 2EUR)*. Etwas südlich von SANT`ANNA befindet sich

noch ein besonderes Stück Natur. Wasser und Erosion haben hier einen riesigen Felsbogen aus dem Berg gewaschen. Seit frühester, prähistorischer Besiedlungszeit haben Menschen diesen natürlichen Schutz samt der daneben liegenden Höhle als Siedlungsgebiet auserkoren. Diese Sehenswürdigkeit wollen auch wir uns nicht entgehen lassen und fahren zu dem mit 50m Spannweite größten natürlichen Steinbogen in ganz Europa. Ein paar Kilometer südlich ist nach links der Ort

GIARE angeschlagen und gleich darunter, mit einem gelben Schild, die **Ponte di Veja** – unser Torbogen. Auf einer schmalen Nebenstraße erreichen wir in absehbarer Entfernung einen großen Parkplatz mit Panzer (!) gleich neben einer Trattoria.

(221) WOMO-Wanderparkplatz: Ponte di Veja

GPS: N 45°36'25" E 10°58'12", Ponte di Veja
max. WOMOs: >10 Plätze
Ausstattung/Lage: Wasser, Mülltonnen, gegenüber einer Trattoria und unweit des Steinbogens Ponte di Veja, leider komplett schattenlos.
Zufahrt: Südlich von SANT`ANNA auf der SP12 immer geradeaus bis links die Ponte di Veja angeschrieben steht. Noch etwa 2,5km, dann auf der rechten Seite.
Parkgebühr: Kostenlos, Konsumation in der Trattoria ist zwar nicht Pflicht, wird aber gerne gesehen.

Neben der Trattoria führt ein kurzer Weg nach unten in eine Schlucht. Auch eine Hütte, wie sie die frühen Siedler nutzten, wurde aufgestellt. Am Ende des Weges stehen Sie dann unter dem beeindruckend großen Bogen. Die Höhle daneben ist aufgrund der immer noch stattfindenden paläontologischen Untersuchungen abgesperrt.

Wie die frühen Siedler: Hütte an der Ponte Veja

Gleich im nächsten Tal wartet eine weitere naturgegebene Besonderheit: Bei MOLINA entspringt eine Vielzahl von Quellen. Im urwaldähnlich grünen Canyon neben dem Ort gibt es daher eine besonders große Menge an Wasserfällen und Flussläufen, die schon vor Jahren voll erschlossen wurden. Fahren Sie vom Steinbogen die kleine Straße zurück, dann wieder Richtung SANT`ANNA. Etwa auf halbem Weg zweigt links eine Straße spitz nach MOLINA ab und dann im nächsten Dorf, SPIAZZO, nach rechts. Achtung: diese Wegvariante ist ab SPIAZZO extrem schmal und Sie kommen mitten im kleinen Bergdorf MOLINA heraus. Größere Wohnmobile sollten daher besser nicht dem Schild folgen, sondern die paar Kilometer zurück bis hinter SANT`ANNA in Kauf nehmen und erst in FOSSE, nach einem roten Haus, links, Richtung FUMANE abbiegen. Passen Sie hier besonders auf, das Schild ist nur von der anderen Seite lesbar. Nach dem Ortschild von BRE-ONIO führt dann links die ersehnte Abzweigung bis MOLINA. Gleich am Anfang des kleinen Dorfs finden Sie große Parkplatzflächen beidseits der Straße. Wenn Sie hier übernachten wollen ist das auch möglich, ein extra Stellplatz wurde zu diesem Zweck angelegt.

(222) WOMO-Wanderparkplatz: Molina

GPS: N 45°36'47" E 10°54'30", Via Gorgusello di Sotto 15, MOLINA
max. WOMOs: >10 Plätze
Ausstattung/Lage: Ver-/Entsorgung, schön parzellierte Plätze im Grünen auf einem abgesperrten Teil des Parkplatzes, Picknickplätze, nachts sehr ruhig, 350m bis ins Dorf
Zufahrt: Wie im Tourtext beschrieben, hinter dem Parkplatz links der Straße gelegen
Parkgebühr: 5EUR/24h

Parco delle Cascate

Um in den Wasserfallpark **Parco delle Cascate** zu kommen, gehen Sie ein Stück die Straße hinab und dann links ins Dorfzentrum. Der Weg ist hier angeschrieben. Seine Lage am Grund der Schlucht macht einen längeren Abstieg notwendig, der gerade im Hochsommer zwangsweise auch wieder in einem recht schweißtreibenden Aufstieg resultiert. Da kommt die Erfrischung unten im Park gerade recht. Am Eingang des Geländes sind drei Routen markiert (Grün 30min, Rot 60min. Schwarz 90-120min) die Sie je nach Zeit, Lust und Kondition in Angriff nehmen können. Die schön angelegten Wege führen vorbei an Wasserfällen, Bächen, Gumpen und Höhlen, ein kleines Museum ist neben der Snackbar am Eingang eingerichtet. Verschiedene Picknickgelegenheiten gibt es außerdem. Highlights die auch Kinder von der Wanderung überzeugen werden, sind das Flying Wire, eine Rutschpartie entlang eines langen Metallkabels das über einen Teich gespannt ist und die Riesenschaukel vor einem Wasserfall *(geöffnet Apr-Sep 9-19.30h, Mär/Okt So/Feiertags 10-18h, Erw 5EUR, Senioren 4,50EUR, Kinder von 6-11 3EUR).*

Ein kleines Stück zurück bis BREONIO und dann, zurück an der größeren Straße vom Hinweg, biegen wir diesmal nach links ein. So kommen wir langsam aber sicher wieder in stärker bevölkerte Gefilde. An der SP 33 folgen ab [N 45°35'28" E 10°53'04"] gleich vier schöne Picknickplätze kurz nacheinander. Alle sind mit Grillgelegenheiten ausgerüstet. Direkt nach dem Ortsschild von CAVALO steuern wir rechts beschildert auf SANT AMBROGLIO zu. Das letzte große Weinbaugebiet unserer Reise erwartet uns hier: **Valpolicella**. Zunächst ändert sich landschaftsmäßig noch nicht viel, doch sobald wir über den Kamm des Hügels kommen, öffnet sich das Land nach Westen und gibt den Blick auf die große Ebene, bis hinüber zum nahen **Gardasee,** frei. Nach links folgen wir einem Sträßchen den Hang hinauf nach SAN GIORGIO und fahren einmal mehr durch weites Weinland. Gleich am Fuße der Altstadt finden Sie links und rechts der Straße Parkmöglichkeiten. Sparen Sie sich den Versuch hinauf zu fahren – es wird unangenehm eng. Nirgends sonst hat man einen so schönen Blick nach unten wie von SAN GIORGIO aus. Die engen Gassen des kleinen Bergdorfes haben einen besonderen Charme und ganz

San Giorgio

oben wartet eine uralte, romanische Kirche samt Klosteranlage auf Ihren Besuch. Teile der Anlage sind bereits 1200 Jahre alt. Der langobardische Kelch am Altar datiert sogar noch weiter zurück. Wenn Sie Ihr Fahrzeug wieder erreicht haben, fahren Sie weiter den Hang hinab bis SANT`AMBROGIO. Im Ort, direkt nach dem Kirchturm links und am Kreisverkehr erneut links nach SAN PIETRO IN CARIANO weiterfahren.

(223) WOMO-Stellplatz: San Pietro in Cariano

GPS: N 45°30'56" E 10°53'29", Via Fontego, SAN PIETRO I.C.
max. WOMOs: >10 Plätze
Ausstattung/Lage: Ver-/Entsorgung, beleuchtet, asphaltierter Platz am Industriegebiet in Ortsrandlage, zugangsbeschrankt und videoüberwacht. Vielleicht interessant für Sie: ca. 600m zurück liegt nordöstlich der Durchgangsstraße ein größerer Gewerbehof mit Do-it-yourself-Waschsalon.

Zufahrt: Durchfahren Sie SAN PIETRO ganz. Am Ende des Ortes erreichen Sie einen großen Kreisverkehr. Hier nehmen Sie die erste Ausfahrt. Nach gut 150m auf der rechten Seite.
Parkgebühr: Bei Einfahrt müssen Sie an einem Automat mit Kreditkarte zahlen. Ein Zugang mit Münzgeld ist bisher nicht möglich. 7EUR/24h

Langsam aber sicher kommen wir VERONA näher. Auch ohne die entsprechenden Hinweisschilder hätten wir es schon am Verkehr gemerkt... Über SAN FLORIANO und ARBIZZANO SANTA MARIA (im Kreisverkehr die 2. Ausfahrt nehmen), düsen wir auf die Metropole zu. Als Ausgangspunkt für eine abschließende Stadtbesichtigung bieten sich mehrere Möglichkeiten an. VERONA hat ein Herz für Wohnmobilfahrer und bietet gleich ganze fünf kommode, zentrumsnahe Stellplatzmöglichkeiten.

Und wenn Sie nach der Besichtigungstour immer noch nicht Heim müssen, machen Sie doch noch Zwischenstation am **Gardasee**. Mit ein paar faulen Tagen im Südwesten bleiben Sie sogar der Region treu – denn die Ecke LACISE bis MALCESINE gehört zum Veneto (*mehr Infos im Band 42 der Womo-Reihe: Mit dem Wohnmobil durchs Trentino/Gardasee)*! Nun aber schon mal gute Heim-/Weiterreise, schön war`s mit Ihnen, auf Wiedersehen!

Auf geht`s nach Hause!
Bis zum nächsten Mal, Bella Italia!

(224) WOMO-Stellplatz: Verona 1

GPS: N 45°26'33" E 10°59'17", Parcheggio Arsenale, Piazza Arsenale
max. WOMOs: >10 Plätze

Ausstattung/Lage: Bewachter und beleuchteter Parkplatz mit extra eingerichtetem Teil für Camper direkt am historischem Zentrum, beleuchtet, zugangsbeschrankt, Mülleimer, weiter vorne am Platz Toiletten.
Zufahrt: Dieser Platz ist von unserer Route aus am einfachsten zu erreichen. Einfach immer geradeaus in die Stadt einfahren. Ca. 2,5km nachdem Sie durchgehend bebautes Gebiet erreicht haben, ist nach rechts der Parkplatz „Arsenale“ angeschrieben. Folgen Sie den Schildern dann immer geradeaus (für eine Tagesstippvisite finden Sie mit etwas Glück auch einen Parkplatz außerhalb hier irgendwo am Fluss) und biegen Sie dann, nach dem kleinen Park, bei der ersten Möglichkeit rechts in die Piazza Arsenale ein. Der Stellplatz liegt ganz hinten links nach der Schranke.
Parkgebühr: 1,50EUR/1h, 6,50EUR/12h, 15EUR/24h

(225) WOMO-Stellplatz: Verona 2

GPS: N 45°26'04" E 10°58'40", Via Luigi Piccoli
max. WOMOs: >10 Plätze
Ausstattung/Lage: Ver-/Entsorgung, beleuchtet, asphaltierter Platz ca. 500m von der Altstadt entfernt, zugangsbeschränkt und videoüberwacht.
Zufahrt: Gleich nach dem Ortsschild VERONA biegen Sie rechts ab, dem„tutte le direzione“ Hinweis nach. Immer geradeaus, bis die linke Spur in einer Unterführung verschwindet, hier bleiben Sie auf der rechten Spur nach „S.Lucia“. Direkt vor dem folgenden Kreisverkehr schon beschildert rechts abfahren, dann nach 50m auf der linken Seite.

Parkgebühr: 5EUR/max.4h, 10EUR/24h, bezahlt wird per Kreditkarte oder mit Münzen am Automat.

(226) WOMO-Stellplatz: Verona 3

GPS: N 45°26'09" E 11°00'16", Viale Universitá
max. WOMOs: >10 Plätze
Ausstattung/Lage: Parkplatz Passal Acqua hinter der Universität, Toiletten, beleuchtet, zugangsbeschränkt. Ca. 600m in die Altstadt.
Zufahrt: Von unserer Einfallstraße aus immer geradeaus fahren, erst durch den Ort dann immer direkt am Fluss entlang. Wenn unsere Straße an einem kleinen Denkmal mit Büste mit einer spitz von links kommenden Straße zusammenläuft, biegen wir an der Kreuzung vor uns (mit Brücke rechts) nach links ab und an einem Zebrastreifen mit Warnlicht (vor einer ockergelben Kirche) nach rechts in die Via Artigliere. Nach 250m links.
Parkgebühr: Parkautomat, 5EUR/24h

(227) WOMO-Stellplatz: Verona 4

GPS: N 45°25'16" E 10°58'31", Via G. Murari Bra 47
max. WOMOs: >10 Plätze
Ausstattung/Lage: Ver-/Entsorgung, beleuchtet, asphaltierter Platz ein Stück weiter außerhalb im Süden Nähe Messegelände. Ca. 1,6km in die Altstadt.
Zufahrt: Gleich nach dem Ortsschild VERONA biegen Sie rechts ab, dem„tutte le direzione" Hinweis nach. Immer geradeaus, wenn die linke Spur in einer Unterführung verschwindet dieser folgen in Richtung MODENA. Am Ende der Unterführung sofort auf die rechte, äußere Spur, weiter nach MODENA wechseln und durch eine Eisenbahnunterführung fahren. Auf den äußersten rechten Spuren Richtung MANTOVA weiterfahren, rechts abbiegen. An der Ampel nach der Q8 Tankstelle nach halb links abbiegen und bei der nächsten Ampel rechts in die Zielstraße. Nach gut 50m rechts.
Parkgebühr: Wechselnd. Das Gelände ist nicht durchgängig geöffnet, sondern nur während Messen und in der Hochsaison von Juni-September.

(228) WOMO-Campingplatz-Tipp: Castel San Pietro

GPS: N 45°27'02" E 11°00'16", Via Castello 2
Ortszentrum: unmittelbar nördlich der Altstadt am alten österreichischen Kastell.
Zeiten: Mai-Sep **Ausstattung**: Ver-/Entsorgung, sanitäre Anlagen, Spielplatz, Picknickbänke, Waschmaschinen
Zufahrt: Auf der Einfallstraße immer geradeaus. An einer Kreuzung kurz nach einer Agip Tankstelle ist nach links dann das „Santuario N.S. Lourdes" auf einem braunen Schild angeschrieben, hier abbiegen und erneut für längere Zeit auf der Straße bleiben, die nach einer Weile in die Via Castello übergeht. Immer nach oben Richtung Burg weiterfahren, bis rechts ein kleines Schild den Eingang zum Campingplatz signalisiert.

(229) WOMO-Campingplatz-Tipp: Agricampeggio C. Finiletto

GPS: N 45°26'47" E 10°55'09", Strada Bresciana
Ortszentrum: Kleiner, familiärer Platz, ca. 6km von der Altstadt entfernt. Ideal wenn Sie in der Großstadt einen Campingplatz dem Stellplatz vorziehen und Fahrräder dabei haben. An der Strada Bresciana fährt aber auch ein Bus. Nicht ganz leise, da nah an einer Hauptverkehrsstraße gelegen.
Zeiten: ganzjährig **Ausstattung**: Ver-/Entsorgung, Strom, sanitäre Anlagen, Spielplatz, Picknickbänke

Zufahrt: Am Besten zu erreichen, wenn Sie bereits am Kreisverkehr kurz vor SAN PIETRO IN CARIANO die erste Ausfahrt Richtung „autostrada" nehmen. Dann ca. 7km geradeaus und erst kurz vor der Autobahn direkt nach einer Unterführung rechts weg Richtung VERONA fahren. Nach guten 2km auf der rechten Seite.

Verona

Wenn es eine Stadt in der Region gibt, die es zumindest ansatzweise mit VENEDIG aufnehmen kann, so kann das nur VERONA sein. Kultur und Konsum geben sich ein Stelldichein und tatsächlich kann man beidem ausgiebig frönen. Worauf Ihr Hauptaugenmerk liegt, dürfen Sie selbst entscheiden. Die Geschichte der Stadt verlief weniger unstet, als die vieler kleinerer, die wir im Laufe unserer Reise besucht haben. Als römische Provinzhauptstadt war VERONA schon zu Beginn unserer Zeitrechnung

ein relatives Schwergewicht. Später gaben sich Goten und Langobarden die Ehre und für ein paar hundert Jahre gehörte VERONA gar zum heiligen römischen Reich deutscher Nation. Zu endgültigem Glanz verhalfen der Stadt dann die Skaliger, denen wir auch schon einige Male begegnet sind. Ab dem 15. Jahrhundert erging es VERONA wie dem Rest des südöstlichen Voralpenlandes: Venezianer, Franzosen und Österreicher kamen und blieben teilweise auch für lange Zeit bis schlussendlich das Königreich Italien entstand und VERONA aufnahm.

Doch nun zum Sightseeing und eine Information vorweg: Sie können bei den Eintrittspreisen sparen, wenn Sie sich eine Verona-Card zulegen, erhältlich in allen Museen und anderen angeschlossenen Sehenswürdigkeiten. Sie kostet 10EUR für einen Tag und berechtigt auch zur Benutzung öffentlicher Verkehrsmittel. Ein Kirchensammelticket für 5 EUR gibt es ebenfalls. Unseren Rundgang starten wir nun am besten dort wo jeder früher oder später vorbei kommt: an der **Piazza Bra**, gleich neben der **Arena di Verona**. Der Platz wird nach Süden vom schönen **Portoni della Bra** abgeschlossen und ist Dreh- und Angelpunkt für die meisten Touristen, doch auch die Einheimischen wissen „den Bra" zu schätzen. Ringsum finden sich viele Cafes und der Liston, die „Meile" dient gegen Abend zum Schaulauf der Eitelkeiten. Die Arena wirkt recht niedrig. Grund ist, dass sie ein Stück unterhalb des heutigen Niveaus des Platzes beginnt und somit ein wenig versunken erscheint – genau genommen ist sie das ja auch. Seit 1913 finden hier Opernfestspiele statt und lassen die Arena so all-

Castello und Ponte Scaligero

Piazza Bra

jährlich zum Hauptschauplatz der Stadt werden. Erste Aufführung war Aida – am 10. August zu Verdis 100. Geburtstag. 20.000 Menschen finden im Inneren Platz und ein Blick hinein lohnt auch unter Tage. Wenn Sie Tickets für eine Aufführung ergattern können, ist das natürlich die Krönung eines VERONA-Besuchs *(geöffnet Di-So 8-19h, Mo 13.45-19.30h, bei Aufführungen 8,15-15.30h, Erw 3,10EUR, Kinder von 7-14 1EUR)*. Bevor wir uns ins Herz der Altstadt begeben (nördlich von hier in einer Schleife gelegen, die der Fluss Adige um das Zentrum zieht), gehen wir nach Westen durch die Via Roma auf das alte Skaligerkastell zu. Die Burg wurde von der großen Herrscherfamilie zu einer Zeit in Auftrag gegeben, als neben der äußeren auch die innere Sicherheit gefährdet war, denn das Herrscherregime war alles andere als unumstritten. So wirkt die Burg von allen Seiten gleich wehrhaft und die **Ponte Scaligero** war wohl mehr Fluchtweg als geschützte Einfallbrücke gegen Fremde. Von der Brücke hat man auch einen recht schönen Blick auf die Stadt, im Kastell ist das **Museo di Castelvecchio** untergebracht, dass neben seiner Gemäldesammlung auch einen Blick in die Räumlichkeiten der Festung gestattet *(geöffnet Di-So 8-30-19.30h, Mo 14.30-19.30h, Erw 6EUR, Kinder 6-13 1EUR, Jugendliche 4,50EUR, Senioren gratis)*. Wenn Sie sich für Kirchenkunst interessieren, lohnt noch ein Abstecher nach Nordwesten, erst immer am Fluss entlang und dann links zur Kirche **San Zeno Maggiore.** Angeschlossen ist eine Benediktinerab-

Piazza Erbe

tei. Der Schutzheilige der Stadt, San Zeno eben, ruht in einem Sarg in der Krypta*(geöffnet 9-18h, So 13-18h, Winter kürzer, 2,50EUR)*
Zurück an der Burg gehen wir nun nordöstlich den Corso Cavour entlang bis zur **Porta di Borsari**, einem 2000 Jahre alten Stadttor. Schräg rechts zurück durch die Via Oberdan, kommen wir erneut zur Arena, biegen dann aber gleich wieder links in die schmale **Via Mazzini**, die noble erste Adresse der Stadt mit Boutiquen und anderen Geschäften, großteils für dickere Geldbeutel gedacht. Schauen Sie auch ruhig in die Gassen nach links und rechts, es muss ja nicht immer nur Geschichte sein,

Skaligergräber

die Sie erleben dürfen. Am Ende links stoßen wir auf den zweiten großen Prachtplatz VERONAS mit der größten Dichte an „Must see“ Bauwerken, den Platz der Kräuter, die **Piazza Erbe**. Bis heute stehen hier Buden die allerlei Waren feilbieten, der Markuslöwe thront über dem Geschehen und großartige Palazzi umrahmen die Szenerie. Schon unter den Römern war hier das

Arena di Verona

Forum, an dem sich ein Grossteil des gesellschaftlichen Lebens abspielte. Die Madonnenfigur am Brunnen gilt als eines der Wahrzeichen der Stadt. Durch den Torbogen im Hintergrund kommen wir auf einen zweiten, völlig abgeschlossenen Platz, die weit ruhigere **Piazza dei Signori**. In der Mitte steht ein Denkmal des Dante Alighieri, der, aus Florenz verstoßen, hier einst Asyl fand. Auf der rechten Seite steht der **Palazzo del Commune o delle Ragione** – darüber erhebt sich der **Torre Lambert**, von dem aus man den besten Blick über die Stadt genießt. Bis ganz nach oben stehen Ihnen fast 370 Stufen bevor. Die ersten 243 können Sie aber auch dank eines Aufzugs einsparen *(geöffnet Di-So 9.30-19.30h, Mo 13.30-19.30h. Erw 2,10EUR, Kinder 1EUR)*. An der Rückseite der Piazza verlassen wir sie durch einen weiteren Torbogen und stehen nun vor eigenwilligen Tempeln, die, von einem Gitter geschützt, vor einer Kirche stehen. Es handelt sich dabei um die Skaligergräber oder **Arche Scaligeri** der großen Herrscherfamilie aus dem 13. und 14. Jahrhundert *(Eintritt 2,60EUR)*. Dahinter können Sie noch rechts in die Gasse gehen und linkerhand einen Blick auf das Casa Romeo werfen, Sie erinnern sich an unsere Romeo und Julia Geschichten aus Tour 6 und 15? Doch dazu später mehr. Da das Haus verschlossen und wenig spektakulär ist, kehren wir um, gehen in entgegengesetzter Richtung weiter und dann rechts in den Corso Anastasia. Wir erreichen gleich darauf die **Kirche Sant`Anastasia**. Von außen eher schlicht lohnt ein Blick hinein – außergewöhnlich prunkvoll, mit großen Deckengemälden ist sie den Blick wert. Die Gasse vor der Kirche nach Nordwesten, die Via Duomo führt uns auch genau dorthin, zum **Dom Santa Maria** *(geöffnet wie San Zeno)*. Im Inneren haben sich Meister wie Nicolo und Tizian verewigt. Im Hintergrund führt die uralte Brücke **Ponte di Petra** aus Römerzeit hinüber zum andern Ufer. Freilich nicht mehr im Originalzustand, wurde sie zuletzt im 2. Weltkrieg gesprengt und danach aus den Originalteilen rekonstruiert. Gleich vor Ihnen liegt nun der Aufgang zum **Castel San Pietro**. Auch von hier hat

in der Via Mazzini

man einen fantastischen Blick über die Stadt Das Schloss selbst stammt aus österreichischer Zeit. Von der Treppe hat man schon einen schönen Einblick nach unten ins **Teatro Romano**. Denn während in der römischen Arena damals noch Gladiatorenkämpfe abgehalten wurden, gab man sich hier schon den schönen Künsten hin. An das Theater angeschlossen ist das interessante **Museo Archeologico** *(beide geöffnet Di-So 8.30-19.30, Mo 13.30-19.30h, Eintritt zusammen 4,50EUR)*.
Wenn Sie noch Muße haben, gehen Sie doch noch ein Stück die breite Via Redentore schräg links den Hügel bergan. Zwei interessante Kirchen (nach links **San Giovanni di Valle** und nach rechts ein Stück weiter **San Maria in Organo**) und die ruhigen Gärten **Giardini Giusti** (geöffnet 9h-Dämmerung, Eintritt 4,50EUR) hinter dem Palazzo Giusti warten hier noch auf Sie. Anderenfalls gehen Sie einfach am Ufer entlang. Zurück ins touristische Getümmel führt dann in jedem Fall die Brücke Ponte Nuovo, die dann im Fortverlauf auf die Via Cappello stößt. Gleich rechts davon stehen Sie nun am **Casa Giulietta**, Julias Haus. Im Durchgang zum Innenhof haben sich unzählige Menschen verewigt, ein Foto mit der Statue der Julia gehört zum Standardrepertoire (wo besonders gern Hand angelegt wird, erkennt man unschwer an den blank polierten Brüsten...). Gleich daneben hat auch der Brauch Verliebter, sich mit einem gemeinsamen Schloss ein Denkmal zu setzen, Einzug gehalten. Der berühmte Balkon ist auch zu sehen – allerdings wurde er erst nachträglich angebaut – als Reminiszenz an Shakespeares Stück. Durch die Via Stelle gelangen wir dann zurück zur Arena.

Dante Alighieri-Denkmal an der Piazza dei Signori

Chiesa Sant Anastasia mit Castel San Pietro im Hintergrund

Romeo und Julia Teil 3

Was wissen wir inzwischen vom berühmten Liebespaar? (vgl. Tour 6/Tour 15) Eines scheint gewiss zu sein: ihre Vorbilder lebten wohl nie in VERONA. Doch Shakespeare verlegte die Handlung während der Adaption des Stoffes endgültig in die Stadt, die damit fiktiver Schauplatz wurde und bis heute geblieben ist. Die Piazza Erbe kommt im Stück genauso vor wie zwei unweit voneinander gelegene Häuser der Capulets und Montagues. Auserkoren

wurden die heute als Casa Romeo und Casa Gulietta bekannten Gebäude. Wenn Sie zurück zur Arena gehen, dann links am Ende des Platzes und rechts in die Via Pontiere, kommen Sie sogar zum (angeblichen) Grab von Julia *(Di-So 8.30-19.30, Mo 13.30-19.30, Erw 2,60EUR, Kinder von 7-14 1EUR, Jugendliche 1,50EUR)*. Der leere Sarkopharg soll ihre Überreste enthalten haben. Woher, wieso, weshalb sollte man nicht zu genau nachfragen, sondern sich einfach an der Geschichte und Begeisterung der vielen anderen Touristen freuen, die nicht so gut wie Sie Bescheid wissen. Wir denken noch einmal an die unerfüllte Liebe des Luigi da Ponte, sparen uns den Eintritt ins Juliahaus *(Di-So 8.30-19.30h, Mo 13.30-19.30h, Erw 3,10EUR, Kinder von 7-14 1EUR)* und denken: Ein bisschen Disneyland ist eben überall...

ARZT UND MEDIKAMENTE

Arztbesuch: Wenn Sie in Norditalien ärztliche Hilfe benötigen, können Sie grundsäzlich mit einer guten Versorgung rechnen. Im Hinterland kann es dabei aber Verständigungsprobleme geben. Deutsch spricht hier kaum ein Arzt (außer vielleicht im Grenzgebiet zu Österreich und Südtirol), englisch oft auch nur schleppend. In den Touristenzentren am Mittelmeer dagegen benötigen Sie meist keine Fremdsprachenkenntnisse – mit Fahnen, Plakaten und Schildern wird hier auf die jeweiligen sprachlichen Fähigkeiten der Ärzte hingewiesen.
Durch den Chip auf Ihrer gesetzlichen Krankenkassenkarte können Ihre Daten auch in Italien eingelesen werden, und Sie erhalten die gleichen Leistungen wie Italiener. Die Zuzahlungen, die deutsche Krankenkassen für erbrachte Leistungen zahlen, sind aber sehr unterschiedlich und so kann es passieren, dass Sie am Ende auf einer gesalzenen Rechnung sitzen bleiben. Abhilfe schafft da die gute alte Auslandskrankenversicherung. Für relativ wenig Geld sind Sie so besser abgesichert, und wir können Ihnen nur dazu raten, eine solche für Ihren Urlaub abzuschließen.

Apotheken: Apotheken gibt es ebenfalls in ausreichender Anzahl, auch in kleinen Orten ist es kein Problem, gängige Medikamente zu erhalten. Ab Kleinstadtgröße gibt es in den Orten auch Nachtapotheken, in den Großstädten auch 24-Std.-Apotheken. Die regulären Öffnungszeiten sind meist von 8.30-12.30h und von 15.30-19.30h, die aktuellen Notdienste sind, wie bei uns auch, außen angeschlagen.

AUSRÜSTUNG

Was Sie in Ihrem Womo so mitnehmen, ist selbstverständlich ganz Ihnen und Ihren Bedürfnissen überlassen. Gerade im Sommer machen Sie aber sicher nichts verkehrt mit Grill, Markise und Campingmöbeln, um den Aufenthalt auch jederzeit nach draußen verlegen zu können. Badesachen sollten in dieser Jahreszeit auch obligatorisch sein und es ist angebracht, die Moskitogaze an den Fenster nochmals zu kontrollieren, denn die kleinen Plagegeister können in manchen Ecken unserer Region, je nach Jahreszeit, gehörig nerven. Moskitoschutz sollte sowieso ganz oben auf der Packliste stehen, ebenso wie Sonnencreme. Wenn Sie in den Dolomiten wandern möchten, achten Sie unbedingt auf passende Bekleidung. Wanderstiefel und Wetterschutz sollten nie fehlen. Auch Wanderstöcke können sehr hilfreich sein, Sonnenschutz, -brille und ein Wasservorrat sollte stets mitgeführt werden. Wir fanden auch Fahrräder auf vielen Touren sehr nützlich und das nicht nur für passionierte Radler. Allein die manchmal langen und nicht immer fußgängerfreundlichen Wege von Stellplätzen in die Innenstädte gestalten sich so kürzer, flotter und angenehmer. Wenn Sie die Möglichkeit haben. sogar Roller oder Motorrad mitzuführen, sind die für so manche Passstraße natürlich auch eine tolle Alternative.

BADEN

Die Adriastrände von Jesolo und Co. erfreuen sich ungebrochener Beliebtheit, vor allem bei vielen Deutschen, Österreichern und natürlich Italienern. Doch auch Gäste aus dem östlichen Teil Europas werden immer zahlreicher. Tatsächlich ist für jeden Geschmack etwas dabei. Wer neben Sonne,

Strand und Meer auch Unterhaltung und Party wünscht, ist am besten im Raum Jesolo oder Bibione aufgehoben. Etwas gediegener und familiärer geht es in Rosolina Mare und Lignano zu. Gewachsene Orte mit mehr italienischem Flair finden Sie in Caorle und Grado. Daneben existieren noch einige kleine Badeorte wie Eraclea Mare, Marina Julia oder Sistiana, wo weniger deutsche Touristen unterwegs sind und auch einige abgelegene, wilde Ecken wie das Valle Vecchia und der Lido Staranzano.

Weniger verbreitet als anderswo in Europa ist FKK-Baden. Offizielle Strände sind uns nicht bekannt und die Strafen können recht drakonisch sein. Wenn Sie an einem einsamen Strandabschnitt sind, können Sie aber ruhig die Hüllen fallen lassen, wie heißt es so schön? Wo kein Kläger da kein Richter.

Abgesehen vom Meer finden sich im Hinterland auch einige schöne Seen und Flüsse zum Baden. Das Wasser ist zwar meist kalt, dafür klar und sauber, vor allem, wenn es direkt aus dem Gebirge oder Grundwasser kommt.

EIN- UND AUSREISE

Für Bürger Deutschlands, Österreichs und der Schweiz reicht zur Einreise ein gültiger Personalausweis oder Reisepass. Zwischen Deutschland, Österreich und Italien gibt es in der Regel keine Grenzkontrollen, da alle drei Länder dem Schengener Abkommen beigetreten sind. Außerdem benötigen Sie Ihren nationalen Führerschein und die Zulassung. Ein Auslandsschutzbrief und eine grüne Versicherungskarte sind nicht vorgeschrieben, werden aber empfohlen.

ESSEN UND TRINKEN

Nicht umsonst ist Italien eine Feinschmeckerregion. Viele Produkte, die längst auch Einzug in unsere Küche gehalten haben, stammen aus dem Land am Mittelmeer und können hier oft günstiger, frischer, einfach besser erworben werden wie daheim. Doch lassen Sie sich nicht täuschen: Das allgemeine Preisniveau für Lebensmittel liegt eindeutig über dem zu Hause. Zwar hat seit Jahren die Discounterkette Lidl Einzug gehalten und es gibt auch ein paar Italo-Pendants dazu, doch wenn Sie gute, italienische Ware möchten, müssen Sie schon ein paar Euro auf den Tisch legen. Eine weit verbreitete Möglichkeit sich einzudecken, sind auch die überall und jederzeit stattfindenden Märkte. Auch die Einheimischen machen davon ausgiebig Gebrauch. Frisches Obst und Gemüse sowie typisch italienische Spezialitäten wie verschiedene Käse- (Parmesan, Gorgonzola, Maniago, Asiago, Mozzarella, etc.) und Wurstsorten (Salami, Coppa,. rohe und gekochte Schinken, etc.) erhalten Sie hier, wenn auch nicht billig, dann aber doch günstiger als in den Premium-Supermärkten.

Vergleichsweise günstig lässt sich überall in unserer Reiseregion Wein erstehen – wen wundert's... Man sitzt hier ja direkt an der Quelle. Große Gebiete sind Weinanbauland und am besten kauft man direkt vom Erzeuger. Nicht schön, aber durchaus verbreitet und praktisch, vor allem im Wohnmobil, ist die Mitnahme im Mehrliter-Plastikgebinde.
Auch beim Essen gehen ist der Tischwein oftmals billiger als andere Getränke, in kleinen Gasthäusern am Land passiert es Ihnen auch schon mal, dass ungefragt eine Flasche auf den Tisch gestellt wird und im Coperto, dem typisch italienischen, obligatorischen Gedeck-Entgeld, bereits enthalten ist.

Auch Bier in großen Mengen, sowohl durchaus schmackhaftes, einheimisches in vielerlei Sorten und mit teils abenteuerlichen Prozentangaben, als auch Importware, vor allem aus Deutschland, finden Sie in jedem Supermarkt. Auf die bekannten Softdrinks müssen Sie auch nirgends verzichten. Alle großen, internationalen Marken und einiges darüber hinaus können Sie überall erstehen.

Neben Pizza, Pasta und Co. sollten Sie in Norditalien auch mal ein Reisgericht (Risotto) kosten oder den typisch (nord-)italienischen Maisbrei Polenta testen - geschmacklich liegt beides in Kombination mit Fisch, Meeresfrüchten, Rind oder, je nach Gegend, auch Wild ganz weit vorn. Aber keine Angst, die bereits erwähnten italienischen Klassiker kommen auch nirgends zu kurz. Pizza gibt es wirklich überall, Nudeln stehen auf jeder Speisekarte und wenn Sie eher selbst kochen, um die Reisekasse zu schonen, sind die Regale der Geschäfte voll mit einer großen Auswahl aller erdenklichen Pastavariationen und vielem mehr.

Wenn Sie eher Essen gehen wollen, sollten Sie sich ein wenig schlau machen über die Kategorien italienischer Gastronomiebetriebe.

Bars: Oft reiner Stehausschank mit Bistrotischen etc. Neben Getränken erhalten Sie hier kleine Teigwaren, süß oder herzhaft, auf die Hand.
Birreria: Ein einfaches, günstiges Bierlokal, in dem Sie kleine Gerichte wie Pizza oder Gegrilltes zu günstigen Preisen erhalten.
Buffet: Eine Besonderheit im Raum Triest - in diesen einfachen Lokalen erhalten Sie zu einem Glas Wein oder Bier deftige, meist fleischlastige Kleinigkeiten gereicht.
Café: Neben Kaffeespezialitäten und anderen Getränken erhalten Sie, wie in der Bar, kleine Gebäckstücke. Anders als bei uns muss aber keine größere Kuchenauswahl damit verbunden sein.
Enoteca: Ein Weinlokal, in dem Sie auch essen können. Meist ist die Auswahl eher klein, der Anspruch aber gehobener.
Gelateria: Die gute alte Eisdiele, oft in Verbindung mit einem Cafe betrieben.
Osteria: Ein traditionell einfaches Gasthaus, in dem man ohne viel Firlefanz etwas „Anständiges“ auf den Teller bekommt. Inzwischen gibt es aber auch teure Nobellokale. die sich so nennen, daher besser vorher die Preise prüfen.
Pasticceria: Eine Konditorei, teils mit Gastbereich, teils ohne. Oft in Verbindung mit einem Café betrieben.
Pizzeria: Diese Kategorie bedarf keinerlei Erklärungen. Hier dreht ich alles um die heißen Teigfladen. Oftmals gibt es aber auch eine Auswahl anderer einfacher Gerichte wie Nudeln.
Ristorante: Dies ist der höchste Gastro-Standard in Italien. Es ist üblich, dass Sie hier immer ein volles Menü essen können (aber meist nicht müssen). Die Karte reicht also mindestens vom ersten („primo“) über den zweiten Gang („secondo“), zum Hauptgericht und weiter bis zum Nachtisch.
Rosticceria: Eine Art italienischer Schnellimbiss. Kleine, schnelle Gerichte werden hier serviert, gern deftig vom Grill und immer auch zum Mitnehmen gedacht.
Spaghetteria: Auch hier ist der Name Programm – es gibt Nudeln bis zum Abwinken und meist noch so einiges mehr.
Trattoria: Ein einfacheres Speiselokal, in dem es oftmals regionale Küche zu erschwinglichen Preisen gibt. Meist können Sie auch hier ein ganzes Menü essen. Die Trattoria schließt die Lücke zwischen traditioneller Osteria und Ristorante.

GAS

Der beste Tipp ist natürlich, immer mit gefüllten Flaschen die Reise anzutreten, dann kann fast nichts schiefgehen: Heizen werden Sie kaum müssen und ein Kühlschrank lässt sich schon eine ganze Zeit betreiben mit einer oder gar zwei 11-kg-Flaschen. Wir sind, ohne sonderlich zu sparen, damit schon gute 8 Wochen ausgekommen. Wenn Sie dennoch Bedarf an Gas haben, wird Ihnen an fast jedem Campingplatz weitergeholfen - wenn nicht mit eigener Füllmöglichkeit, dann der entsprechenden Adresse in der Nähe - weit fahren müssen Sie nie. Allerdings sollten Sie sich im Campingfachhandel ein Adapterset besorgen, da die Anschlüsse unserer grauen Flaschen nicht mit den italienischen überein stimmen. Etwas schwieriger kann es in Italien mit festeingebauten Tanks werden. Zwar gibt es Gas an wirklich jeder Tankstelle, doch verbietet das italienische Steuergesetz die Abgabe für Camper. So mancher Tankwart drückt aber schon mal beide Augen zu, wenn grad kein Ordnungshüterin der Nähe ist und hilft den Gästen aus Deutschland „selbstlos“ weiter. Auch die eine oder andere graue, deutsche Standard-Gasflasche soll, mittels Adapter, schon eine neue Füllung erhalten haben - heißt es...

GELD UND PREISNIVEAU

Italien ist kein Billigreiseland. Wie schon erwähnt, liegen die Preise für Lebensmittel im Schnitt etwas höher als bei uns. Die Kosten für Restaurantbesuche hängen stark von der Gegend und dem Ambiente ab. Im Restaurante direkt an der Promenade, mit weißen Tischdecken und einer Armada an Kellnern, werden die Preise vermutlich ein ganzes Stück höher liegen als beim Italiener daheim. In der kleinen Osteria im Bergort, irgendwo hinter Belluno, bekommen Sie dagegen ein ganzes Menü für 10-12 EUR.
Ein recht teurer Spaß ist dagegen leider Autofahren. Sprit kostet ca. 20% mehr als bei uns, dazu kommen die Kosten für die Autobahnmaut bei der Anreise. Auf unseren Touren haben wir auf mautpflichtige Straßenabschnitte komplett verzichtet, so zumindest schonen wir Ihren Geldbeutel ein wenig. Größere Mengen Bargeld mitzuführen ist übrigens nicht nötig. An Geldautomaten erhalten Sie Euros, wenn auch gegen eine gewisse Gebühr, mit Ihrer Maestro-Karte. Auch das Bezahlen mit Kreditkarte ist allerorts üblich, ja selbst kleinere Beträge werden viel selbstverständlicher als bei uns mit dem Plastikgeld bezahlt.

KARTENMATERIAL

In Zeiten der Satellitennavigation hat sich das Mitführen von Straßenkarten für Viele grundsätzlich erledigt. Mit einem WOMO-Reiseführer dazu und der separat erhältlichen Navi-CD kann eigentlich nichts mehr schief gehen. Wir empfehlen dennoch, eine gute Übersichtskarte in petto zu haben. Das Navi kann ausfallen, das Signal gestört sein oder Sie wollen sich einfach einen optischen Überblick verschaffen – in jedem dieser Fälle ist die gute, alte Karte überlegen. Wir bevorzugen eine detaillierte Variante mit großem Maßstab - so finden Sie sich auch auf Nebenstrecken immer gut zurecht.

Unsere Empfehlungen:
- Venetien und Friaul, 1:200.000 von Marco Polo
- Venetien, 1:200.000 von Michelin (gibt's bei WOMO)
- Friaul Julisch Venetien, 1:200.000 von Michelin (gibt's bei WOMO)

KRIMINALITÄT

So lange wir in Norditalien unterwegs waren, haben wir uns nie unwohl gefühlt, soviel vorab. Gerade das nächtliche Stehen ist aus unserer Sicht fast immer unproblematisch. Auch die Gefahr, dass Ihr Fahrzeug aufgebrochen wird, ist nicht größer als anderswo in Europa. Ihren eigenen Teil

können Sie natürlich zu Ihrer Sicherheit betragen, wenn Sie keine Wertgegenstände oder andere Güter, die potentielle Langfinger anziehen könnten, offen im Auto liegen lassen. Wir haben es uns auch angewöhnt, die Rollos und Vorhänge nach unten zu machen, wenn wir tags länger an einem Ort stehen. Kaum ein Dieb will Kontakt mit dem möglicherweise schlafenden WOMO-Besitzer haben. Eine gemeine Überfallart, von der wir bislang aber nur entlang der Autobahnraststätten gehört haben (zumindest was unser Reisegebiet betrifft), sind Gasangriffe, bei denen die Insassen nachts narkotisiert wurden und dann seelenruhig der Camper leer gemacht wird. Dagegen hilft ein Gasalarmgerät, doch ist das aus unserer Sicht in Norditalien nicht zwingend nötig.
DIe größte Gefahr betrifft Handtaschenraub und Taschendiebstahl. Da hilft nur: Alles eng am Körper tragen, keine großen Bargeldbeträge mitführen und auf der Hut sein. Gerade wo große Menschenmengen zusammenkommen, auf Plätzen an touristischen Anziehungspunkten oder an den Stränden, ist das Risiko am höchsten. Wenn wirklich mal was wegkommt, hier die wichtigsten Anlaufstellen:

Polizei: 112

Kartensperrung (international) für deutsche Urlauber (alle Karten):
+49 11 61 16 oder +49 30 40 50 40 50

Kartensperrung (international) für österreichische Urlauber:
Bankkarten +43 12 04 88 00, Visa +43 171 111 77

Kartensperrung (international) für schweizer Urlauber:
Bankkarten +41 442 71 22 30, Visa +41 589 58 83 83

Mastercard-Kartensperrung international: +1 63 67 22 71 11

MEDIEN

Fernsehen: Per Satellit können Sie in Norditalien fast überall die gängigen, deutschsprachigen Kanäle empfangen. Nur in engen Tälern oder Wäldern sind Empfangsstörungen mal möglich. Eine Vielzahl italienischer Sender bekommen Sie auch per DVB-T rein.

Internet: Besser als vielerorts bei uns ist in Italien das öffentliche WLAN-Netz ausgebaut. Auf einigen Campingplätzen (in den Beschreibungen angegeben) können Sie so kabelfrei im Internet surfen. Auch in den Innenstädten von Padua, Treviso, Triest, Udine, Venedig, Verona, Vicenza und einigen anderen, kleineren Orten existiert ein frei zugängliches und kostenloses WLAN-Netz. Meist finden Sie an den entsprechenden Plätzen Aufkleber an Laternen und Strommasten, die auf die Einwahlmöglichkeiten hinweisen. Infos dazu erhalten Sie auch in allen Touristen-Informationsbüros. Auch einige Cafés und Imbisslokale bieten ihren Gästen den Service eines Internetzugangs an.

Radio: Tja, Radio ist in Italien so eine Sache. Es wird gern und viel geredet, manchmal hat man das Gefühl, dass senderübergreifend ein wahrer Wettstreit im Schnellsprechen geführt wird. Musik ist da reine Nebensache. Wenn Sie das, genau wie uns, auf Dauer nervt, sollten Sie sich ein passendes Kontingent an CDs/Kassetten/mp3-Sticks/DVDs etc. einpacken.

Zeitungen: Deutsche Tageszeitungen erhalten Sie, meist sogar tagesaktuell, während der Urlaubszeit in den touristisch geprägten Küstenorten überall. Im Hinterland und in den Städten sieht das schon anders aus. Meist führen nur Läden mit internationalem Presseangebot an Bahnhöfen, in großen Hotels oder an Flughäfen entsprechende Druckerzeugnisse.

ÖFFNUNGSZEITEN

Die Läden öffnen vormittags meist zwischen 8.30/9.30Uhr. Abends ist erst zwischen 19/21 Uhr Schluss. Dazwischen liegt allerdings eine große Lücke, die man dringend beachten sollte: Die Siesta ist den Italienern heilig. Selbst in großen Städten kommt es einem in der Mittagszeit, die in der Regel von 12/12.30 Uhr bis 15.30/16 Uhr andauert, vor, als sei man mutterseelenallein unterwegs und die Bürgersteige sind tatsächlich wie hochgeklappt. Selbst in Venedig oder Verona schaut das über weite Teile der Städte nicht anders aus. Eine Ausnahme bilden die Touristenorte am Meer. Hier bekommen Sie fast immer fast alles, was das Urlauberherz benötigt: Speisen, Getränke, Strandutensilien, Lebensmittel und Produkte des täglichen Bedarfs einzukaufen ist tageszeitenunabhängig kein Problem.

REISEZEIT

Das Klima im Friaul und in Venetien ist sehr unterschiedlich. Im Norden ist es durch die Alpen geprägt, im Süden am Meer mediterran.

Norden: im Winter ist in vielen Wintersportgebieten Hochsaison. Auch Wintercamping ist dann durchaus verbreitet. Allerdings eignet sich diese Jahreszeit nicht zum Herumreisen. Die Straßenverhältnisse sind einfach nicht entsprechend. Im Frühjahr strahlt die Landschaft in sattem Grün mit bunten, blühenden Farbtupfern. Die Temperaturen liegen bei 8-20Grad. Im Sommer kann es auch in den Bergen recht warm werden. Dennoch kann man, im Vergleich zur Küste, fast immer mit gemäßigterem Klima und 15-25Grad rechnen. Spätsommer und Herbst sind die idealen Wanderzeiten. Nicht zu heiß, nicht zu kühl und auch im Hochgebirge liegt in der Regel kein Schnee mehr. Im Oktober können die Nächte aber schon wieder empfindlich kalt werden; im November gibt es meist den ersten Schneefall in höheren Lagen. Temperaturen: 5-15Grad.

Süden: Die Saison am Meer ist ziemlich genau eingegrenzt. Zwischen Oktober und April ist, gerade in den Strandregionen und Touristenhochburgen, alles geschlossen und sie kommen sich dort, wo im Sommer Trubel herrscht, fast verlassen vor. Städte wie Venedig sind davon unberührt und wirklich immer eine Reise wert. Wenn Hitze, Trubel und Menschenmengen nicht so ganz ihr Ding sind, sollten Sie weite Teile der Küste im August meiden. Vor allem die mittlere Woche ist auch Hauptreisezeit der Italiener und dann geht vielerorts fast nichts mehr. Im Juli/August schwitzen Sie bei warmen 28-35Grad. Unser Tipp sind die Monate Mai/Juni und Ende August bis Ende September, zumindest, wenn Sie auch ein bisschen Badespass im Meer mitnehmen wollen (Temperaturen 21-32Grad, Wasser 19-24Grad).

STRASSENVERKEHR

Im Prinzip gilt: Alles wie daheim. Ein paar Dinge sollten Sie aber beachten.
• Äußerst beliebt und bei vielen ausländischen Fahrern gefürchtet sind die häufigen Kreisverkehre, die an großen Straßen auch mal zwei- oder sogar dreispurig sein können. Fast immer hat der Verkehr im Kreisel Vorfahrt (durch entsprechende Vorfahrt-Achten-Schilder gekennzeichnet). Haben

Sie keine Angst und fahren Sie, wenn sich eine Lücke im Verkehr ergibt, zügig ein. Beim Ausfahren Blinker setzen und gegebenenfalls auf die äußere Spur ziehen – Sie werden schon reingelassen.

• Warnwesten: in Italien ist das Mitführen von Warnwesten Pflicht. Nicht nur bei einer Panne oder bei einem Unfall, sondern immer, wenn Sie sich an einer Straße ohne Bürgersteig außerhalb von Ortschaften bewegen, müssen Sie diese streng genommen tragen.

• Ladungssicherung: In Italien ist es Vorschrift, alles was über die Stoßstange Ihres Fahrzeuges hinausragt, mit einem speziellen rot-weiß gestreiften, reflektierenden Warnschild zu versehen, also Fahrräder, Transportkisten oder Motorräder an Ihrem Campingfahrzeug (erhältich im Campingzubehörhandel, ca. 20-30 EUR, von den billigen Papp-/Kunststoffvarianten würden wir eher abraten, die halten nicht lange). Dieses Schild brauchen Sie übrigens auch, wenn Sie nur einen Fahrradträger montiert haben, der gar nicht ausgeklappt ist – in der Regel wird auch der über das Heck, und wenn es nur Zentimeter sind, herausstehen.

• In Italien ist es außerhalb geschlossener Ortschaften auch tagsüber Pflicht, mit Abblendlicht zu fahren. Gewöhnen Sie sich am besten an, das Licht bei jedem Fahrtantritt einzuschalten (evtl. hilft ein kleiner Aufkleber?), dann kann nichts schief gehen.

Strafen:
Früher gefürchtet, hat es der italienische Staat mit teils rigiden Strafen inzwischen geschafft, die italienischen Autofahrer(innen) einzubremsen. Wir konnten weder in den Städten noch am Land einen großen Unterschied zum Verkehr / Verhalten daheim feststellen. Zeiten, wo wir angehupt wurden, weil wir die Ampel nicht auch bei rot nahmen oder man mit 200km/h auf der Landstraße überholt wurde, gehören der Vergangenheit an. Die Kehrseite der Medaille ist: besagt harte Strafen können auch Sie treffen.
Die Promillegrenze liegt bei 0,5 Promille und diese sollten Sie auch tunlichst beachten. Bei Verstößen werden bis zu 6000 (!) EUR fällig, der Führerschein wird eingezogen und im schlimmsten Fall auch das Fahrzeug. Ab 0,8 Promille droht Gefängnis, ab 1,5 Promille kann sogar ihr Fahrzeug versteigert werden.

Hier ein kleiner Auszug aus dem restlichen Strafkatalog:
• Geschwindigkeitsübertretungen von 10-40km/h: 159 bis 639 EUR
• Überfahren einer roten Ampel: 154 bis 613 EUR
• Parkverstöße: 39 bis 159 EUR
• Fahren ohne Gurt: 76 bis 306 EUR
• Fahren ohne Licht: 39 bis 159 EUR
• Telefonieren während der Fahrt: 152 bis 608 EUR
• Keine Sicherheitsweste bei einer Panne:39 bis 159 EUR
• Fahren ohne Ladungssicherung: 80 bis 318 EUR

ÜBERNACHTEN

An der Küste haben Sie vielerorts die Auswahl, ob Sie auf einem Campingplatz oder lieber frei stehen wollen. Im Hinterland sieht das meist etwas anders aus. In einigen Teilgebieten unserer Tour finden Sie kaum oder gar keine Campingplätze und Sie sind auf freie Stellplätze angewiesen.

Freies Campen:
Da Italien nach wie vor ein Camping-Traumland ist (auch wenn die Einschränkungen leider zunehmen), gibt es freie Stellplätze immer in ausreichender Zahl. Neben den „wilden" existieren in oder bei kleinen Orten auch offiziell angelegte Plätze und Sie müssen sich nicht hinter einem Busch „verstecken", um irgendwo zu stehen. Ein großer Vorteil dieser offiziellen

Stellplätze, die nur in Ausnahmefällen oder größeren Metropolen kostenpflichtig sind, ist die oft integrierte Möglichkeit zur Ver-/Entsorgung. Selbst Stromanschlüsse stehen hier regelmäßig zur Verfügung.
Überhaupt ist das freie Stehen in Italien grundsätzlich erlaubt - zur „Wiederherstellung der Fahrtüchtigkeit" darf man immer eine Nacht im Fahrzeug verbringen.
Mit dem Campen sieht es da schon anders aus. Dies ist auf Parkplätzen und teilweise auch in Camperzonen nicht ohne weiteres gestattet. Was Campen bedeutet, ist dabei recht klar definiert: Wenn Sie sich nach außen entfalten, also Markise oder Campingmöbel herausfahren/-stellen, ist das eben nicht mehr stehen, sondern campieren und kann tatsächlich auch bestraft werden. Meist kommen Sie aber mit einem Platzverweis davon, sofern sich überhaupt jemand darum schert.

Campingplätze:
Italienische Campingplätze sind in der Regel gut ausgestattet, dafür sorgt an der Küste die große Konkurrenz , im Hinterland die Knappheit potentieller Kunden. Für den Service muss man dann aber auch einiges berappen: Ein guter Platz am Meer kostet gut und gerne zwischen 40-80EUR am Tag für einen Camper mit 2-4 Personen und je nach Saison.

UNFALL/PANNE

Hoffen wir, dass Sie keine Hilfe brauchen und einen prima Urlaub ohne Komplikationen haben. Wenn aber doch ein Notfall eintritt, hier die wichtigsten Anlaufstellen.

Rettungsdienst: 118
Polizei: 112

Automobilclubs
Das italienische Pendant zu ADAC und Co. erreichen Sie unter der 116. Da es zwischen den Clubs in Europa Abkommen gibt, ist die Hilfe für ADAC-Plusmitglieder/ÖAMTC-Mitglieder teilweise kostenlos. Sie können sich aber auch mit ihrem heimischen Verband verständigen, auch so wird Ihnen umgehend Hilfe vor Ort organisiert.
• ADAC in Italien: 0392 10 41,
Notfallnummer in Deutschland unter der +49 89 22 22 22 erreichbar.
• ÖAMTC in Italien: 0392 1041,
Notfallnummer in Österreich unter der +43 12 51 20 00 erreichbar.
• TCS in der Schweiz unter der +41 221 07 22 20 erreichbar.

VERSORGUNG UND ENTSORGUNG

Das Netz an zumeist kostenlosen Ver- und Entsorgungsstationen ist in Italien vorbildlich. Sie müssen nie mehr als ein paar Kilometer fahren, um auf eine ensprechende Einrichtung zu stoßen. Die Güte reicht dabei von einfachen Bodeneinlässen mit und ohne Gitter und einem einfachen Gummischlauch daneben, bis hin zu hochmodernen Anlagen.
An diesen fahren Sie auf eine Art überdimensionale Edelstahlspüle, die, manchmal vollautomatisch, nach Beendigung des Vorgangs nachspült. Toiletten werden in extra platzierten Entsorgungsbecken geleert und gespült. Frischwasser kann, komplett getrennt, per Schlauch oder Kanister gezapft werden. Auch Mülleimer / -tonnen stehen an diesen Plätzen in der Regel bereit. Mit anderen Worten: es gib in Italien keine Entschuldigung, Abfall oder andere Hinterlassenschaften wild zu entsorgen. Schön wäre es, wenn sich auch die Italiener selbst immer daran halten würden...

A

B

C

D

E

F

G

H

I

J

K

L

M

N

O

P

R

S

T

U

V

Z

Info-Blatt für das WOM-Buch Venetien '13

(ausgefüllt erhalte ich 10% Info-Honorar auf Buchbestellungen direkt beim Verlag)

Lokalität: Seite: Datum:

(Stellplatz, Campingplatz, Wandertour, Gaststätte, usw.)

unverändert gesperrt/geschlossen folgende Änderungen:

Lokalität: Seite: Datum:

(Stellplatz, Campingplatz, Wandertour, Gaststätte, usw.)

unverändert gesperrt/geschlossen folgende Änderungen:

Lokalität: Seite: Datum:

(Stellplatz, Campingplatz, Wandertour, Gaststätte, usw.)

unverändert gesperrt/geschlossen folgende Änderungen:

Lokalität: Seite: Datum:

(Stellplatz, Campingplatz, Wandertour, Gaststätte, usw.)

unverändert gesperrt/geschlossen folgende Änderungen:

Lokalität: Seite: Datum:

(Stellplatz, Campingplatz, Wandertour, Gaststätte, usw.)

unverändert gesperrt/geschlossen folgende Änderungen:

Lokalität: Seite: Datum:

(Stellplatz, Campingplatz, Wandertour, Gaststätte, usw.)

unverändert gesperrt/geschlossen folgende Änderungen:

Meine Adresse und Tel.-Nummer:

(nur komplett ausgefüllte, zeitnah eingesandte Infoblätter können berücksichtigt werden)

Wir bestellen zur sofortigen Lieferung: (Alle Preise in € [D], Preisänderungen vorbehalten)

- ❑ Wohnmobil Handbuch .... 19,90 €
- ❑ Wohnmobil Kochbuch .... 12,90 €
- ❑ Multimedia im Wohnmobil .... 9,90 €
- ❑ Heitere WOMO-Geschichten ...... 6,90 €
- ❑ Gordische Lüge – WOMO-Krimi . 9,90 €
- ❑ WOMO-Aufkleber "WOMO-fan" .. 2,90 €
- ❑ WOMO-Pfannenknecht .... 49,90 €
- ❑ WOMO-Knackerschreck ...... ab 44,90 €

Fahrzeugmarke/Bj.: ____________

WOMO-Reiseführer: Mit dem WOMO ins/durch/nach....

- ❑ Albanien .... 19,90 €
- ❑ Allgäu .... 17,90 €
- ❑ Auvergne .... 17,90 €
- ❑ Bayern (Nordost) .... 19,90 €
- ❑ Belgien & Luxemburg .... 18,90 €
- ❑ Bretagne .... 18,90 €
- ❑ Burgund .... 17,90 €
- ❑ Dänemark .... 17,90 €
- ❑ Elsass .... 18,90 €
- ❑ England .... 18,90 €
- ❑ Finnland .... 18,90 €
- ❑ Franz. Atlantikküste (Nord) .... 17,90 €
- ❑ Franz. Atlantikküste (Süd) .... 17,90 €
- ❑ Griechenland .... 19,90 €
- ❑ Hunsrück/Mosel/Eifel .... 19,90 €
- ❑ Irland .... 18,90 €
- ❑ Korsika .... 17,90 €
- ❑ Kroatien (Dalmatien) .... 17,90 €
- ❑ Languedoc/Roussillon .... 19,90 €
- ❑ Ligurien .... 17,90 €
- ❑ Loire-Tal/Paris .... 17,90 €
- ❑ Marokko .... 18,90 €
- ❑ Neuseeland .... 19,90 €
- ❑ Niederlande .... 19,90 €
- ❑ Normandie .... 17,90 €
- ❑ Norwegen (Nord) .... 19,90 €
- ❑ Norwegen (Süd) .... 19,90 €
- ❑ Österreich (Ost) .... 19,90 €
- ❑ Österreich (West) .... 18,90 €
- ❑ Ostfriesland .... 19,90 €
- ❑ Peloponnes .... 18,90 €
- ❑ Pfalz .... 17,90 €
- ❑ Piemont/Aosta-Tal .... 19,90 €
- ❑ Polen (Nord/Masuren) .... 17,90 €
- ❑ Polen (Süd/Schlesien) .... 17,90 €
- ❑ Portugal .... 17,90 €
- ❑ Provence & Côte d'Azur (Ost) .... 18,90 €
- ❑ Provence & Côte d'Azur (West) . 17,90 €
- ❑ Pyrenäen .... 17,90 €
- ❑ Sachsen .... 19,90 €
- ❑ Sardinien .... 19,90 €
- ❑ Schleswig-Holstein .... 19,90 €
- ❑ Schottland .... 18,90 €
- ❑ Schwabenländle .... 17,90 €
- ❑ Schwarzwald .... 17,90 €
- ❑ Schweden (Nord) .... 18,90 €
- ❑ Schweden (Süd) .... 19,90 €
- ❑ Schweiz (West) .... 18,90 €
- ❑ Sizilien .... 17,90 €
- ❑ Slowenien .... 17,90 €
- ❑ Spanien (Nord/Atlantik) .... 17,90 €
- ❑ Spanien (Ost/Katalonien) .... 17,90 €
- ❑ Spanien (Süd/Andalusien) .... 17,90 €
- ❑ Süditalien (Osthälfte) .... 17,90 €
- ❑ Süditalien (Westhälfte) .... 17,90 €
- ❑ Süd-Tirol .... 18,90 €
- ❑ Thüringen .... 19,90 €
- ❑ Toskana & Elba .... 19,90 €
- ❑ Trentino/Gardasee .... 17,90 €
- ❑ Tschechien .... 18,90 €
- ❑ Tunesien .... 17,90 €
- ❑ Türkei (West) .... 18,90 €
- ❑ Umbrien & Marken mit Adria ..... 17,90 €
- ❑ Ungarn .... 17,90 €
- ❑ Venetien/Friaul .... 19,90 €

.... und jährlich werden's mehr!